KB090655

AI의 얼개를 기본부터 설명한

엑셀로 배우는 머신러닝
초(超)입문

머신러닝

AI 모델과 알고리즘을 알 수 있다!

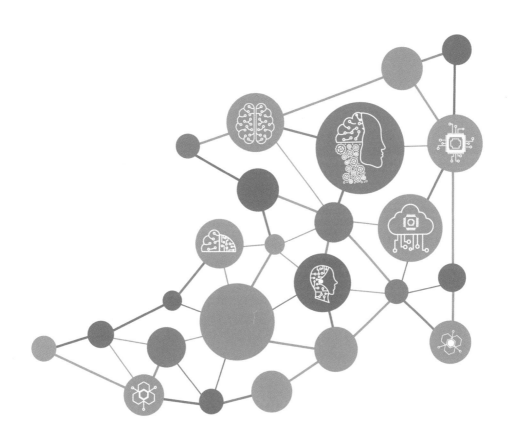

BM (주)도서출판 성안당

머리말

신문이나 텔레비전의 보도에서 매일이라고 해도 과언이 아닐 정도로, AI(인공지능)나 AI를 응용한 로봇이 화제가 되었습니다.

'AI가 프로 기사에게 승리'

'AI가 CT 이미지에서 의사보다 암 부위를 더욱 잘 발견'

'로봇이 사람의 이야기를 듣고 길을 안내'

'로봇이 투자 판단'

'AI에 의한 자율주행이 자동차 업계에 혁명을 가져오다'

'AI나 로봇에 일을 빼앗기다'

어느 것이든 '어제 보도된 이야기이다'라고 짐작이 가는 일일 것입니다.

더 알려진 이야기가 있습니다. '특이점이 온다'라고 일컬어지는 예측입니다.

'2045년에 인공지능이 인간의 지능을 초월한다'

이와 같은 시대가 도래할 때 사람은 어떤 인공지능을 상대하게 될지 활발하게 논의되고 있습니다.

그런데 이러한 AI의 시대에서 많은 사람이 AI의 구조에 관해서 확실한 이해를 하는 것이 중요할 것입니다. 정체를 알 수 없는 것에 자신의 질병을 진단받고, 구조도 모르는 자율 운전 차량에 탑승하고, 또는 무엇을 생각하는지 알 수 없는 로봇과 일터를 공유한다는 것은 매우 불안합니다. 더욱이 'AI로 인해 대량 실업'이라는 위협을 받으면, AI에 대해서 쓸데없는 공포심마저 가지게 됩니다.

이 책은 이와 같이 뜨거운 화제가 되고 있는 AI에 관해서 그 구조를 기본부터 해설한 초 입문서입니다. 많은 그림을 이용하여 모델과 알고리즘을 해설하고, 엑셀로 확인하는 스타일을 활용하고 있습니다. 많은 사람들이 'AI는 이러한 사고방식으로 판단을 내리는군!'이라는 것을 실감할 수 있도록 구성하였습니다.

자세한 수학적 논의를 하지 않는 한, AI 구조는 그리 어려운 것이 아닙니다. 번거로운 수학 부분은 엑셀로 보완하면 많은 독자에게 AI는 쉽게 친숙해지는 분야의 하나가 될 것입니다.

'AI의 구조'라고 해도 그 세계는 넓고, 당연히 한 권의 책에 담을 수 있는 주제가 아닙니다. 이 책은 현재 보다 다루기 쉬운 주제로 범위를 좁혀 해설합니다. 따라서 빠진 내용이 있다고 생각되더라도 양해를 바랍니다. 그러나 이 책에서 다룬 내용을 이해하면, 화제가 되고 있는 AI에 관해서 충분히 대응할 수 있다고 자부합니다. 기본적인 구조는 보편적이기 때문입니다.

마지막으로 이 책의 기획부터 출판까지 일관되게 도움을 주신 기술평론 사의 와타나베 에츠시 씨에게 이 자리를 빌어 감사의 인사를 전합니다.

2019년 봄 저자

역자 서문

이 책은 와쿠이 요시유키와 와쿠이 사다미의 〈엑셀로 배우는 딥러닝〉 시리즈의 세 번째 책에 해당합니다. 우리 생활에 주변에 깊게 자리 잡은 인공지능 기술은 그 이론적 배경 때문에 어려운 전공 과목 중의 하나로 인식되고 있지만, 과학적 지식과 탁월한 저술 능력을 가진 저자에 의해 엑셀이라는 도구로도 쉽게 설명이 가능함이 입증되었습니다. 이 시리즈 중의 첫 번째 책과 두 번째 책을 통해 딥러닝과 순환 신경망, 강화학습 등을 각각 알기 쉽게 소개하여 전공자뿐만 아니라 일반인들도 쉽게 다가갈 수 있는 길을 열어주었습니다.

시리즈의 세 번째인 이 책은 머신러닝의 전반적인 내용을 다루고 있습니다. 앞의 두 책과 일관성을 유지하면서 머신러닝 분야에서 꼭 필요한 수학적 개념을 다루고 있고, 전작들과 마찬가지로 엑셀을 이용하여 이해를 돕고 있습니다. 방대한 인공지능 분야의 모든 이론을 다루지는 못하지만, 현재 가장 관심이 집중되고 있고 영향력이 큰 분야를 다루고 있어서 전공자뿐만 아니라 일반인들도 머신러닝을 조감하는데 손색이 없으리라 사료됩니다.

저자의 시리즈는 모두 일본에서 호평을 받았고, 많은 판매량을 보이고 있습니다. 일본은 최근 일반인들도 수학을 배우는 붐이 일고 있다고 합니다. 이러한 사회 문화적 배경 덕분인지 일반인들도 이 시리즈 구입 비율이 높은 것으로 알고 있습니다. 4차 산업혁명 시대에서 길을 잃지 않기 위해서 인공지능은 이제 대학에서는 필수 교양 과목이 되었고, 일반인이 알아야 할 상식이 되어가고 있습니다. 이 책은 이러한 시대의 길잡이 중 하나가 될 것으로 확신합니다. 아직 끝나지 않은 코로나 19가 몰고 온 어려운 환경에서도 양서를 출판하기에 노력을 아끼지 않으시는 성안당 관계자에게 다시금 감사드립니다.

2021년 2월 역자

차례

1 장 머신러닝의 기본

2 장 머신러닝을 위한 기본적인 알고리즘

6 장 RNN과 BPTT

7 장 Q학습

부록

9

이 책의 사용 방법

- 이 책은 현대 AI의 기본이 되는 모델과 알고리즘을 엑셀을 이용하여 이해하는 것을 목적으로 합니다. 수록된 워크시트는 엑셀 2013, 2016에서 동작하는 것을 확인했습니다. 엑셀 샘플 파일 다운로드 방법은 244페이지를 참조하기 바랍니다.

- 이 책은 AI 알고리즘의 기본적인 해설을 목적으로 합니다. 따라서 그림을 많이 사용하고 구체적인 사례로 해설합니다. 때문에 엄밀하게 설명하지 않은 부분이 있다는 것을 양해해 주시기 바랍니다.

- 고등학교 2학년생 수준의 수학 지식을 가정하고 있습니다. 그 이상의 수학 지식에 관해서는 부록에서 설명하고 있습니다.

- 이 책에서 신경망이라고 하는 경우, 합성곱 신경망 등 넓게는 딥러닝이라고 부르는 것도 포함합니다.

- 이 책의 이해에는 엑셀의 기본적인 지식을 전제로 하고 있습니다.

- 이해하기 쉬운 표현을 우선하기 위해 엑셀 함수의 사용 방법을 장황하게 설명한 부분이 있습니다.

- 엑셀 함수를 간략화하여 보기 쉽도록 하기 위해 수치의 유효자리수를 고려하지 않았습니다. 또한 표시하는 수치는 편의상 반올림하고 있습니다.

- 엑셀의 표준 추가 기능인 '해 찾기'를 이용하는 부분이 있습니다. 이용 환경에 따라서는 설치 작업이 필요합니다(부록 B).

- 신경망의 세계에서는 모델을 최적화하는 것을 '학습'이라고 하는 경우가 있지만, 이 책에서는 이 용어를 사용하지 않습니다. Q학습, DQN에서 사용되는 '학습'과 혼란을 피하기 위해서입니다.

1장

머신러닝의 기본

근래에 화제를 모으고 있는 인공지능(AI)이지만, 그 연구는
1950년대부터 시작되었습니다. 이 책의 주제, 특히 그 중에서도
딥러닝이 AI에서 어떤 위치에 있는가를 살펴봅시다.

§1 머신러닝과 AI, 그리고 딥러닝

2012년 'AI가 스스로 고양이를 인식하는데 성공했다'라고 Google이 발표했을 때부터 현대의 AI 붐이 시작되었습니다. 그러나 AI 연구는 과거 수차례 붐을 일으킨 적이 있습니다. 여기에서는 그 시점의 일에 대해서 확인해봅시다.

▶ AI란

현재 매스컴 등의 보도에서는 AI라는 단어가 아무렇게나 남발되고 있습니다. 그러나 신중하게 'AI란 무엇인가?'라고 생각하면, 어려운 문제라는 생각이 듭니다.

AI의 정의는 천차만별로, 단어를 사용하는 사람에 따라 정의가 다릅니다. 빠르게 발전한 AI는 아직 누구나 납득하는 정의를 줄 수 있는 시간이 아직 주어지지 않았을 것입니다.

일본인공지능학회의 홈페이지에는 유명한 미국인 학자의 표현을 인용하여 다음과 같은 정의를 소개하고 있습니다.

'지적인 기계, 특히 지적인 컴퓨터 프로그램을 작성하는 과학과 기술'

알 듯 모를 듯한 정의입니다. 도대체 '지적(知的)'이란 무엇인지 불분명합니다. 그러나 현재 AI에 관해서 논의할 때, 이 정도 느슨하게 정의하지 않으면 이야기가 진행되지 않는 것도 사실입니다. 이 책에서도 AI란 무엇인가에 관해서 그 단어의 정의에 관해서는 깊게 들어가는 것을 피합니다.

▶ AI, 머신러닝, 딥러닝

AI에 관해서 역사적 흐름을 살펴봅시다.

공상이 아닌 현실로서의 인공지능(AI)은 1950년대부터 연구가 시작되었다고 합니다. 이것은 컴퓨터 개발의 역사와 겹치지만, 다음의 세 단계로 나누어집니다.

세대	연대	주요 용어	주된 응용 분야
1세대	1950~1970년대	논리	퍼즐 등
2세대	1980년대	지식	산업용 로봇, 게임
3세대	2010년대	데이터	패턴 인식, 게임

제1세대는 컴퓨터가 처음 사회에서 이용할 수 있게 되고, 사람이 하고 싶은 일을 프로그래밍으로 구현한다는 아이디어가 생긴 시기와 겹칩니다. 프로그램으로 지능을 구현할 수 있다고 생각한 시대입니다.

제2세대는 하드웨어가 크게 발전한 시기와 겹칩니다. 대표적인 것은 **전문가 시스템**이라고 부르지만, 다양한 분야의 전문가들의 지식을 가르쳐 넣는 타입의 AI입니다. 그 결과로서, **강화학습**이라고 부르는 강력한 AI 개발 기법이 연구되었습니다.

제3세대는 딥러닝이 주역이 됩니다. 대량의 데이터로부터 스스로 학습한다는 논리가 적용되었습니다. 여기에서는 무엇보다도 데이터가 우선됩니다. 딥러닝은 20세기 중반부터 연구되어 온 신경망을 기본으로 하지만, 현재 꽃을 피운 것은 인터넷으로부터 대량의 데이터가 얻어지게 되었기 때문이라고 할 수 있습니다.

이상의 시대 흐름으로부터 볼 수 있는 것은 시대를 거듭함에 따라, '사람이 기계에게 가르쳐 준다'는 사고로부터 '기계가 데이터로부터 학습한다'라는 사고방식으로 중심이 이동하고 있다는 것입니다. 이 '기계가 데이터로부터 학습한다'라는 아이디어를 **머신러닝**(Machine Learning, 줄여서 ML)이라고 부릅니다. 기계(컴퓨터)가 스스로 학습하기 때문입니다.

◀ **용어의 포함 관계**
AI의 개념이 가장 넓고, 그만큼 애매모호한 개념이기도 하다.

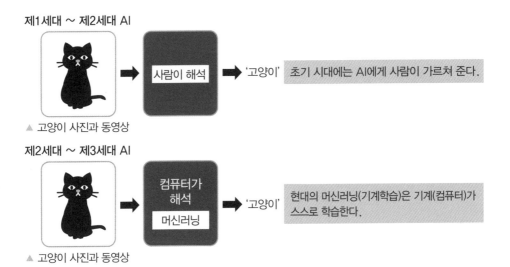

제1세대 ~ 제2세대 AI

사람이 해석 → '고양이'   초기 시대에는 AI에게 사람이 가르쳐 준다.

▲ 고양이 사진과 동영상

제2세대 ~ 제3세대 AI

컴퓨터가 해석
머신러닝 → '고양이'   현대의 머신러닝(기계학습)은 기계(컴퓨터)가 스스로 학습한다.

▲ 고양이 사진과 동영상

현대에는 강화학습과 딥러닝이 융합한 기술도 비약적으로 발전했습니다. 이 기술이 대단하다는 것은 장기나 바둑의 세계에서 AI가 프로기사를 압도하고 있는 것으로부터도 잘 알 수 있을 것입니다.

▶ 머신러닝의 역할

현재, 머신러닝은 다양한 분야에서 활약하고 있습니다. 그러나 개략적으로 보면, **예측**과 **식별**, **분류**가 중심인 것을 알 수 있습니다.

예를 들면, AI 투자 로봇은 과거와 현재의 시황 데이터를 학습하여, 이것으로부터 '예측'합니다. 또한 자동차 공장에서 일하는 AI 로봇은 정확히 용접을 하지만, 그것은 이미지 인식을 이용하여 위치를 정확하게 '식별'할 수 있기 때문입니다. 더욱이 벨트 컨베이어에서 역할을 부여받은 AI는 컨베이어 벨트를 지나가는 물품을 식별하여 적절한 장소로 '분류'합니다.

이 책의 해설도 AI의 '예측'과 '식별'에 대한 응용을 중심으로 하고 있습니다. 그러나 그것에만 한정하지 않더라도 다양한 AI 모델과 알고리즘이 있습니다. 이 책은 그 중에서 역사적으로 유명한 것으로 이야기를 좁히기로 합니다.

§2 지도학습과 비지도학습

머신러닝에서는 개발자가 모든 AI의 동작을 사전에 정해두지는 않습니다. 주어진 데이터로부터 AI는 스스로 학습하고, 관계나 규칙을 찾아내는 기법을 취합니다. 이 기계학습에서 사용되는 알고리즘을 크게 나누면, '지도학습', '비지도학습', '강화학습'의 세 가지로 분류됩니다.

▶ AI를 위한 데이터

머신러닝에는 데이터가 필수적입니다. 이 데이터를 이용하여 예측이나 식별, 분류 시스템을 작성하기 때문입니다. 이 AI 훈련용 데이터를 **훈련 데이터**(training data)라고 합니다. 또한 **학습 데이터**라고도 부릅니다.

◀ 머신러닝에는 훈련 데이터가 필요.

훈련 데이터의 반대말로 **테스트 데이터**가 있습니다. 이것은 학습 후 시스템을 평가하기 위해 이용되는 데이터입니다.

▶ 지도학습과 비지도학습, 강화학습

지도학습(Supervised Learning)은 가장 널리 보급되어 있는 머신러닝의 유형입니다. 정답이 부여된 훈련 데이터를 분석하는 것으로 모델을 확정하고, 이것을 이용하여 미지의 데이터를 식별하거나 분류, 예측을 합니다.

덧붙이자면, '지도학습'이 해당 학습에 이용하는 데이터를 **정답이 첨부된 데이터** 혹은 **레이블이 첨부된 데이터** 등으로 부릅니다.

또한 훈련 데이터 중의 정답 부분을 **예측 대상**, 그 외를 **예측 자료**라고 부르는 경우도 있습니다. 정답 부분을 부르는 방법으로, '예측 대상'보다 이해하기 쉽도록 **정답 레이블**이라는 용어도 자주 이용됩니다.

◀ 숫자 '2'를 식별하기 위한 훈련 데이터.
정답이 첨부되어 있는 것이 '지도학습'의
데이터가 된다.

한편, **비지도학습**(Unsupervised Learning)에는 정답 부분이 없습니다. 주어진 데이터가 가진 성질에 기초한 예측이나 식별, 분류를 합니다. 정답을 첨부하지 않아도 되므로 데이터의 준비가 쉽지만, 다루기가 번거롭게 됩니다(이 데이터는 이 책에서 취급하지 않습니다).

강화학습(Reinforcement Learning)은 시행착오를 통해 '가치를 최대화하는 행동'을 학습하는 것입니다. 이렇게 표현하면 너무 추상적이지만, 구체적인 예를 생각하면 이해하기 쉽습니다. 이 책에서는 Q학습을 통해 강화학습을 살펴보도록 합니다.

덧붙이자면, 이러한 분류의 경계는 명확하지 않습니다. 서로 간에 교차하는 부분이 있습니다.

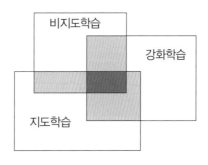

◀ 머신러닝의 분류. 명확한 경계가
없는 경우도 많다.

2장

머신러닝을 위한 기본적인 알고리즘

이 장에서는 계산에 이용되는 기본적인 알고리즘에 관해서 확인 합니다. 이러한 알고리즘은 3장 이후의 준비가 됩니다. 또한 벡 터나 미분법에 관해서 설명이 필요할 때는 ▶ 부록 C~F를 미리 상세히 읽어보기 바랍니다.

모델의 최적화와 최소제곱법

데이터 분석을 위해서 수학적인 모델을 작성할 때, 모델은 파라미터라고 부르는 상수로 규정됩니다. 이 파라미터를 데이터에 맞게 결정하는 문제를 **최적화 문제**라고 부릅니다.

▶ 최적화란

데이터를 분석하기 위한 모델은 주어진 데이터를 가능한 만큼 잘 설명할 수 있도록 만들어집니다. 더 나아가 사용하기 쉽도록 하기 위해, 모델은 간결하게 만들어집니다. 그러나 간결하게 한 만큼 이 모델로 실제의 데이터를 100% 설명하기는 어렵습니다. 따라서 다음과 같은 방침을 택합니다.

'모델이 설명할 수 없는 부분을 최소화한다'

즉, 모델의 설명과 실제 데이터와의 오차를 최소화하도록 하는 것입니다. 이 방침은 당연합니다. 따라서 이 당연한 방침으로 모델의 파라미터를 결정하는 것을 **최적화** **(optimization)**라고 합니다.

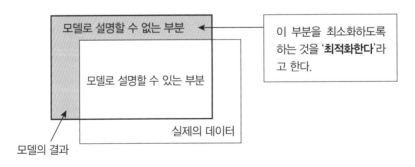

이 최적화 문제에서 많이 이용되는 것이 **최소제곱법**입니다. 계산이 쉽고 범용성이 있고, 오차의 예측도 용이합니다.

▶ 최소제곱법

지금 n개의 데이터가 있고 그 중 k번째 요소의 실제값 y_k에 관해서 모델로부터 산출되는 예측값을 $\hat{y}_k$라고 합니다. 따라서 실제값 y_k와 예측값 $\hat{y}_k$과의 차이 $y_k - \hat{y}_k$를 오차라고 생각하고, 이것을 제곱한 것을 **제곱오차**라고 부르고 e_k로 나타내기로 합니다.

제곱오차 $e_k = (y_k - \hat{y}_k)^2 \quad (k = 1, 2, 3, \cdots, n) \cdots \boxed{1}$

그리고 데이터 전체에 관해서 이 '제곱오차'를 모두 더합니다.

$E = (y_1 - \hat{y}_1)^2 + (y_2 - \hat{y}_2)^2 + \cdots + (y_n - \hat{y}_n)^2 \quad (n$은 데이터의 수$) \cdots \boxed{2}$

최소제곱법이란 이 오차의 총합 E를 최소화하기 위해, 모델의 파라미터를 결정하는 방법입니다. '제곱오차의 총합 E를 최소화하는 파라미터를 가진 모델이 최적이다'라고 생각하는 것이 최소제곱법입니다.

식 $\boxed{2}$를 최적화하기 위한 **목적 함수**(objective function)라고 합니다.

'오차의 제곱합이 최소화되도록 모델의 파라미터를 정한다'라는 최소제곱법의 아이디어는 데이터 분석의 기본이 됩니다. 회귀분석이나 SVM, 딥러닝으로 모델의 파라미터를 정할 때의 표준 기법이 됩니다.

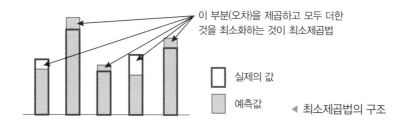

이 부분(오차)을 제곱하고 모두 더한 것을 최소화하는 것이 최소제곱법

☐ 실제의 값

▨ 예측값　　◀ 최소제곱법의 구조

▶ 엑셀을 이용한 최소제곱법

최소제곱법을 구체적인 예로 살펴봅시다.

통계학의 기본적인 기법으로 회귀분석이라는 분석 방법이 있습니다. 주어진 데이터로부터 범위 밖의 데이터를 추정하는 한 가지 방법입니다. 이 방법으로는 최소제곱법이 이용되는 것이 보통입니다. 다음의 **예제** 에서 최소제곱법을 살펴보겠습니다.

> **예제** 어느 신흥국에서 21세기 들어서서 x차 년도의 경제 성장률 $y(\%)$는 오른쪽 표와 같습니다. 성장률 y를 x의 1차식 $ax+b(a, b$는 상수)로 예측할 수 있다고 가정하고, 상수 a, b를 구하시오. 또한 미지의 5차 년도의 경제성장률을 예측하시오.

x	y
1	13.3
2	15.8
3	19.4
4	22.3

주 이 **예제** 의 해법은 ▶ 3장에서 살펴보는 중회귀분석과 동일한 기법입니다.

풀이 문제를 살펴보면, x차 년도 성장률의 예측값 $\hat{y}$는 다음과 같이 나타낼 수 있습니다.

$$\hat{y} = ax + b \cdots \boxed{3}$$

이것을 **회귀방정식**이라고 부릅니다. 그러면 k차 년도에 관해서 $x_k = k$일 때의 성장률 y_k의 예측값을 $\hat{y}_k$라고 할 때, 제곱오차 $\boxed{1}$은 다음과 같이 표현할 수 있습니다.

$$e_k = (y_k - \hat{y}_k)^2 = \{y_k - (ax_k + b)\}^2 \quad (k = 1, 2, 3, 4)$$

실제로 데이터를 대입하면, 목적 함수 $\boxed{2}$는 다음과 같이 쓸 수 있습니다.

$$E = \{13.3 - (a+b)\}^2 + \{15.8 - (2a+b)\}^2 + \{19.4 - (3a+b)\}^2 + \{22.3 - (4a+b)\}^2$$

그런데, 이것이 최소화될 때 다음 관계가 성립합니다(▶ 부록 E).

$$\frac{\partial E}{\partial a} = 0, \ \frac{\partial E}{\partial b} = 0 \cdots \boxed{4}$$

실제로 식 $\boxed{4}$를 계산하여 정리하면, 다음 식을 구할 수 있습니다.

$$30a + 10b = 192.3, \ 10a + 4b = 70.8$$

이것을 풀면 $a = 3.06, \ b = 10.05 \cdots \boxed{5}$

이 때 목적 함수(즉, 전체 오차) E가 최소가 됩니다.

회귀방정식 $\boxed{3}$은 이상으로부터 다음과 같이 나타낼 수 있습니다.

$$y = 3.06x + 10.05 \cdots \boxed{6}$$

문제에서 '5차년도의 경제성장률'은 이 식 **6**에서 $x = 5$를 대입하면, 다음과 같이 구할 수 있습니다.

5차 년도의 경제성장률 $= 3.06 \times 5 + 10.05 = 25.35 \doteqdot 25.4\,(\%)$ ⋯ **7**

이상이 **예제**의 답입니다.

여기에서 구한 a, b의 값 **5**가 최적화된 파라미터입니다. 회귀방정식 **6**을 데이터의 산점도에 겹쳐서 그려봅시다. 실제의 데이터를 나타내는 4개의 점을 잘 연결하고 있습니다. '최적화된 파라미터'의 '최적'이라는 개념을 이해할 수 있을 것입니다.

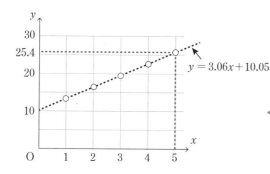

◀ 데이터의 산점도. 회귀방정식 **6**에 $x = 5$를 대입하면, 예측값 **7**이 구해진다. 또한 이 직선을 회귀직선이라고 한다.

▶ 데이터의 크기와 파라미터의 수

이 **예제**에서 살펴본 데이터는 네 가지 요소로 구성됩니다. 그 네 가지를 두 가지 상수가 결정하는 직선 $y = ax + b$로 표현하려고 한 것이 이 **예제**입니다. 네 가지 정보를 두 가지로 축약한 것입니다. 두 가지 상수 a, b로는 도저히 모든 데이터 정보를 표현할 수 없습니다. 그러나 가능한 한 데이터 정보를 얻을 수 있도록 두 가지 상수 a, b를 결정하는 노력에는 의미가 있습니다. 최적화란 이 노력의 결과인 것입니다.

▶ 엑셀 실습

최소제곱법을 엑셀로 실행해봅시다. 엑셀에는 이를 위한 최적화 도구로서 '해 찾기'가 준비되어 있습니다.

연습 앞의 **예제**를 엑셀의 해 찾기를 이용하여 풀어보시오.

㈜ 해 찾기는 엑셀의 표준 추가 기능으로, 설치 작업이 필요한 경우가 있습니다. 또한 이 절의 워크시트는 다운로드 사이트(▶ 244페이지)에 수록된 파일 '2_1.xlsx'에 있습니다.

풀이 데이터를 입력합니다. 또한 상수 a, b를 적당한 값으로 가정합니다.

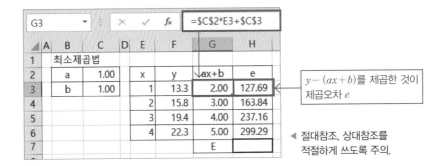

이상과 같이 준비하고, 다음 단계를 따라갑시다.

❶ 예측값 $ax+b$의 값과 식 ①의 제곱 오차 e를 구합니다.

❷ 제곱오차 e의 총합 E(목적 함수)를 산출합니다.

❸ 해 찾기를 실행합니다.

다음 그림과 같이 설정합니다. 해 찾기의 '목표 설정' 칸에는 목적 함수 E의 셀 주소가, '변수 셀 변경' 칸에는 a, b의 (가상의) 값이 있는 셀 주소를 입력합니다.

주 해 찾기는 엑셀의 '데이터' 메뉴에 있습니다. 또한 해 찾기는 엑셀의 표준적인 추가 기능으로 설치 작업이 필요한 경우가 있습니다(▶ 부록 B).

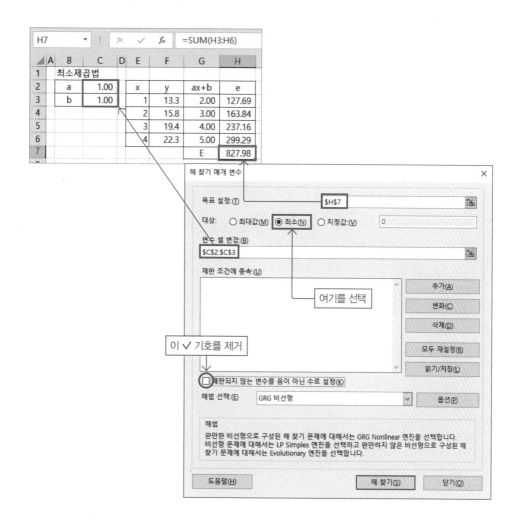

❹ 해 찾기를 실행하고, 상수 a, b를 구합니다.

해 찾기의 산출 결과를 살펴봅시다.

| H7 | ▼ | ⋮ | × | ✓ | f_x | =SUM(H3:H6) |

◢	A	B	C	D	E	F	G	H
1		최소제곱법						
2		a →	3.06		x	y	ax+b	e
3		b	10.05		1	13.3	13.11	0.04
4					2	15.8	16.17	0.14
5					3	19.4	19.23	0.03
6					4	22.3	22.29	0.00
7							E	0.20

해 찾기의 산출값 (→ C2, C3)

이 해 찾기의 계산 결과로부터 식 [5]의 답이 구해졌습니다.

$$a = 3.06, \ b = 10.05$$

이것으로부터 5년차의 경제 성장률 예측값 [7]이 다음 그림과 같이 구해집니다.

| F10 | ▼ | ⋮ | × | ✓ | f_x | =$C$2*E10+$C$3 |

◢	A	B	C	D	E	F	G	H
1		최소제곱법						
2		a	3.06		x	y	ax+b	e
3		b	10.05		1	13.3	13.11	0.04
4					2	15.8	16.17	0.14
5					3	19.4	19.23	0.03
6					4	22.3	22.29	0.00
7							E	0.20
8								
9					x	예측값		
10					5	25.35		

◀ 예측은 식 [5]를 이용. 또한 본문에서는 소수 두 번째 자리에서 반올림하고 있다.

注 보기 쉬운 것을 우선시하므로, 수치의 유효자릿수 표시는 통일되지 않습니다.

MEMO ▌ **목적 함수의 이름**

목적 함수를 **비용 함수**(cost function), **오차 함수**(error function), **손실 함수**(lost function) 등으로도 부릅니다. 최적화가 이용되는 분야에서 각각 이름이 다릅니다. 또한 최적화 방법으로서 여기에서는 최소제곱법을 이용했지만, 그 외에도 유명한 방법이 몇 가지 있습니다.

§2 최적화 계산의 기본이 되는 경사하강법

앞의 절 ▶ §1에서 본 것처럼 '모델의 최적화'에는 목적 함수를 최소화하는 파라미터를 찾을 필요가 있습니다. 이 절에서는 파라미터를 찾는 방법으로 유명한 **경사하강법**에 관해서 살펴봅시다. 경사하강법은 **최급강하법**이라고도 부르지만, 많은 머신러닝 분야에서의 기본적인 도구가 됩니다.

이 절에서는 주로 2변수 함수로 이야기를 진행해갑니다. 머신러닝의 세계, 특히 신경망의 세계에서는 수많은 파라미터를 취급하는 것이 드문 일은 아니지만, 수학적 원리는 2변수의 경우와 동일합니다.

주 이 책에서 고려하는 함수는 충분히 매끄러운 함수(smooth function, 무한 번 미분 가능한 함수)로 합니다.

▶ 경사하강법의 아이디어

함수 $z = f(x, y)$가 주어졌을 때, 이 함수를 최소화하는 파라미터, 즉 변수 x, y를 어떻게 구하면 좋을까요? 가장 유명한 방법은 함수 $z = f(x, y)$를 최소화하는 x, y가 다음 관계를 만족하는 것을 이용하는 방법입니다. 이것은 앞 절(▶ §1)에서도 이용했습니다(▶ 부록 E).

$$\frac{\partial f(x, y)}{\partial x} = 0, \quad \frac{\partial f(x, y)}{\partial y} = 0 \cdots \boxed{1}$$

함수가 최소점에서는 와인잔의 바닥처럼 접하는 평면이 수평이 되는 것을 기대하기 때문입니다.

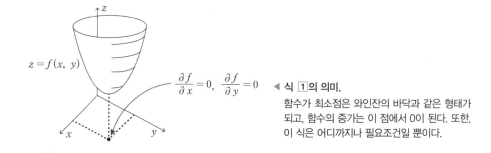

$$\frac{\partial f}{\partial x} = 0, \quad \frac{\partial f}{\partial y} = 0$$

◀ **식 1 의 의미.**
함수가 최소점은 와인잔의 바닥과 같은 형태가
되고, 함수의 증가는 이 점에서 0이 된다. 또한,
이 식은 어디까지나 필요조건일 뿐이다.

그러나 실제의 문제에서는 연립방정식 1 이 쉽게 풀리지 않는 것이 보통입니다. **경사하강법**은 그 대안이 되는 유명한 방법입니다. 방정식으로부터 직접 구하는 것이 아니라, 그래프 상의 점을 조금씩 이동하면서 더듬어가면서 함수의 최소점을 찾아내는 방법입니다.

경사하강법의 사고방식을 살펴봅시다. 지금 그래프를 경사면으로 가정합니다. 이 경사면의 어느 점 P에 탁구공을 놓고, 살짝 손을 떼어봅니다. 공은 가장 경사가 급한 경사면을 골라 구르기 시작합니다. 조금 전진하면 공을 세우고, 그 위치에서 다시 굴려봅시다. 탁구공은 또 그 지점에서 가장 경사가 급한 경사면을 선택하여 구르기 시작합니다.

◀ 함수 그래프의 일부를 확대하여 경사면
으로 가정한 그림. 공은 가장 경사가 심
한 면(PQ 방향)을 찾아 구르기 시작한다.

이 조작을 수차례 반복하면, 탁구공은 최단 경로를 찾아 그래프의 바닥, 즉 함수의 최소점에 도달할 것입니다. 이 공의 움직임을 흉내낸 것이 경사하강법입니다.

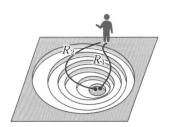

◀ 탁구공의 움직임을 따라가면, 사람은 최단 경로
R_1으로 그래프의 바닥(최솟값)에 도달한다.

경사하강법을 '최급강하법'이라고도 부르는 것은 이러한 이미지가 연상되기 때문입니다. 그래프를 최단 경로로 내려가는 것을 표현하는 이름인 것입니다.

▶ 근사 공식과 내적의 관계

지금 살펴본 아이디어에 따라 경사하강법을 공식으로 정리해보겠습니다.

함수 $z = f(x, y)$에서, x를 Δx만큼 변화시킬 때의 함수 $f(x, y)$값의 변화 Δz를 살펴봅시다.

$$\Delta z = f(x + \Delta x, \ y + \Delta y) - f(x, \ y)$$

유명한 근사공식(▶ 부록 F)으로부터 다음 관계식이 성립합니다.

$$\Delta z = \frac{\partial f(x, \ y)}{\partial x} \Delta x + \frac{\partial f(x, \ y)}{\partial y} \Delta y \ \cdots \boxed{2}$$

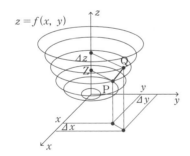

◀ 그림에서 Δz와 Δx, Δy의 사이에는 $\boxed{2}$의 관계가 성립한다.

식 $\boxed{2}$의 우변은 다음 두 벡터의 내적 형태를 하고 있습니다.

$$\left(\frac{\partial f(x, \ y)}{\partial x}, \ \frac{\partial f(x, \ y)}{\partial y} \right), \ (\Delta x, \ \Delta y) \ \cdots \boxed{3}$$

이 벡터 $\left(\dfrac{\partial f(x, \ y)}{\partial x}, \ \dfrac{\partial f(x, \ y)}{\partial y} \right)$를 함수 $f(x, y)$의 점 (x, y)에서의 **기울기**(gradient)라고 부릅니다.

$$\left(\frac{\partial f(x,\ y)}{\partial x},\ \frac{\partial f(x,\ y)}{\partial y}\right)$$

$(\varDelta x,\ \varDelta y)$

내적 ➡ $\varDelta z = \dfrac{\partial f(x,\ y)}{\partial x}\varDelta x + \dfrac{\partial f(x,\ y)}{\partial y}\varDelta y$

▲ **2**의 좌변 $\varDelta z$는 **3**의 두 벡터의 내적으로 표현된다.

▶ 경사하강법의 기본식

x를 $\varDelta x$, y를 $\varDelta y$만큼 변화시킬 때, 함수 $z = f(x,\ y)$의 변화 $\varDelta z$는 식 **2**, 즉 두 벡터 **3**의 내적으로 표현됩니다. 그러나 내적의 성질로부터 이 내적이 최소가 되는 것은 두 벡터가 반대 방향일 때입니다. 즉, 식 **2**의 $\varDelta z$가 최소가 되는 것은 (z가 가장 감소하는 것은), **3**의 두 벡터가 정확하게 반대 방향이 될 때입니다(▶ 부록 C).

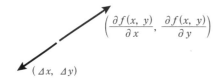

$$\left(\frac{\partial f(x,\ y)}{\partial x},\ \frac{\partial f(x,\ y)}{\partial y}\right)$$

$(\varDelta x,\ \varDelta y)$

◀ **2**의 $\varDelta z$가 최소가 되는 것은, 다시 말하면 그래프의 기울기가 가장 급하게 감소하는 것은 **3**의 두 벡터가 반대 방향이 될 때.

위의 논의에서 점 $(x,\ y)$로부터 점 $(x + \varDelta x,\ y + \varDelta y)$로 이동할 때, 함수 $z = f(x,\ y)$가 가장 크게 감소하는 것은 다음 관계가 만족할 때입니다. 이것이 두 변수일 때 경사하강법의 기본식이 됩니다.

$$(\varDelta x,\ \varDelta y) = -\eta\left(\frac{\partial f(x,\ y)}{\partial x},\ \frac{\partial f(x,\ y)}{\partial y}\right)\ (\eta\text{는 양의 작은 상수}) \cdots \boxed{4}$$

주 η는 에타라고 읽는 그리스 문자입니다. 로마자 i에 대응합니다. 많은 문헌에서는 스텝 사이즈 혹은 스텝 폭으로 부르고 있습니다.

이 관계 **4**를 이용하여

점 $(x,\ y)$로부터 점 $(x + \varDelta x,\ y + \varDelta y)$ $\cdots$ **5**

로 이동하면, 그 지점 (x, y)에서 가장 빠르게 그래프의 경사면을 내려갈 수 있습니다.

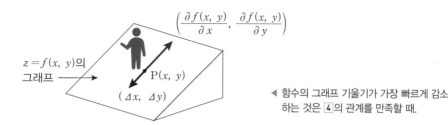

◀ 함수의 그래프 기울기가 가장 빠르게 감소하는 것은 ④의 관계를 만족할 때.

문제 Δx, Δy는 작은 수라고 합시다. 함수 $z = x^2 + y^2$에서 x, y가 각각 1부터 $1 + \Delta x$, 2부터 $2 + \Delta y$로 변할 때, 이 함수가 가장 크게 감소할 때의 벡터 $(\Delta x, \Delta y)$를 구하시오.

풀이 식 ④ 에서 Δx, Δy는 다음 관계를 만족합니다.

$$(\Delta x, \Delta y) = -\eta \left(\frac{\partial z}{\partial x}, \frac{\partial z}{\partial y} \right) \quad (\eta \text{는 양의 작은 상수})$$

$\frac{\partial z}{\partial x} = 2x$, $\frac{\partial z}{\partial y} = 2y$이고, 문제에서 $x = 1$, $y = 2$이므로

$$(\Delta x, \Delta y) = -\eta (2, 4) \quad (\eta \text{는 양의 작은 상수}) \quad 답$$

▶ **경사하강법과 사용 방법**

앞에서 경사하강법의 아이디어를 살펴보기 위해 탁구공이 움직이는 방향을 알아보았습니다. 장소에 따라 가장 가파른 방향이 다르기 때문에, '조금씩만 장소를 이동하면서 가장 가파른 부분을 찾는' 과정을 반복하면서, 경사의 바닥 부분에 도달하는 것입니다.

함수의 경우도 완전히 동일합니다. 함수의 최솟값을 찾기 위해서는, 관계식 ④를 이용하여 기울기가 가장 크게 감소하는 방향을 찾아, 그 방향으로 식 ⑤에 따라 조금 이동합니다. 이동한 점에서 재차 ④를 산출하고, 다시 식 ⑤에 따라 조금 이동합니다. 이러한 계산을 반복함으로써 최소점을 찾을 수 있습니다. 이렇게 해서 함수 $f(x, y)$가

최소가 되는 점을 찾는 방법을 **2변수 경우의 경사하강법**이라고 합니다.

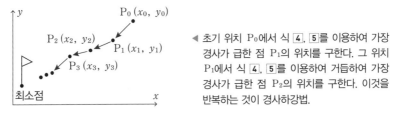

◀ 초기 위치 P_0에서 식 **4**, **5**를 이용하여 가장 경사가 급한 점 P_1의 위치를 구한다. 그 위치 P_1에서 식 **4**, **5**를 이용하여 거듭하여 가장 경사가 급한 점 P_2의 위치를 구한다. 이것을 반복하는 것이 경사하강법.

▶ 3변수 이상인 경우 경사하강법을 확장

2변수의 경사하강법의 기본식 **4**를 3변수 이상으로 일반화하는 것은 쉬울 것입니다. 함수 f가 n개의 변수 x_1, x_2, $\cdots$, x_n에서 성립할 때, 경사하강법의 기본식 **5**는 다음과 같이 일반화할 수 있습니다.

η를 양의 작은 상수라 하고, 변수 x_1, x_2, $\cdots$, x_n이 $x_1+\Delta x_1$, $x_2+\Delta x_2$, $\cdots$, $x_n+\Delta x_n$으로 변화할 때, 함수 f가 가장 크게 감소하는 것은 다음 관계를 만족할 때이다.

$$(\Delta x_1, \ \Delta x_2, \ \cdots, \ \Delta x_n) = -\eta\left(\frac{\partial f}{\partial x_1}, \ \frac{\partial f}{\partial x_2}, \ \cdots, \ \frac{\partial f}{\partial x_n}\right) \cdots \boxed{3}$$

여기에서, 다음 벡터를 **함수 f의 점 $(x_1, \ x_2, \ \cdots, \ x_n)$에서의 기울기**라고 합니다.

$$\left(\frac{\partial f}{\partial x_1}, \ \frac{\partial f}{\partial x_2}, \ \cdots, \ \frac{\partial f}{\partial x_n}\right)$$

2변수 함수의 경우와 마찬가지로, 이 관계 **6**을 이용하여

점 $(x_1, x_2, \cdots, x_n)$에서 점 $(x_1+\Delta x_1, x_2+\Delta x_2, \cdots, x_n+\Delta x_n) \cdots \boxed{7}$

으로 이동하면, 함수의 기울기가 가장 크게 감소하는 방향으로 이동할 수 있습니다.

따라서 이 이동 7을 반복하면, n차원 공간에서 기울기가 가장 크게 감소하는 방향을 산출하면서 최소점을 찾을 수 있습니다. 이것이 **n변수 경우의 경사하강법**입니다.

▶ η의 의미와 경사하강법의 주의할 점

지금까지 스텝 사이즈 η는 단순하게 '양의 작은 상수'라고 표현되어 왔습니다. 실제로 컴퓨터로 계산할 때, 이 η를 어떻게 정하면 좋은가는 큰 문제가 됩니다.

식 5, 7에서 알 수 있듯이 η는 사람이 이동할 때의 '보폭'으로 간주됩니다. 이 η로 정해진 값에 따라 다음에 이동하는 점이 정해지기 때문입니다. 이 보폭이 크면, 최솟값에 도달하더라고 그것을 건너 뛰어버릴 위험이 있습니다(다음 그림 왼쪽). 보폭이 작으면, 최솟값에서 머무를 위험이 있습니다(다음 그림 오른쪽).

이러한 결정 방법에 관해서는 유감스럽게도 확실한 기준은 없습니다. 시행착오로 보다 좋은 값을 찾을 수밖에 없습니다.

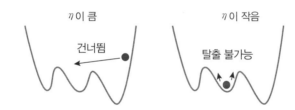

▲ η을 적절하게 정하지 않으면, 최솟값을 건너뛰거나, 극솟값에 머무르기도 한다.

▶ 엑셀을 이용한 경사하강법

구체적으로 다음 연습으로 경사하강법을 살펴봅시다.

> **연습** 함수 $z = x^2 + y^2$에 관해서 주어진 x, y 값의 최솟값을 경사하강법으로 구하시오.

주 명백히 정답은 $(x, y) = (0, 0)$입니다. 또한 이 절의 워크시트는 다운로드 사이트(▶ 244페이지)에 수록된 파일 '2_2.xlsx'에 있습니다.

먼저 기울기를 구해봅시다.

$$기울기 \left(\frac{\partial z}{\partial x}, \ \frac{\partial z}{\partial y} \right) = (2x, \ 2y) \ \cdots \ \boxed{8}$$

그렇다면, 단계를 따라 계산을 진행합니다.

❶ 식 $\boxed{4}$의 η값 및 첫 번째 한 걸음이 되는 위치를 적당히 정합니다.

η의 값   초기 위치를 제공한다.

	A	B	C	D	E	F	G	H	I
1		경사하강법		(예) z=x²+y²					
2									
3		η	0.1						
4									
5		No	위치		기울기		변위 벡터		함숫값
6		i	x_i	y_i	$\partial z/\partial x$	$\partial z/\partial y$	Δx	Δy	z
7		0	3.00	2.00					

❷ 식 $\boxed{4}$를 계산합니다.

현재 위치 (x_i, y_i)에 대해서, 기울기 $\boxed{8}$을 산출하여 경사하강법의 기본식(식 $\boxed{4}$)에서 벡터 $\Delta x = (x_i, \ \Delta y_i)$를 구합니다. 즉, 식 $\boxed{4}$, $\boxed{8}$로부터

$$(\Delta x_i, \ y_i) = -\eta(2x_i, \ 2y_i) = (-\eta \cdot 2x_i, \ -\eta \cdot 2y_i) \ \cdots \ \boxed{9}$$

기울기 $\boxed{8}$의 계산   식 $\boxed{9}$의 계산

E7			✕ ✓ f_x	=2*C7				

	A	B	C	D	E	F	G	H	I
1		경사하강법		(예) z=x²+y²					
2									
3		η	0.1						
4									
5		No	위치		기울기		변위 벡터		함숫값
6		i	x_i	y_i	$\partial z/\partial x$	$\partial z/\partial y$	Δx	Δy	z
7		0	3.00	2.00	6.00	4.00	-0.60	-0.40	13.00

❸ **5**를 실행합니다.

경사하강법에 따라서, 현재 위치 (x_i, y_i)로부터 이동하는 곳의 점 (x_{i+1}, y_{i+1})을 다음 식으로 구합니다.

$$(x_{i+1}, y_{i+1}) = (x_i, y_i) + (\Delta x_i, \Delta y_i) \cdots \boxed{10}$$

C8		▼ :	× ✓	f_x	=C7+G7			
	A	B	C	D	E	F	G	H	I

	A B	C	D	E	F	G	H	I
1	경사하강법		(예) z=x²+y²					
2								
3	η	0.1						
4								
5	No	위치		기울기		변위 벡터		함숫값
6	i	x_i	y_i	∂z/∂x	∂z/∂y	Δx	Δy	z
7	0	3.00	2.00	6.00	4.00	-0.60	-0.40	13.00
8	1	2.40	1.60					

$\boxed{10}$의 계산

❹ **❷~❸**을 반복합니다.

다음 그림은 **❷~❸**의 과정을 30회 반복할 때의 좌표 (x_{30}, y_{30})의 값입니다. 정답 $(x, y) = (0, 0)$과 일치합니다.

	A B	C	D	E	F	G	H	I
1	경사하강법		(예) z=x²+y²					
2								
3	η	0.1						
4								
5	No	위치		기울기		변위 벡터		함숫값
6	i	x_i	y_i	∂z/∂x	∂z/∂y	Δx	Δy	z
7	0	3.00	2.00	6.00	4.00	-0.60	-0.40	13.00
8	1	2.40	1.60	4.80	3.20	-0.48	-0.32	8.32
9	2	1.92	1.28	3.84	2.56	-0.38	-0.26	5.32
10	3	1.54	1.02	3.07	2.05	-0.31	-0.20	3.41
11	4	1.23	0.82	2.46	1.64	-0.25	-0.16	2.18
12	5	0.98	0.66	1.97	1.31	-0.20	-0.13	1.40
35	28	0.01	0.00	0.01	0.01	0.00	0.00	0.00
36	29	0.00	0.00	0.01	0.01	0.00	0.00	0.00
37	30	0.00	0.00	0.01	0.00	0.00	0.00	0.00

(x, y)의 최솟값   함수의 최솟값

해밀턴 연산자 ∇

실용적인 신경망에서는 몇 만개의 변수로 구성되는 함수의 최솟값이 문제가 됩니다. 여기에서는 식 6과 같은 표현이 장황하게 길어지는 경우가 있습니다.

수학의 세계에는 '벡터 해석'이라고 부르는 분야가 있지만, 여기에서는 자주 이용되는 기호 ∇가 있습니다. ∇는 **해밀턴 연산자**라고 부르고, 다음과 같이 정의됩니다.

$$\nabla f = \left(\frac{\partial f}{\partial x_1}, \ \frac{\partial f}{\partial x_2}, \ \cdots, \ \frac{\partial f}{\partial x_n} \right)$$

이것을 이용하면, 6은 다음과 같이 간결하게 기술됩니다.

$$(\Delta x_1, \ \Delta x_2, \ \cdots, \ \Delta x_n) = -\eta \nabla f \quad (\eta \text{는 양의 작은 상수})$$

주 ∇는 보통 '나블라(Nabla)'라고 읽습니다. 그리스의 하프(나블라)의 형태를 하고 있어서 이렇게 부릅니다.

라그랑지의 완화법과 쌍대 문제

　부등식의 조건이 부여되었을 때의 최댓값이나 최솟값을 구하는 문제는 머신러닝의 계산에서 자주 이용됩니다. 그 대표적인 해법 중 하나가 **라그랑지의 완화법**입니다. 이 완화법을 이용하여 문제를 쉽게 해결하는 방법이 **라그랑지 쌍대**입니다. 다음의 구체적인 예를 통해 라그랑지의 완화법과 쌍대 문제의 구조를 알아봅시다.

예제　x, y는 다음의 두 부등식을 만족합니다.

$$-x-y+2 \leqq 0,\; x-y+2 \leqq 0 \;\cdots\; \boxed{1}$$

다음 관계식을 최소화하는 x, y의 값과 그 최솟값을 구하시오.

$$\frac{1}{2}(x^2+y^2) \;\cdots\; \boxed{2}$$

▶ 라그랑지의 완화법

　조건 $\boxed{1}$이 성립할 때, 당연히 다음 관계가 성립합니다.

---

0 이상의 임의의 상수 λ, μ에 대해서,

$$\frac{1}{2}(x^2+y^2)+\lambda(-x-y+2)+\mu(x-y+2) \leqq \frac{1}{2}(x^2+y^2) \;\cdots\; \boxed{3}$$

　이 식 $\boxed{3}$ 좌변의 최솟값을 구하는 것이 가능할 것입니다. 더 나아가 이 최솟값이 '≦' 안의 등호(=)를 만족하고 있다는 것을 알 수 있을 것입니다. 그러면 '$\boxed{1}$의 조건 아래에서 $\frac{1}{2}(x^2+y^2)$의 최솟값을 구한다'라는 문제는 0 이상의 상수 λ, μ에 대해서 '$\boxed{3}$의

등호를 만족한다면, $\frac{1}{2}(x^2+y^2)+\lambda(-x-y+2)+\mu(x-y+2)$의 최솟값을 구한다'라는 문제로 간소화되는 것입니다. 부등식의 조건 **1**이 부여된 번거로운 문제가 단순하게 λ, $\mu(\geqq 0)$를 포함한 최소문제로 귀착됩니다. 이 기법을 **라그랑지의 완화법**이라고 부릅니다.

▶ 라그랑지 쌍대 문제

식 **3**의 좌변에 관해서 최솟값을 구해봅시다. 이 최솟값은 λ, $\mu(\geqq 0)$를 포함한 식으로 $m(\lambda, \mu)$라고 나타냅니다.

$$m(\lambda, \mu) \leqq \frac{1}{2}(x^2+y^2)+\lambda(-x-y+2)+\mu(x-y+2) \cdots \boxed{4}$$

주 $m(\lambda, \mu)$에 관해서는 구체적으로 다음에 구합니다.

다음에 λ, $\mu(\geqq 0)$에 관해서 $m(\lambda, \mu)$의 최댓값 m_0을 구해봅시다. 이것은 x, y, λ, μ를 포함하지 않은 상수입니다.

$$m(\lambda, \mu) \leqq m_0 \cdots \boxed{5}$$

그런데, 식 **3**~**5**의 관계는 임의의 λ, $\mu(\geqq 0)$에 대해서 성립합니다. 그리고 다음 관계가 만족됩니다.

$$m(\lambda, \mu) \leqq m_0 \leqq \frac{1}{2}(x^2+y^2)+\lambda(-x-y+2)+\mu(x-y+2) \leqq \frac{1}{2}(x^2+y^2) \cdots \boxed{6}$$

만일 이 식 **6**의 등호 부분을 만족하는 λ, $\mu(\geqq 0)$를 구체적으로 구할 수 있으면, 거꾸로 따라가서 **예제**의 목적인 'x^2+y^2을 최소화하는 x, y의 값'을 구할 수 있게 됩니다. 조건 **1**을 바로 푸는 것보다 훨씬 쉬운 풀이 방법인 것입니다.

최솟값을 구하는 **예제**가 $m(\lambda, \mu)$의 최댓값을 구하는 문제로 변환되었습니다. 이 최솟값 문제의 쌍을 **라그랑지 쌍대**라고 부릅니다.

▶ 구체적인 계산

우선 $m(\lambda, \mu)$를 구해봅시다. $\boxed{3}$의 좌변을 변형하여,

식 $\boxed{3}$의 좌변 $= \dfrac{1}{2}\{x-(\lambda-\mu)\}^2 + \dfrac{1}{2}\{y-(\lambda+\mu)\}^2 + 2(\lambda+\mu) - (\lambda^2+\mu^2)$

따라서, x, y가 다음 값일 때, 이 식은 최솟값이 됩니다.

$x = \lambda - \mu,\ x = \lambda + \mu \ \cdots \ \boxed{7}$

이 때, 식 $\boxed{3}$ 좌변의 최솟값 $m(\lambda, \mu)$는 다음과 같습니다.

$m(\lambda, \mu) = 2(\lambda+\mu) - (\lambda^2+\mu^2) = 2 - (\lambda-1)^2 - (\mu-1)^2 \ \cdots \ \boxed{8}$

또한 $\boxed{7}$을 조건 $\boxed{1}$에 대입하면

$-(\lambda-\mu) - (\lambda+\mu) + 2 \leq 0,\ (\lambda-\mu) - (\lambda+\mu) + 2 \leq 0$

이제부터 $\lambda \geq 1$, $\mu \geq 1$

이렇게 해서, 식 $\boxed{8}$로부터 $m(\lambda, \mu)$의 최댓값 m_0가 다음과 같이 구해집니다.

$m_0 = 2(\lambda = 1,\ \mu = 1$일 때$)$

이것은 전제 조건이고, $\lambda \geq 0$, $\mu \geq 0$을 만족하고 있습니다.

이 때, 식 $\boxed{7}$로부터 $x = 0$, $y = 2 \ \cdots \ \boxed{9}$

필요한 값이 모두 구해졌습니다. 식 $\boxed{6}$으로 돌아가 정리해 봅시다.

$2 \leq \dfrac{1}{2}(x^2+y^2) + (-x-y+2) + (x-y+2) \leq \dfrac{1}{2}(x^2+y^2)$

식 $\boxed{9}$을 만족하는 x, y는 이 식 전부를 만족합니다. 이렇게 해서 예제 의 해답이 다음과 같이 구해집니다.

$x = 0$, $y = 2$일 때 $\dfrac{1}{2}(x^2+y^2)$의 최솟값은 2 답

> **연습** 엑셀을 이용하여, **예제**를 풀어봅시다.

주 이 절의 워크시트는 다운로드 사이트(▶ 244페이지)에 수록된 파일 '2_3.xlsx'에 있습니다.

엑셀의 해 찾기를 이용하면, 라그랑지의 완화법은 불필요합니다. 조건식 **1**을 직접 설정할 수 있기 때문입니다. 다음 단계를 따라가면, 간단하게 답 **9**가 얻어집니다. 여기에서는 문제의 의미를 이해하기 위한 참고로서 **예제**를 엑셀로 풀어봅시다.

❶ x, y의 초깃값을 적당히 설정합니다. 그리고 조건식 **1**, 함수 **2**인 $\frac{1}{2}(x^2+y^2)$의 셀을 준비합니다. 추가로 그림과 같이 해 찾기를 설정합니다.

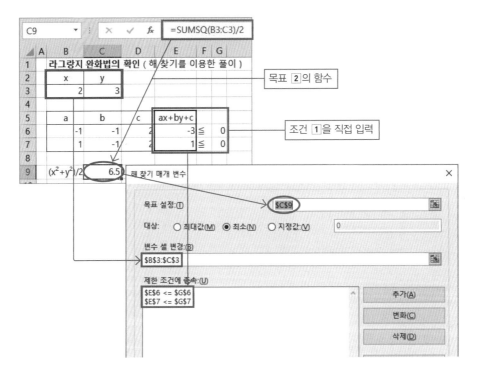

❷ 해 찾기를 실행 후, 결과가 산출되고, 식 ⑨를 확인할 수 있습니다.

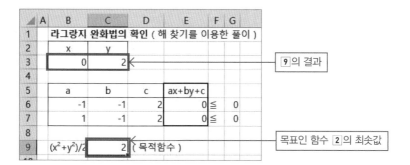

§ 4 몬테카를로법의 기본

널리 일반적으로 난수를 이용하여 수치계산을 하는 방법을 **몬테카를로법**이라고 합니다. 도박으로 유명한 도시 몬테카를로에서 유래한 이름입니다.

그러나 현재, 머신러닝의 대부분의 분야에서는 어떤 형태로든 난수가 이용됩니다. 그리고 난수를 초기부터 이용하는 경우에 한해, 그 계산법을 몬테카를로법이라고 부르는 경우가 보통입니다.

▶ 몬테카를로법으로 π를 산출

몬테카를로법의 많은 입문서에서 원주율 π의 근사 계산이 소개되어 있습니다. 이 책에서도 몬테카를로법의 아이디어를 알기 위해 다음 예를 이용하기로 합시다.

> **예제** 난수를 이용하여, 원주율 π의 값을 구하시오.

다음의 왼쪽 그림과 같이, 원점을 중심으로 반지름 1인 원을 그립니다. 또한 원에 외접하는 한 변의 길이가 2인 정사각형을 축에 평행하게 그립니다.

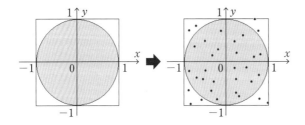

왼쪽 그림의 정사각형 안에 N개의 점을 오른쪽 그림과 같이 무작위로 찍어 봅시다. 그리고 원의 안쪽에 n개의 점이 들어 있다고 합시다. 그러면 n과 N의 개수의 비는 (근사적으로) 원의 면적($\pi \times 1^2$)과 정사각형의 면적($= 2^2$)의 비가 될 것입니다.

$$n : N \doteqdot \pi \times 1^2 : 2^2 \quad \text{즉} \quad \pi \doteqdot \frac{4n}{N} \cdots \boxed{1}$$

이렇게 해서, 원의 안쪽 점의 개수를 셈으로써 π의 값이 (근사적으로) 구해집니다. 이와 같이 난수를 이용하여 계산을 해나가는 방법이 몬테카를로법입니다.

▶ 엑셀을 이용한 몬테카를로법

연습 엑셀을 이용하여 이 **예제**를 확인하시오.

주 이 절의 워크시트는 다운로드 사이트(▶ 244페이지)에 수록된 파일 '2_4.xlsx'에 있습니다.

예제에서 살펴본 아이디어에 따라 아래의 단계를 따라가면 π의 값을 근사적으로 구할 수 있습니다.

❶ $-1 \leq x \leq 1$, $-1 \leq y \leq 1$의 범위에서 무작위로 200개의 점을 그립니다.

주 200개는 적은 수지만, 이론을 살펴보기에는 어느 정도 충분할 것입니다.

다음에 반지름 1인 원의 점, 즉 다음 조건을 만족하는 점을 세어 봅니다.

$$x^2 + y^2 \leq 1^2$$

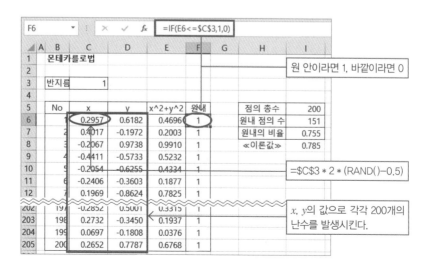

즉, 이 그림의 경우 원 안의 점의 비율 n/N은 0.755입니다. 식 1로부터

$$\pi \fallingdotseq \frac{4n}{N} = 4\frac{n}{N} = 4 \times 0.755 = 3.02$$

$\pi = 3.141592\cdots$에 충분히 가까워지고 있습니다.

❷ ❶에서 작성한 200개의 점을 그려봅시다.

점의 수가 200에서는 듬성듬성 그려집니다. 그러나 위와 같이 그럭저럭 괜찮은 근사값을 제공하고 있습니다. 이것이 몬테카를로법의 장점입니다. 엄밀하지는 않아도 대체로 양호한 근사값을 산출하는 것입니다.

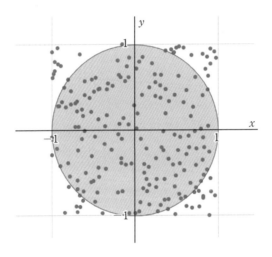

MEMO **여러 가지 난수**

엑셀의 함수 RAND가 발생하는 난수는 '균일난수'라고 부르는 난수입니다. 0 이상 1 미만의 난수를 '균일하게' 생성합니다. 이와 같이 균일한 난수 외에도 정규난수 등 다양한 난수가 있습니다. 이러한 난수는 RAND와 다른 함수를 조합함으로써 생성할 수 있습니다.

즉, 엑셀에는 RANDBETWEEN이라는 함수도 준비되어 있습니다. 이것은 지정한 구간의 정수를 무작위로 생성합니다.

§5 유전 알고리즘

최적화 문제에서 커다란 장애가 되는 것이 극소에 머무르는 문제입니다. 최솟값인 답을 구하고 싶은데 실은 극솟값을 구하게 되어버리는 문제입니다. 이 문제를 **국소해 문제**라고 합니다. 이 문제를 해결하는 하나의 유력한 방법이 '유전 알고리즘'입니다.

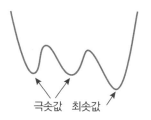

극솟값   최솟값

▶ 유전 알고리즘으로 최솟값 문제를 해결

유전 알고리즘(genetic algorithm, 줄여서 GA)은 생명의 진화를 모방한 계산에 의해 국소해 문제를 해결하려는 것입니다. '진화의 모방'이라고 하면 어렵게 들리지만, 아이디어는 매우 간단합니다. 다음 문제를 이용하여 아이디어를 살펴봅시다.

> **예제** 다음 함수 $f(x)$에 관해서, 최솟값과 이때의 x값을 구하시오: $f(x) = x^4 - \dfrac{16}{3}x^3 + 6x^2$

처음에 함수 $f(x)$의 그래프를 그립니다 (오른쪽 그림). 최솟값은 다음 값인 것을 알았습니다.

최솟값 = −9($x = 3$일 때)

이것이 **예제**의 해가 됩니다. 아래에서는 이 해를 유전 알고리즘으로 구하는 것을 확인합니다.

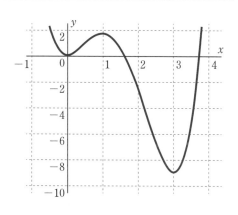

주 다음의 해설은 '비트 스트링형 GA'라고 부르는 유전 알고리즘입니다.

처음에 해야 할 일은 *x*의 값을 몇 개의 '후보'로 생성하는 것입니다. 여기에서는 간단하게 하기 위해, 무작위로 생성하고 4비트로 표현하는 7, 9, 12, 13의 네 수에 대해 2진수 표기를 해봅시다.

0111, 1001, 1100, 1101

아래에서는 이러한 '후보' 하나하나를 생명에 비유해서 **개체**(individual)라고 부르기로 합니다. 이러한 개체를 진화시켜 해를 구하려고 하는 것이 **유전 알고리즘**입니다.

이 유전 알고리즘은 다음 세 가지 연산으로 구성됩니다. 순서대로 살펴봅시다.

선택(selection), 교차(crossover), 돌연변이(mutation)

▶ 환경에 적합한 것을 '선택'

선택은 현재의 개체(즉 부모)가 어느 정도 환경에 적응하고 있는가를 확인하는 연산입니다. 실제로 $f(x)$를 계산해봅시다.

$$f(0111) = 865.7, \ f(1001) = 3159.0, \ f(1100) = 12384.0, \ f(1101) = 17857.7$$

주 좌변의 ( ) 안은 2진수 표기, 우변은 10진수 표기입니다.

환경에 적응하고 있는 개체는 살아남을 가능성이 높고, 적응하고 있지 않은 개체는 가능성이 낮아지겠지요. 지금은 '최솟값'을 조사하고 있기 때문에, 이 환경에 적응하고 있는 함숫값이 작은 쪽을 두 개 선택합니다.

0111, 1001

이 두 개가 선택된 부모가 됩니다. 다른 것은 버리기로(도태시키기로) 합니다.

▶ 우수한 개체를 만들기 위한 '교차' 시키기

교차란 위에서 고른 두 개의 개체(부모)로부터 새로운 개체를 탄생시키는 연산입니다. 교차 방법은 다양하지만, **일점교차**라는 간단한 방법을 생각합니다. 우선 적당한 곳(다음 그림은 한 가운데)에서 유전자를 두 개로 분할합니다.

(선택된 부모) 0111 → 01 | 11, 1001 → 10 | 01

다음으로, 각각의 하위 두 비트를 맞바꿉니다.

(교차) 01 | 01, 10 | 11

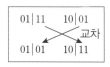

◀ 하위 2비트를 교차시켜 유전자를 교환한다.

이렇게 해서, 새로운 세대로서 다음의 4가지가 남게 됩니다.

0111, 1001, 0101, 1011 … 1

▶ 돌연변이

돌연변이는 문자 그대로 어느 개체의 유전자에 돌연변이를 일으키는 것을 말합니다. 여기에서는 새로운 세대 1로부터 임의로 하나의 개체를 골라, 그 개체의 임의의 유전자 위치를 1비트만 고쳐 쓰는 것으로 합니다.

예1 위의 새로운 세대 1에서, 임의로 고른 첫 번째 개체의 네 번째 위치의 비트를 고쳐 써봅시다.

새로운 세대 1에서, 첫 번째의 개체(0111)의 네 번째 위치는 1이므로 이것을 0으로 변경합니다.

```
0 1 1 1
  ↓ 1을 0으로
0 1 1 0
```

$$0111 \rightarrow 0110$$

이것이 예1 의 답이 됩니다. 생물계에서 돌연변이는 생존율이 낮은 개체가 태어날 확률이 높지만, 다양한 개체를 시험하는 장점이 있습니다.

▶ 이상의 3연산을 여러 번 반복

이상에서 부모 세대로부터 다음 세대가 탄생했습니다. 이러한 3연산(선택, 교차, 돌연변이)이 한 사이클이 됩니다. 이 사이클을 몇 번인가 반복하는 중에 최솟값이 얻어지는 확률이 높아질 것입니다. 실제로, 지금 생각하고 있는 예제 의 경우, 발생 난수에 따라서 다르지만 10사이클 정도 중에 최솟값(−9)과 그것을 실현하는 x의 값 3으로 얻어집니다(다음의 연습 을 참조).

이상의 예는 간단한 것이지만, 이 아이디어는 AI의 세계에서 빈번하게 이용됩니다. 처음에 살펴본 것처럼 '국소해 문제'에 빠지지 않기 위한 유효한 수단이기 때문입니다.

▶ 엑셀을 이용한 유전 알고리즘

> 연습 앞의 예제 를 엑셀로 확인합시다.

주 이 절의 워크시트는 다운로드 사이트(▶ 244페이지)에 수록된 파일 '2–5.xlsx' 중의 '본문' 탭에 있습니다. 또한 '실제' 탭에는 실제 예를 올려놓았습니다.

처음에, x의 후보로 본문과 동일한 4개의 값을 선정합니다.

	A	B	C	D	E	F	G
1			유전 알고리즘				
2			(예) y=x^4 − 16x^3/3+6x^2의 최솟값				
3			0	초기 유전자			
4				0111			
5				1001			← 4개의 값을 (임의로) 선정한다.
6				1100			
7				1101			

이러한 4개의 부모로부터 다음의 단계를 반복하여 세대를 갱신합니다.

❶ 함숫값이 작은 두 값을 '선택'합니다.

최솟값을 구하고 싶기 때문에 위에 제시한 후보 중에서 함숫값이 작은 쪽의 두 개를 **선택**하고 '선택된 부모'로 합니다.

셀 I12 수식: `=OFFSET(D11,MATCH(H12,F12:F15,0),0)`

	부모	10진수	y		y 최소 2	선택 부모
12	0111	7	865.7		865.7	0111
13	1001	9	3159.0		3159.0	1001
14	1100	12	12384.0			
15	1101	13	17857.7			

> 작은 함숫값을 제공하는 부모 두 개를 선택

> `=SMALL(F12:F15,1)`

❷ '부모'의 하위 2비트를 교환합니다.

부모의 하위 2비트를 서로 바꾸고, 새로운 두 개의 '자식'을 만듭니다.

셀 E20 수식: `=MID(E18,1,2)&MID(E19,3,2)`

②교차

	연산	결과
18	선택 부모	0111
19	선택 부모	1001
20	교차	0101
21	교차	1011

> 선택된 부모의 하위 2비트를 교환

❸ ❷에서 작성한 새로운 세대의 4개의 '부모'중 하나를 임의로 선택하고, 그 부모의 유전자 중 한 비트를 임의로 골라 변경합니다(즉 돌연변이 시킵니다).

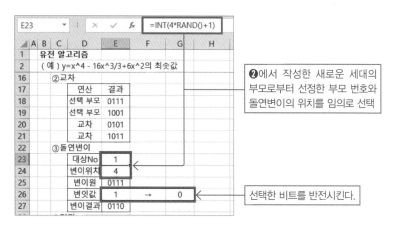

> ❷에서 작성한 새로운 세대의 부모로부터 선정한 부모 번호와 돌연변이의 위치를 임의로 선택

> 선택한 비트를 반전시킨다.

MEMO **다양한 유전 알고리즘**

유전 알고리즘(genetic algorithm, 줄여서 GA)은 생명의 진화를 흉내내어 합리적인 난수를 발생시키도록 하는 발상에서 탄생한 것입니다. 이 절에서 살펴본 기법을 발전시킨 것으로 진화 알고리즘(evloutionary algorithm)과 진화 계산(evolutionary computation) 등이 있습니다.

❹ 이상을 정리하여, 얻어진 4개의 자식 유전자 x로부터 함수 y의 값을 구합니다. 그리고 이것들의 최솟값을 구합니다.

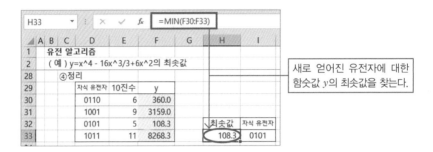

새로 얻어진 유전자에 대한 함숫값 y의 최솟값을 찾는다.

❺ 이 ❶~❹ 연산을 반복해봅시다. 아래 그림은 5번 반복하여 최솟값 −9를 구했습니다.

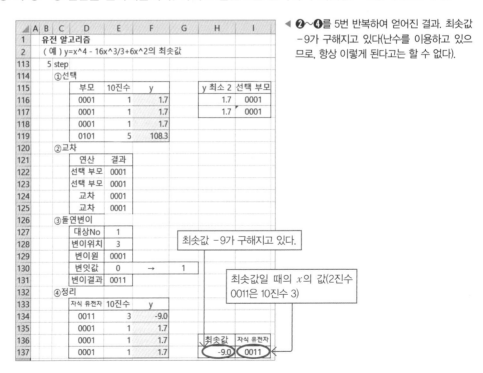

◀ ❷~❹를 5번 반복하여 얻어진 결과. 최솟값 −9가 구해지고 있다(난수를 이용하고 있으므로, 항상 이렇게 된다고는 할 수 없다).

최솟값 −9가 구해지고 있다.

최솟값일 때의 x의 값(2진수 0011은 10진수 3)

§ 6 베이즈 정리

베이즈 정리는 21세기 들어서 크게 발전한 이론의 하나입니다. AI 분야에서도 활약하고 있습니다. 그 베이즈 이론의 출발점이 된 정리가 '베이즈 정리'입니다. 이 정리는 곱셈공식에서 실제로 간단하게 얻어지는 것을 확인합니다.

▶ 조건부 확률

어떤 사건 A가 일어난 조건 아래에서 사건 B가 일어날 확률을, A를 기초로 B가 일어나는 **조건부 확률**이라고 합니다. 기호 $P(B \mid A)$로 나타냅니다.

주 어떤 책에서는 $P(B \mid A)$를 $P_A(B)$라고 표현합니다. 덧붙이자면, $P(A) \neq 0$으로 가정합니다.

예1 어떤 도시의 성인 남녀의 비율은 남자가 49%, 여자가 51%입니다. 또한 흡연율은 남성이 28%, 여성이 9%입니다. 성인에서 무작위로 1명을 추출할 때, 남성인 사건을 M, 여성인 사건을 F, 흡연자인 사건을 S라고 합니다.

이 때, $P(M)$, $P(F)$, $P(S \mid M)$, $P(S \mid F)$는 다음과 같은 값이 됩니다.

$$P(M) = 0.49, \ P(F) = 0.51, \ P(S \mid M) = 0.28, \ P(S \mid F) = 0.09$$

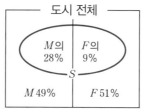

◀ 예1 의 의미

▶ 곱셈 정리

조건부 확률 $P(B \mid A)$는 그 정의로부터 다음과 같은 식으로 표현할 수 있습니다.

$$P(B \mid A) = \frac{P(A \cap B)}{P(A)} \ \cdots \ \boxed{1}$$

여기에서 $P(A \cap B)$는 사건 A, B가 동시에 일어날 확률(결합확률)을 나타냅니다. 식 $\boxed{1}$의 양변에 $P(A)$를 곱하면, 다음의 **곱셈 정리**가 유도됩니다.

$$P(A \cap B) = P(A)P(B \mid A) \ \cdots \ \boxed{2}$$

'베이즈 정리'는 이러한 곱셈 정리로부터 얻어집니다.

예2 예1 에서 $P(S \cap M)$, $P(S \cap F)$, $P(S)$를 구하시오.

$$P(S \cap M) = P(M \cap S) = P(M)P(S \mid M) = 0.49 \times 0.28 = 0.14$$
$$P(S \cap F) = P(F \cap S) = P(F)P(S \mid F) = 0.51 \times 0.08 = 0.04$$
$$P(S) = P(M \cap S) + P(F \cap S) = 0.14 + 0.04 = 0.18$$

주 소수 세 번째 자리에서 반올림. 다음의 계산도 마찬가지로 반올림합니다.

▶ 베이즈 정리

곱셈 정리 $\boxed{2}$로부터 얻어진 다음 공식 $\boxed{3}$이 **베이즈 정리**입니다.

$$P(A \mid B) = \frac{P(B \mid A)P(A)}{P(B)} \ \cdots \ \boxed{3}$$

증명 곱셈 정리 $\boxed{2}$로부터, 두 개의 사건 A, B에 관해서 다음 식이 성립합니다.

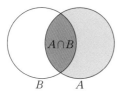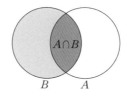

$$P(A \cap B) = P(A)P(B \mid A), \; P(B \cap A) = P(B)P(A \mid B) \; \cdots \; \boxed{4}$$

$P(A \cap B) = P(A)P(B \mid A)$ $P(B \cap A) = P(B)P(A \mid B)$

◀ 곱셈 정리 $\boxed{2}$는 사건 A에 관해서 성립한다.

$P(A \cap B) = P(B \cap A)$ 이므로 식 $\boxed{4}$로부터

$$P(B)P(A \mid B) = P(A)P(B \mid A)$$

$P(B) \neq 0$을 가정하고, $P(A \mid B)$에 관해서 풀면 정리 $\boxed{3}$이 얻어집니다. (**증명 끝**)

▶ 베이즈 정리의 해석

정리 $\boxed{3}$은 간단히 곱셈 정리를 고쳐 쓴 것뿐인 공식입니다. 이 정리를 응용하여 활용하기 위해서는 정리 $\boxed{3}$ 안의 A를 '어떤 가정(Hypothesis)이 성립할 때'의 사건 H, B라고 해석하고, H, B를 '결과(즉, 데이터)가 얻어질 때'의 사건 D라고 해석합시다. 그리고 이 해석에 알맞도록 정리 $\boxed{3}$의 기호를 다음과 같이 고쳐 씁시다.

가정 H를 기반으로 데이터 D가 얻어질 때 다음 관계가 성립한다.

$$P(H \mid D) = \frac{P(D \mid H)P(H)}{P(D)} \quad \cdots \; \boxed{5}$$

이 책에서 '베이즈 정리'라고 할 때에는 이 식 $\boxed{5}$를 가리키는 것으로 합니다. 식 $\boxed{3}$의 A, B를 H, D로 치환한 것뿐인 식이지만, 해석이 쉬워지므로 실용성이 증가합니다.

추상적인 이야기가 계속되었지만, 구체적인 문제를 알아봅시다.

> **문제 1** 어떤 도시에서 추출한 1명이 흡연 습관을 가지고 있다고 답했습니다. 이 사람이 남성일 확률을 구해보시오. 또한 사람 수의 비율과 기호는 예1 을 따릅니다.

풀이 구하기 원하는 확률은 예1 의 기호를 이용하여, $P(M \mid S)$라고 나타냅니다. 베이즈 정리 **5**에서 S를 데이터 D, M을 가정 H라고 생각합시다. 정리 **5**로부터

$$P(M \mid S) = \frac{P(S \mid M)P(M)}{P(S)}$$

예2 로부터, $P(S) = 0.18$, $P(S \mid M)P(M) = P(M)P(S \mid M) = 0.14$이므로,

$$P(M \mid S) = \frac{P(S \mid M)P(M)}{P(S)} = \frac{0.14}{0.18} = 0.78 \ \ \text{답}$$

▶ 원인의 확률

베이즈 정리 **5**의 H는 '어떤 가정이 성립'할 때의 사건을 나타냅니다. 그러나 가정이라 해도 다양하게 해석할 수 있습니다. 베이즈 이론에서는 그 가정을 데이터의 '원인'이라고 해석하는 것이 일반적입니다. 따라서 아래에서는 H를 '원인'이라고 부르기로 합니다. 그러면 베이즈 정리 **5**의 좌변 $P(H \mid D)$는 '데이터 D가 얻어질 때의 원인이 H이다'라고 해석할 수 있습니다. 즉 $P(H \mid D)$는 데이터 D의 **원인의 확률**이라고 생각되는 것입니다.

상식적으로는 원인으로부터 결과(즉, 데이터)가 생깁니다. '베이즈 정리' **5**가 대단한 점은 그 상식적인 '원인으로부터 결과'가 생기는 확률 $P(D \mid H)$를 결과로부터 원인을 찾는 '원인의 확률' $P(H \mid D)$에 결부시키고 있는 것입니다. 베이즈 정리 **5**를 이용함으로써, 자료로서 얻어진 데이터(결과)로부터 그 데이터를 생성한 원인의 확률을 구할 수 있게 됩니다.

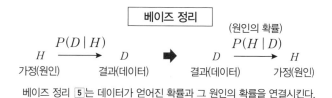

베이즈 정리

$$P(D \mid H)$$

$H \longrightarrow D$

가정(원인)　　　결과(데이터)

(원인의 확률)

$$P(H \mid D)$$

$D \longrightarrow H$

결과(데이터)　　가정(원인)

베이즈 정리 **5**는 데이터가 얻어진 확률과 그 원인의 확률을 연결시킨다.

▶ 베이즈 정리의 일반화

'베이즈 정리' **5**를 더 실용적으로 변형해봅시다.

확률 현상에 있어서는 생각할 수 있는 데이터의 발생 원인은 여러 개일 것입니다. 가령 그 원인이 독립으로 3가지가 있다고 하고 H_1, H_2, H_3라는 이름을 붙이기로 합시다.

◀ 독립인 3가지 원인 H_1, H_2, H_3으로부터 데이터 D가 생성된다고 한다.

3가지 원인은 독립이라고 가정할 수 있으므로, 데이터 D가 얻어진 확률은 3가지 원인으로부터 생겨나는 확률의 합이 되고, 다음과 같이 나타냅니다(아래 그림).

$$P(D) = P(D \cap H_1) + P(D \cap H_2) + P(D \cap H_3)$$

곱셈 정리 **2**를 적용하여,

$$P(D) = P(D \mid H_1)P(H_1) + P(D \mid H_2)P(H_2) + P(D \mid H_3)P(H_3) \ \cdots \ \boxed{6}$$

주 이 관계식 **6**을 '**전확률의 정리**'라고 부릅니다.

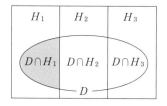

◀ 원인이나 가정에 중복이 없을 때, D는 $D \cap H_1$, $D \cap H_2$, $D \cap H_3$의 3개의 합으로 표현된다. 이것이 '전확률의 정리' **6**의 근거.

이제 원인 H_1에 주목해봅시다. 베이즈 정리 5에 식 6을 대입하면, 다음 식이 구해집니다.

$$P(H_1 \mid D) = \frac{P(D \mid H_1)P(H_1)}{P(D \mid H_1)P(H_1) + P(D \mid H_2)P(H_2) + P(D \mid H_3)P(H_3)} \cdots 7$$

데이터의 원인으로 3가지를 가정한 경우, 데이터 D가 원인 H_1으로부터 얻어진 경우의 확률을 나타내고 있습니다.

이 식 7을 다음과 같이 일반화하는 것은 쉬울 것입니다.

데이터 D의 원인으로서 독립인 원인 H_1, H_2, $\cdots$, H_n이 있다고 합시다. 이 때, 데이터 D가 얻어질 때, 원인이 H_i인 확률 $P(H_i \mid D)$는 다음과 같이 표현됩니다.

$$P(H_i \mid D) = \frac{P(D \mid H_i)P(H_i)}{P(D \mid H_1)P(H_1) + P(D \mid H_2)P(H_2) + \cdots + P(D \mid H_n)P(H_n)} \cdots 8$$

이 식 8이 베이즈 정리의 실용적인 공식이 됩니다.

▶ 우도, 사전확률, 사후확률

베이즈 이론에서는 베이즈 정리 8의 각 항을 특별한 이름으로 부릅니다.

우변의 분자에 있는 $P(D \mid H_i)$를 **우도**(尤度, 가능도)라고 부릅니다. 원인 H_i를 기반으로 데이터 D가 나타날 '그럴듯한' 확률을 나타내기 때문입니다.

그 오른쪽에 있는 $P(H_i)$를 원인 H_i의 **사전확률**이라고 부릅니다. 데이터 D를 얻기 전의 확률이라는 의미로, 이런 이름이 붙었습니다.

식 8의 우변 분모는 **주변확률**이라고 부릅니다. 모든 원인 H_i에 관해서 **가능도** $P(D \mid H_i)$의 합을 취해 얻어지는 형태이기 때문입니다.

좌변에 있는 $P(H_i \mid D)$를 원인 H_i의 **사후확률**이라고 부릅니다. 데이터 D가 나타난 후의 확률이기 때문입니다.

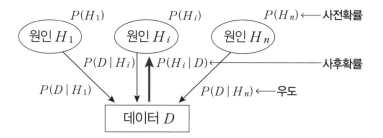

문제 2 어느 조사에서는 U당 지지자의 60%, V당 지지자의 30%, 그 외의 40%가 현 정부를 지지하고 있다고 합니다. 국민으로부터 1명을 무작위로 골랐더니 그 사람은 현 정부를 지지하고 있습니다. 그 사람이 U당의 지지자인 확률을 구하시오. 또한, U당, V당, 그 이외 지지자의 비율은 4 : 2 : 4라는 것이 알려져 있습니다.

풀이 공식 **8**에서, H_1, H_2, H_3, D는 다음과 같이 설정할 수 있습니다.

H_1 : U당 지지자, H_2 : V당 지지자, H_3 : 그 외

D : 현 정부를 지지

문제로부터,

우도　　　: $P(D \mid H_1) = 0.6$, $P(D \mid H_2) = 0.3$, $P(D \mid H_3) = 0.4$

사전확률 : $P(H_1) = 0.4$, $P(H_2) = 0.2$, $P(H_3) = 0.4$

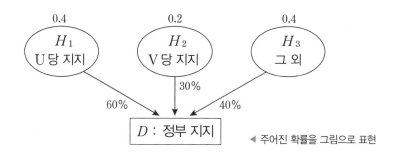

◀ 주어진 확률을 그림으로 표현

구하고 싶은 확률(사후확률)은 $P(H_1 | D)$라고 표현할 수 있으므로, 답은 공식 $\boxed{8}$로 부터 다음과 같이 구해집니다.

$$P(H_1 | D) = \frac{0.6 \times 0.4}{0.6 \times 0.4 + 0.3 \times 0.2 + 0.4 \times 0.4} = \frac{12}{23} = 52\% \quad \textcircled{답}$$

▶ 유명한 예제로 베이즈 정리를 확인

베이즈 이론으로 유명한 '**항아리 문제**'를 소개합니다. 다양한 응용을 이 항아리 비유를 통해 이해할 수 있습니다.

> **예제** 겉으로는 구별하기 어려운 두 개의 항아리 a, b가 있습니다. 항아리 a에는 하얀 구슬이 2개, 빨간 구슬이 3개 들어 있습니다. 항아리 b에는 하얀 구슬이 4개, 빨간 구슬이 8개 들어 있습니다. 이제, 항아리 a, b 어느 쪽 하나로부터 구슬 1개를 꺼냈는데, 하얀 구슬이었다고 합니다. 이 때, 그 항아리가 a일 확률을 구하시오. 또한 b일 확률도 구하시오.

먼저 H_a, H_b, R을 다음과 같이 정의합시다.

H_a : 항아리 a에서 구슬을 꺼낸다.

H_b : 항아리 b에서 구슬을 꺼낸다.

W : 꺼낸 구슬이 하얀 구슬이다.

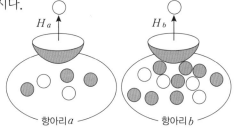

🔹 W는 white의 첫글자

구하는 확률은 '꺼낸 것이 하얀 구슬'일 때, '이것이 항아리 a에서 나온 것일 확률' $P(H_a | W)$과 '이것이 항아리 b에서 나온 것일 확률' $P(H_b | W)$입니다.

베이즈 공식 $\boxed{8}$은 다음과 같이 표현됩니다.

$$P(H_a \mid W) = \frac{P(W \mid H_a)P(H_a)}{P(W \mid H_a)P(H_a) + P(W \mid H_b)P(H_b)}$$

$$P(H_b \mid W) = \frac{P(W \mid H_b)P(H_b)}{P(W \mid H_a)P(H_a) + P(W \mid H_b)P(H_b)} \quad \cdots \boxed{09}$$

이러한 식 중에서 '우도'에 해당하는 부분인 $P(W \mid H_a)$, $P(W \mid H_b)$를 구해봅시다. 문제의 의미로부터 다음과 같은 값이 얻어집니다.

$$P(W \mid H_a) = \text{'항아리 } a \text{에서 꺼낸 구슬이 하얀 구슬일 확률'} = \frac{2}{2+3} = \frac{2}{5} \quad \cdots \boxed{10}$$

$$P(W \mid H_b) = \text{'항아리 } b \text{에서 꺼낸 구슬이 하얀 구슬일 확률'} = \frac{4}{4+8} = \frac{1}{3} \quad \cdots \boxed{11}$$

다음으로, '사전확률' $P(H_a)$, $P(H_b)$를 구해봅시다.

문제에 기술된 항아리 a와 b가 어떤 비율로 골라졌는가에 대한 정보는 없습니다. 따라서 사전확률은 각 항아리가 '같은 확률'이 되도록 설정합니다.

$$P(H_a) = P(H_b) = \frac{1}{2} \quad \cdots \boxed{12}$$

이와 같이 아무런 정보가 없으면 확률은 동등하다는 발상을 **이유 불충분의 원리** (principle of insufficient reason)라고 부릅니다. 베이즈 이론의 특징입니다.

여기에서는 베이즈 공식 $\boxed{9}$에, 구체적으로 값 $\boxed{10}$, $\boxed{11}$, $\boxed{12}$를 대입합시다. 계산을 하면 **예제** 의 해답이 얻어집니다.

$$P(H_a \mid W) = \frac{\dfrac{2}{5} \times \dfrac{1}{2}}{\dfrac{2}{5} \times \dfrac{1}{2} + \dfrac{1}{3} \times \dfrac{1}{2}} = \frac{6}{11} \fallingdotseq 55\%,$$

$$P(H_b \mid W) = \frac{\dfrac{1}{3} \times \dfrac{1}{2}}{\dfrac{2}{5} \times \dfrac{1}{2} + \dfrac{1}{3} \times \dfrac{1}{2}} = \frac{5}{11} \fallingdotseq 45\%$$

주 문제의 의미로부터, 당연히 $P(H_a \mid W) + P(H_b \mid W) = 1$입니다.

▶ 베이즈 정리는 학습을 표현

이 예제 에서 꺼낸 구슬을 원래의 항아리에 도로 넣고, 다시 하나의 구슬을 무작위로 추출해봅시다. 이 때 사전분포 $P(H_a)$, $P(H_b)$에 어떤 값을 설정하는 것이 좋을까요? 당연히 첫 번째 데이터가 만드는 확률을 설정해야 합니다. 즉, 첫 번째 데이터로부터 얻어진 사후확률을 새로운 두 번째 사전확률로 해야 할 것입니다. 이렇게 해서, 베이즈 정리를 이용하면, 데이터로부터 모델이 학습되는 것입니다. 베이즈 정리가 AI 분야에서 활약하는 것은 이 성질 때문입니다.

▶ 엑셀을 이용한 베이즈 정리

아래의 연습 은 다양한 베이즈 정리 응용의 기본이 됩니다.

연습 예제 를 엑셀로 계산해봅시다.

주 이 절의 워크시트는 다운로드 사이트(▶ 244페이지)에 수록된 '2_6.xlsx'에 있습니다.

❶ 모델을 설정합니다.

문제의 의미에서 베이즈 이론의 기본이 되는 사전확률, 우도를 설정합니다.

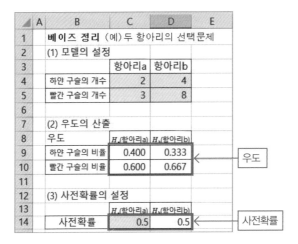

❷ 사후확률을 산출합니다.

베이즈 정리 ⑨를 이용함으로써, 본문에 제시한 해답이 얻어집니다.

	A	B	C	D	E
1		**베이즈 정리** (예)두 항아리의 선택문제			
2		(1) 모델의 설정			
3			항아리a	항아리b	
4		하얀 구슬의 개수	2	4	
5		빨간 구슬의 개수	3	8	
6					
7		(2) 우도의 산출			
8		우도	H_a(항아리a)	H_b(항아리b)	
9		하얀 구슬의 비율	0.400	0.333	
10		빨간 구슬의 비율	0.600	0.667	
11					
12		(3) 사전확률의 설정			
13			H_a(항아리a)	H_b(항아리b)	
14		사전확률	0.5	0.5	
15					
16		(4) 데이터 입력과 사후확률의 계산			
17		데이터 (구슬의 색)	하얀색		
18					
19			H_a(항아리a)	H_b(항아리b)	
20		사후확률	0.545	0.455	

◀ 워크시트에서는 '빨간 구슬'이
꺼내진 경우에도 일반화할 수
있도록 함수를 입력하고 있다.

=IF($C$17= "하얀색",C9 * C14/$C9 * $C14+$D9 * $D14),
C10 * C14/($C10 * $C14+$D10 * $D14))

MEMO **베이즈의 기본 공식과 베이지안 네트워크**

다음의 베이즈 정리 **1**을 살펴봅시다.

$$P(H \mid D) = \frac{P(D \mid H)P(H)}{P(D)} \cdots \boxed{1}$$

앞에 기술한 것처럼, 데이터 D가 얻어질 때마다, 가정 H가 발생할 확률 $P(H)$가 갱신되는 식이라고 해석할 수 있습니다. 이와 같은 해석을 구체적으로 응용한 것으로 **베이지안 네트워크**가 있습니다. 베이지안 네트워크의 기본형으로서, 다음 그림을 살펴봅시다.

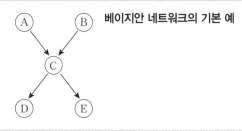

베이지안 네트워크의 기본 예

A가 발생하면, 이것이 원인으로 C가 발생하고, 이것이 추가로 원인이 되어 D나 E에 미친다는 사건을 표현하고 있습니다. C의 원인으로서는 A 외에도 B도 표시되고 있습니다.

그림 중의 ○는 **노드**(node)라고 부릅니다. 안의 문자는 확률변수의 역할도 합니다. 예를 들면, A에는 Ⓐ가 발생할 때는 1, 발생하지 않을 때는 0이라는 값을 대응시킵니다. 그림 중의 화살표는 원인과 결과, 즉 인과관계를 나타냅니다. 이 화살표는 원인으로부터 결과로 향하고, 여기에 조건부 확률이 부여됩니다. 이상의 전제 하에서 노드의 관계를 수치적으로 연결하는 식이 베이즈 정리 **1**이 됩니다.

이와 같이 설정된 베이지안 네트워크를 생각함으로써 원인과 결과의 연쇄를 확률의 연쇄로 탐구할 수 있게 됩니다. 21세기에 들어서서 AI 분야에서도 널리 이용되게 되었습니다.

3장

회귀분석

AI의 중요한 일 중 하나로 '예측'이 있습니다. 이러한 예측을 위한
기본이 회귀분석입니다. 회귀방정식을 통해 학습 데이터로부터
미지의 데이터를 예측하는 것이 가능합니다.

회귀분석은 '지도학습'으로 분류되는 데이터 분석 기술입니다. 통계학에서는 고전적인 분석 기술의 하나로 유명하지만, AI 분야에서도 크게 활약하고 있습니다. 이것은 미지의 데이터를 '학습 데이터'로부터 예측할 수 있기 때문입니다.

▶ 중회귀분석

▶ 2장 §1에서는 선형 단순회귀분석을 알아보았습니다. 여기에서는 3변수 이상 자료의 회귀분석인 **중회귀분석**을 구체적으로 다음 예제 로 생각해봅시다.

예제 다음 데이터는 어느 기업의 사원 20명의 데이터입니다. 3년 후 사원의 능력을 '급여'로 측정하고 있습니다.

사원번호 k	필기시험 w	면접시험 x	3년 후 급여 y	사원번호 k	필기시험 w	면접시험 x	3년 후 급여 y
1	65	83	345	11	94	95	371
2	98	63	351	12	66	70	315
3	68	83	344	13	86	85	348
4	64	96	338	14	69	85	337
5	61	55	299	15	94	60	351
6	92	95	359	16	73	86	344
7	65	69	322	17	94	84	375
8	68	54	328	18	83	92	361
9	68	97	363	19	63	70	326
10	80	51	326	20	78	98	387

이 자료로부터 3년 후 사원의 능력 '급여' y를 '필기시험' w와 '면접시험' x로부터 다음 식으로 예측해보시오.

$$y = aw + bx + c \quad (a, b, c는 계수) \cdots \boxed{1}$$

식 $\boxed{1}$을 선형 중회귀분석의 **회귀방정식**이라고 합니다. 이 식이 얻어지면, 채용시험에서 인사 담당자는 중요한 판단 자료를 얻게 됩니다.

주 회귀분석에서는 변수 y를 **목적 변수**, 변수 x, w를 **설명 변수**라고 합니다. 또한 a, b를 **편회귀계수**라고 부릅니다.

▶ 중회귀분석의 회귀방정식 이미지

회귀방정식 $\boxed{1}$의 이미지를 살펴봅시다. 잘 알고 있듯이 식 $\boxed{1}$은 평면의 식을 나타냅니다(아래 그림). **예제**와 같은 3변수로 구성된 데이터는 3차원 공간 내 점의 모임으로 표현되지만, 회귀방정식 $\boxed{1}$은 이것들을 평면에서 근사시킨 것입니다. 이것을 **회귀평면**이라고 부릅니다. '선형 단순회귀분석'에서는 회귀방정식은 회귀직선을 나타냈습니다(▶ 2장 §1). 회귀평면은 이것을 확장한 것으로 생각할 수 있습니다.

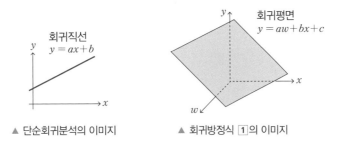

▲ 단순회귀분석의 이미지   ▲ 회귀방정식 $\boxed{1}$의 이미지

그런데, 자료에 나타나는 변수가 4변수 이상이 되면, 중회귀분석의 이미지를 그릴 수 없습니다. 그러나 이때에도, 이 회귀평면의 이미지는 회귀방정식을 이해하는데 도움이 됩니다.

▶ 회귀방정식을 구하는 방법

회귀방정식 $\boxed{1}$의 계수 a, b, c를 결정하는 방법은 ▶ 2장 §1에서는 '선형 단순회귀분석'에서 알아본 방법과 완전히 동일합니다. 최소제곱법으로 결정되는 것이 일반적입니다. 따라서 앞에서 알아본 단순회귀분석의 논리를 따라가 봅시다.

우선 회귀방정식으로부터 얻어지는 값(**예측값**)과 실제 데이터 y와의 오차를 고려합니다. k번째 데이터의 요소에 관한 오차는 식 $\boxed{1}$로부터 다음과 같이 산출됩니다 ($k = 1, 2, \cdots, 20$).

$$k번째 \ 사원에 \ 관한 \ 오차 = y_k - (aw_k + bx_k + c) \cdots \boxed{2}$$

여기에서, w_k, x_k, y_k는 변수 w, x, y의 k번째 값입니다. 이 의미를 다음 표로 확인하기 바랍니다.

사원번호 k	필기시험 w	면접시험 x	3년 후 급여 y	예측값	오차 e
1	65	83	345	$65a+83b+c$	$345-(65a+83b+c)$
2	98	63	351	$98a+63b+c$	$351-(98a+63b+c)$
3	68	83	344	$68a+83b+c$	$344-(68a+83b+c)$
...	...	...	...	...	...
20	78	98	387	$78a+98b+c$	$387-(78a+98b+c)$

식 $\boxed{2}$로 얻어진 '오차'는 양수도 음수도 아니고, 데이터 전체에서 모두 더하면 0이 되어 버립니다. 따라서 다음의 제곱오차 e_k를 고려합니다.

$$e_k = \{식 \boxed{2}의 \ 값\}^2 = \{y_k - (aw_k + bx_k + c)\}^2 \cdots \boxed{3}$$

이 제곱오차 $\boxed{3}$을 데이터 전체에서 모두 더한 값 E를 고려합시다.

$$E = \{345 - (65a + 83b + c)\}^2 + \{351 - (98a + 63b + c)\}^2 + \quad \cdots \boxed{4}$$
$$\cdots + \{387 - (78a + 98b + c)\}^2$$

E는 오차의 총량이고, 최적화 관점에서는 **목적 함수**라고 부르는 것입니다. 이 E가 최소가 되도록 회귀방정식 안의 계수 a, b, c를 결정하는 것이 회귀분석의 일반적인 기법입니다.

이 때, 파라미터 a, b, c는 단순회귀분석(▶ 2장 §1)일 때와 마찬가지로, 다음 방정식을 풀어서 구해집니다.

$$\frac{\partial E}{\partial a} = 0, \quad \frac{\partial E}{\partial b} = 0, \quad \frac{\partial E}{\partial c} = 0 \cdots \boxed{5}$$

▶ 2장 §1과 마찬가지로 계산하면, 식 5로부터 다음 값이 얻어집니다.

$$a = 0.97, \ b = 0.87, \ c = 202.4 \ \cdots \ 6$$

따라서 회귀방정식은 다음과 같이 표현됩니다.

$$y = 0.97w + 0.87x + 202.4 \ \cdots \ 7$$

<u>주</u> 방정식 5의 계산방법에 관해서는 ▶ 부록 L을 참조하기 바랍니다. 또한 다음 절(▶ §2)에서는 미분의 식 5는 이용하지 않고, 직접 목적 함수 4를 이용하여 최적화합니다.

▶ 회귀방정식을 이용한 분석

회귀방정식이 구해지면, 이것을 미지의 데이터를 예측하기 위해 이용해봅시다.

<u>문제</u> 채용시험에서 필기시험 w가 82점, 면접시험 x가 77점인 수험생 3년 후의 급여는 얼마가 될까 예측해 봅시다.

<u>풀이</u> 구해진 회귀방정식 7에, 문제의 수치를 대입합니다.

$$y = 0.97 \times 82 + 0.87 \times 77 + 202.4 = 349 (만 \ 원) \quad 답$$

이 문제가 나타내듯이 회귀방정식은 새로운 데이터에 대해서 경험적인 판단을 제공해줍니다. 실제로 사원을 선발할 때 인사 담당자는 이 값을 크게 중요하게 참고할 것입니다. AI 분야에서 회귀방정식이 활약하는 이유가 여기에 있습니다.

> **MEMO AI 채용**
>
> 근래 많은 기업에서 사원의 'AI 채용'이 현실이 되었습니다. 근무 방식이 다양화되고, 여기에 동반하여 채용 시험이 복잡해져서 인사 담당자의 부담이 가중되었기 때문입니다. AI 채용은 강력한 구세주가 되었습니다.
>
> 다수의 기업에서는 최초의 서류 심사 단계에서 AI를 이용합니다. 머신러닝으로 길러진 구문분석 기술을 이용하여 문장력 등이 점수화됩니다. 이 수치화된 결과로부터 응시생의 능력을 추정하기 위해 이 절에서 알아본 중회귀분석이 힘을 발휘합니다. 이 절에서 알아본 중회귀분석은 단순한 것이지만, 그 분석의 실제를 살짝 엿볼 수 있을 것입니다.

중회귀분석을 엑셀로 체험

회귀분석은 AI의 수학적 기법의 기본입니다. 여기에서는 구조를 알아보기 위해, 가장 원초적인 방법을 이용하여 앞 절(▶ §1)의 예제를 풀어봅시다.

▶ 엑셀을 이용한 회귀분석

다음의 구체적인 예를 통해, 엑셀을 이용한 회귀분석을 알아봅시다.

> 연습 앞 절(▶ §1)의 예제를 최적화의 흐름에 따라서 엑셀을 이용하여 풀어봅시다. 또한 ▶ §1의 문제도 엑셀을 이용하여 풀어봅시다.

주 이 절의 워크시트는 다운로드 사이트(▶ 244페이지)에 수록된 파일 '3.xlsx'에 있습니다.

구하고 싶은 회귀방정식을 다음과 같이 두고, 단계를 따라가며 알아봅시다.

$$y = aw + bx + c \quad (a,\ b,\ c \text{ 는 계수}) \cdots \boxed{1}$$

❶ 데이터를 입력하고, 가상의 파라미터 $a,\ b,\ c$의 값을 적당히 설정합니다.

데이터와 가상의 파라미터 값을 이용하여, 회귀방정식 $\boxed{1}$로부터 목적변수 y의 예측값을 계산합니다.

F8			×	✓	f_x	=$C$3*C8+$C$4*D8+$C$5	
	A	B	C	D	E	F	G	H
1		선형예측 (예) 중회귀분석						
2								
3		a	1					
4		b	1					
5		c	1					
6								
7		번호	w	x	y	예측	제곱오차e	
8		1	65	83	345	149		
9		2	98	63	351	162		
10		3	68	83	344	152		
11		4	64	96	338	161		
12		5	61	55	299	117		
26		19	63	70	326	134		
27		20	78	98	387	177		

파라미터 $a,\ b,\ c$로 가상의 값을 설정

식 $\boxed{1}$로부터 예측값을 산출

❷ 각 사원에 관한 제곱오차 e를 산출합니다.

앞 절(▶ §1)의 식 $\boxed{3}$을 이용하여, 제곱오차 e를 구합시다.

G8			▼	⋮	✕ ✓ f_x	=(E8-F8)^2	

◢	A B	C	D	E	F	G
1	선형예측	(예) 중회귀분석				
2						
3	a	1				
4	b	1				
5	c	1				
6						
7	번호	w	x	y	예측값	제곱오차 e
8	1	65	83	345	149	↓38416
9	2	98	63	351	162	35721
10	3	68	83	344	152	36864
11	4	64	96	338	161	31329
12	5	61	55	299	117	33124
26	19	63	70	326	134	36864
27	20	78	98	387	177	44100

▶ §1의 식 $\boxed{3}$으로부터,
제곱오차 e를 산출

MEMO ▎ 엑셀을 이용한 중회귀분석

이 절에서 이용한 계산 방법은 최소제곱법의 구조를 보기 위한 것으로, 매우 번거로운 방법을 이용하고 있습니다. 그러나 뒤에 기술하는 신경망 등의 구조를 이해하기 위해서는 좋은 예습이 됩니다. 실제로, 신경망의 파라미터는 이 절과 마찬가지로 산출됩니다.

엑셀을 이용하여 실제로 중회귀분석을 할 때에는 이 절에서 이용한 파라미터는 불필요합니다. LINEST라는 엑셀 함수 하나로 끝납니다. 편회귀계수 등이 즉석에서 산출됩니다.

또한 엑셀의 '데이터' 메뉴에 있는 '데이터 분석'으로부터 '회귀분석'이라는 메뉴를 이용해도 좋을 것입니다. 대화 형식으로 이 절 $\boxed{2}$, $\boxed{3}$의 식이 바로 얻어집니다.

즉, '데이터 분석'은 '해 찾기'와 마찬가지로 엑셀의 표준적인 추가 기능입니다.

❸ 제곱오차의 총합인 목적 함수 E를 산출합니다(▶ §1식 ④).

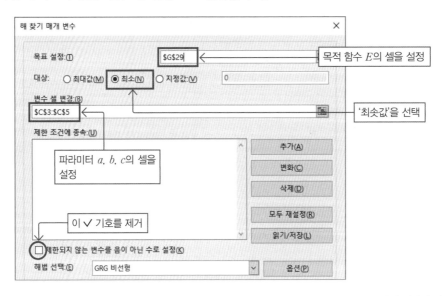

	A	B	C	D	E	F	G
		선형예측 (예) 중회귀분석					
1							
2							
3		a	1				
4		b	1				
5		c	1				
6							
7		번호	w	x	y	예측값	제곱오차 e
8		1	65	83	345	149	38416
9		2	98	63	351	162	35721
26		19	63	70	326	134	36864
27		20	78	98	387	177	44100
28							
29						E	712556

G8 = $(E8-F8)\wedge2$

제곱오차의 총합(목적 함수) E

❹ 해 찾기를 실행합니다.

해 찾기에서 목적 함수 E를 입력한 셀을 '목표 설정'으로, 가상의 파라미터 값을 입력한 a, b, c의 셀을 '변수 셀 변경'으로 설정합니다.

해 찾기 매개 변수 ✕

목표 설정:(T) $G$29 ← 목적 함수 E의 셀을 설정

대상: ○최대값(M) ⦿최소(N) ○지정값:(V) 0

변수 셀 변경:(B)
$C$3:$C$5 ← '최솟값'을 선택

제한 조건에 종속:(U)

파라미터 a, b, c의 셀을 설정

추가(A)
변화(C)
삭제(D)

이 ✓ 기호를 제거

모두 재설정(R)
읽기/저장(L)

☐ 제한되지 않는 변수를 음이 아닌 수로 설정(K)

해법 선택:(E) GRG 비선형

옵션(P)

주 해 찾기는 엑셀의 '데이터' 메뉴에 있습니다. 또한 해 찾기는 엑셀의 표준 추가 기능으로 설치 작업이 필요한 경우가 있습니다(▶ 부록 B).

❺ 해 찾기를 실행합니다.

다음 그림에서 나타내듯이, 파라미터 a, b, c의 값이 아래 기술된 것처럼 구해집니다.

$$a = 0.97, \ b = 0.87, \ c = 202.4 \ \cdots \ \boxed{2}$$

또한 회귀방정식은 다음과 같이 표현됩니다.

$$y = 0.97w + 0.87x + 202.4 \ \cdots \ \boxed{3}$$

이상의 $\boxed{2}$, $\boxed{3}$이 ▶ §1에 나타낸 식 $\boxed{6}$, $\boxed{7}$이 됩니다.

	A	B	C	D	E	F	G
1		선형예측 (예) 중회귀분석					
2							
3		a	0.97				
4		b	0.87				
5		c	202.4				
6							
7		번호	w	x	y	예측값	제곱오차e
8		1	65	83	345	337.3	59.0
9		2	98	63	351	351.8	0.6
10		3	68	83	344	340.2	14.3
11		4	64	96	338	347.7	93.3
12		5	61	55	299	309.1	102.2
26		19	63	70	326	324.1	3.7
27		20	78	98	387	362.9	580.4
28							
29						E	1823.7

최적화된 파라미터 a, b, c의 값

최적화된 E의 값. 0이 되지 않는 것에 주의

주의해야 할 것은 목적 함수 즉 제곱오차의 총합 E가 0이 되지 않는다는 것입니다. 이것은 회귀방정식 $\boxed{3}$으로부터 얻어진 예측값이 실측값 y를 정확하게 표현할 수 없다는 것으로부터 명백합니다. 크기 20인 데이터를 고작 세 개의 파라미터 a, b, c로 설명하려고 하는 것이 회귀방정식 $\boxed{3}$인 것입니다.

❻ ▶ §1 문제 을 풀어봅시다.

문제의 '필기시험 w가 82점, 면접시험 x가 77점'을 순서 ❺에서 얻어진 회귀방정식의 식에 대입합니다. 이렇게 하여, ▶ §1 문제 의 해가 얻어집니다.

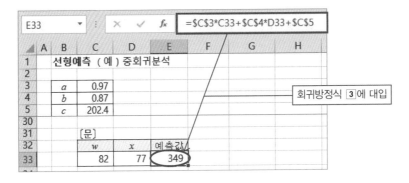

이상이 연습 의 해답입니다.

MEMO 통계학과 머신러닝의 경계

회귀분석은 통계학에서 이용되는 대표적인 도구입니다. 이것을 머신러닝 분야에 포함시켜도 좋은가에 관한 견해는 통일되어 있지 않습니다.

일반적으로, 통계학과 머신러닝의 경계는 애매합니다. 데이터를 마주 대하고, 이 데이터로부터 새로운 정보를 얻으려고 하는 목표는 양자 모두 동일합니다. 실제로, 수학적으로 보면 둘은 구별하기 어려운 것입니다. 예를 들면, 회귀분석과 딥러닝에 관해서 그 모델과 알고리즘을 비교해봅시다.

주 여기에서는 대표적인 모델과 알고리즘(최적화법)을 나타냅니다.

	선형 중회귀분석	딥러닝
모델	선형 방정식	다층 신경망
최적화법	최소제곱법	최소제곱법

수학적으로는 모델이 다를 뿐이지 최적화법은 동일한 것입니다.

이와 같이, 통계학에서 길러진 알고리즘 기법은 머신러닝에서도 활약합니다. 다음 절에서 살펴보는 SVM 기법도 통계학에서는 '판별분석'이라고 부르는 분석 기법의 하나로 생각할 수 있습니다.

4장

서포트 벡터 머신(SVM)

딥러닝이 보급되기 이전에, 머신러닝 데이터를 식별하는 방법으로
서포트 벡터 머신(약칭으로 SVM)이 주류의 위치를 차지했습니다.
현재에도 자주 이용되고 있는 서포트 벡터 머신의 기본 구조를 알아
봅시다.

서포트 벡터 머신(SVM)의 알고리즘

서포트 벡터 머신(SVM)은 1960년대에 개발된 데이터 식별용 기법으로 현재에도 자주 이용되고 있습니다. **마진의 최대화**라는 아이디어를 이용하여 식별용 함수(즉, **식별 함수**)를 구합니다. 일반적인 논의를 하면 식이 복잡해지므로, 구체적인 예로 그 구조를 살펴보도록 합시다.

▶ 구체적인 예

다음의 간단한 예제 를 통해, 서포트 벡터 머신의 사고방식을 알아봅니다.

> 예제 다음의 표는 남성 A, B, C와 여성 D, E, F를 대상으로, 제품 X, Y의 호감도 x, y를 알아본 결과입니다. 이 표로부터 SVM을 이용하여, 남녀를 구별하는 x, y의 선형 식별 함수를 구하시오.
>
> | No | 이름 | 호감도 | | 구분 |
> |----|------|--------|--------|------|
> | | | x | y | |
> | 1 | A | 0 | 0 | 남 |
> | 2 | B | 0 | 1 | 남 |
> | 3 | C | 1 | 1 | 남 |
> | 4 | D | 1 | 0 | 여 |
> | 5 | E | 2 | 0 | 여 |
> | 6 | F | 2 | 1 | 여 |

호감도(x, y)를 좌표상의 점으로 A~F 6명을 나타내 봅시다.

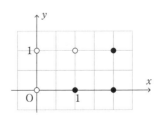

하얀 원(○)은 남성, 검은 원(●)은 여성. ▶

남녀를 식별하는 2변수 x, y의 '선형 식별 함수'는 이 평면상의 직선을 나타냅니다. 그런데 하얀 원(남성)과 검은 원(여성)을 식별하는 직선이 몇 개 있습니다.

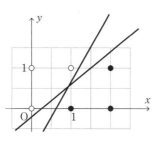

◀ 하얀 원(○)과 검은 원(●)을 식별하는 직선을 여러 개 그릴 수 있다.

식별을 위한 직선은 여러 개를 그릴 수 있지만, SVM은 **마진의 최대화**라는 사고방식으로 그 중의 하나를 확정합니다. 이 방정식을 다음과 같이 나타내는 것으로, 앞으로 '식별직선'이라고 부르기로 합시다.

$$ax + by + c = 0 \quad (a, b\text{는 동시에 }0\text{이 되지 않는다}) \cdots \boxed{1}$$

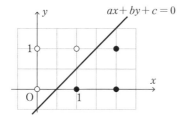

◀ 구하고 싶은 식별 직선의 방정식을 $ax + by + c = 0$으로 둔다.

그런데 이 식별직선 $\boxed{1}$과 동일한 간격으로 정확하게 남녀의 경계선(마진)을 지나는 평행한 2직선을 그려봅시다.

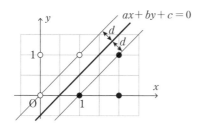

◀ 식별 직선 $\boxed{1}$에 평행한 2직선을 그린다. 각각은 식별하는 데이터 경계(마진)을 지나는 것으로 한다. 이때 폭 d를 최대화하는 것이 '마진의 최대화'라는 사고방식이다.

'마진의 최대화'란, 이 평행한 2직선의 간격 d를 최대로 하는 것입니다. 따라서 이 경계선에 있는 남녀의 데이터 요소(최소한 각 하나 이상)를 **서포트 벡터**라고 합니다.

직관적으로 말하면, 남녀의 데이터를 구분하는 최대폭의 편도 1차선 직선도로를 만들 때 그 중앙선이 구하고 싶은 식별 함수가 되는 것입니다. 이때 갓길에 있는 남녀의 점이 '서포트 벡터'가 됩니다.

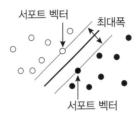

◀ 최대폭의 편도 1차선 직선도로로 데이터를 나누는 이미지가 SVM의 원리. 그 중앙선이 목표인 식별 함수를 나타낸다.

▶ 마진의 최대화를 식으로 표현

그렇다면, 이 '마진의 최대화'를 식으로 표현해봅시다.

식별 직선 ①에 평행으로, 서포트 벡터를 지나는 2개의 직선을 다음과 같이 그려봅시다.

$$ax + by + c = 1, \ ax + by + c = -1 \ \cdots \boxed{2}$$

이 직선은 계수 a, b, c에 관해 다음과 같은 특성을 가지고 있기 때문에, 이와 같이 두어도 일반성을 유지할 수 있습니다(아래의 MEMO 참조).

MEMO 직선식의 특성

하나의 직선을 나타내는 방정식 $ax + by + c = 0$에는 다음 특성이 있습니다.

예를 들면, 방정식 $2x + 3y + 4 = 0$이 나타내는 직선은 다음과 같이 나타내는 직선과 동일합니다.

$$4x + 6y + 8 = 0, \ -2x - 3y - 4 = 0$$

따라서 식 ②와 같이 직선을 두는 것이 허용되는 것입니다.

그런데, 주어진 자료에서 남성에게 속한 데이터의 요소에는 −1을 부여하여 '음의 예'라고 부르기로 합시다. 또한 여성에게 속한 데이터의 요소에는 1을 부여하여 '양의 예'라고 부르기로 합시다.

	No	이름	x	y	구분	분류
음의 예	1	A	0	0	남	−1
	2	B	0	1	남	−1
	3	C	1	1	남	−1
양의 예	4	D	1	0	여	1
	5	E	2	0	여	1
	6	F	2	1	여	1

주 여성을 음의 예로 하고, 남성을 양의 예로 하더라도 결론은 동일.

여기에서 다음 관계를 가정합시다. i번째 사람의 호감도(x, y)를 (x_i, y_i)로 하면

$$\left.\begin{array}{l} \text{음의 예(남)} : ax_i + by_i + c \leqq -1 \\ \text{양의 예(여)} : ax_i + by_i + c \geqq 1 \end{array}\right\} \cdots \boxed{3}$$

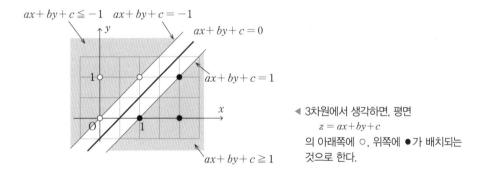

◀ 3차원에서 생각하면, 평면
$$z = ax + by + c$$
의 아래쪽에 ○, 위쪽에 ●가 배치되는 것으로 한다.

여기서부터는 서포트 벡터에 초점을 맞춥니다. 서포트 벡터가 되는 데이터 요소를 나타내는 점 (x_i, y_i)는 식 $\boxed{2}$로부터 다음 관계를 만족합니다.

$$\left.\begin{array}{l} \text{음의 예(즉, 남)} : ax_i + by_i + c = -1 \\ \text{양의 예(즉, 여)} : ax_i + by_i + c = 1 \end{array}\right\} \cdots \boxed{4}$$

서포트 벡터로부터 식별직선 $\boxed{1}$에 그린 수선의 길이를 d라고 합시다. 그러면 고등학교에서 배우는 '점과 직선의 거리 공식'으로부터, 서포트 벡터가 되는 데이터의 점 (x_i, y_i)로부터 식별직선 $\boxed{1}$에 그린 수선의 길이는 다음과 같이 나타낼 수 있습니다.

$$d = \frac{|ax_i + by_i + c|}{\sqrt{a^2 + b^2}}$$

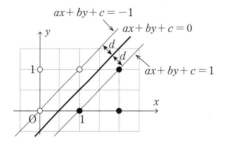

▲ 마진을 최대화하는 전략 때문에, 폭 d는 최대화된다.

서포트 벡터의 좌표(x_i, y_i)는 식 $\boxed{4}$을 만족하기 때문에 다음 식이 성립합니다.

$$d = \frac{1}{\sqrt{a^2 + b^2}} \quad \cdots \boxed{5}$$

마진 최대화 전략은 이 거리 d를 최대화(즉, $a^2 + b^2$를 최소화)하는 것을 요구합니다. 따라서 이 때 얻어진 a, b가 식별직선 $\boxed{1}$의 계수 a, b가 되는 것입니다.

이렇게 해서, 직선 $\boxed{1}$과 서포트 벡터를 구하는 목표가 구해졌습니다. 다음과 같이 정리할 수 있습니다.

데이터를 나타내는 점 (x_i, y_i)에 관해서 $(i = 1, 2, \cdots, 6)$,

음의 예에 대해서 : $ax_i + by_i + c \leqq -1$,
양의 예에 대해서 : $ax_i + by_i + c \geqq 1$ $\left.\vphantom{\begin{matrix}a\\b\end{matrix}}\right\} \cdots \boxed{3}$ (다시 수록)

의 조건 아래에서, 다음 식의 값을 최소화하는 a, b, c를 구한다.

$$\frac{1}{2}(a^2 + b^2) \quad \cdots \boxed{6}$$

이렇게 얻어진 a, b, c에 관해서 조건 $\boxed{4}$를 만족하는 점 (x_i, y_i)가 서포트 벡터가 됩니다. 추가로 말하자면 식 $\boxed{6}$의 계수 $\frac{1}{2}$은 이후의 계산을 보기 쉽도록 하기 위해 덧붙인 것입니다. '$a^2 + b^2$의 최소화'와 이것을 반으로 나눈 식 $\boxed{6}$의 최소화는 동일하기 때문입니다.

▶ 쌍대 문제로 변환

여기에서 갑작스럽지만, 이야기를 일반화할 수 있도록 다음과 같은 변수 t_i를 도입합니다($i = 1$, 2, $\cdots$, 6).

양의 예에 대해서 $t_i = 1$, 음의 예에 대해서 $t_i = -1$

로 하면, 간단한 계산으로부터 조건 $\boxed{3}$은 다음과 같이 하나로 정리됩니다.

$$t_i (ax_i + by_i + c) \geq 1 \ \cdots \ \boxed{7}$$

주 t는 teacher의 첫 글자. SVM에서는 이 값 t_i가 **정답 레이블**이 됩니다.

이렇게 해서, 식별직선 $\boxed{1}$의 계수 a, b를 구하는 조건 $\boxed{3}$이 하나로 표현되었습니다. 그렇다면 목표는 더 나아가 다음과 같이 간결하게 표현할 수 있습니다.

$t_i (ax_i + by_i + c) \geq 1$의 조건에서

$\frac{1}{2}(a^2 + b^2)$를 최소화하는 a, b, c를 구한다. $\cdots$ $\boxed{8}$

그런데, ▶ 2장 §3에서는, '쌍대 문제'라는 기법을 살펴보았습니다. 이것을 이용하면, 이 목표 $\boxed{8}$은 다음의 쌍대 문제로 치환됩니다.

$$L = \frac{1}{2}(a^2 + b^2) + \mu_1 \{1 - t_1 (ax_1 + by_1 + c)\} + \mu_2 \{1 - t_2 (ax_2 + by_2 + c)\}$$
$$+ \cdots + \mu_6 \{1 - t_6 (ax_6 + by_6 + c)\} \qquad \cdots \ \boxed{9}$$

에 관해서, a, b, c에 관한 최솟값을 구한다. 추가로, 구해진 μ_1, $\cdots$, μ_6의 식에 관해서 그 최댓값을 구한다. 다만 μ_1, $\cdots$, μ_6은 0 이상.

그렇다면 이 쌍대 문제를 구체적으로 풀어봅시다.

먼저 a, b, c에 관해서, 이 L의 최솟값 m을 구해보겠습니다. 이를 위해서는 다음과 같이 편미분을 이용할 수 있습니다(▶ 부록 E).

$$\frac{\partial L}{\partial a} = a - \mu_1 t_1 x_1 - \mu_2 t_2 x_2 - \cdots - \mu_6 t_6 x_6 = 0$$

$$\frac{\partial L}{\partial b} = b - \mu_1 t_1 y_1 - \mu_2 t_2 y_2 - \cdots - \mu_6 t_6 y_6 = 0$$

$$\frac{\partial L}{\partial c} = -t_1 \mu_1 - t_2 \mu_2 - \cdots - t_6 \mu_6 = 0$$

이것으로 부터 다음의 관계식이 얻어집니다.

$$\left. \begin{array}{l} a = \mu_1 t_1 x_1 + \mu_2 t_2 x_2 + \cdots + \mu_6 t_6 x_6 \\ b = \mu_1 t_1 y_1 + \mu_2 t_2 y_2 + \cdots + \mu_6 t_6 y_6 \end{array} \right\} \cdots \boxed{10}$$

$$t_1 \mu_1 + t_2 \mu_2 + \cdots + t_6 \mu_6 = 0 \cdots \boxed{11}$$

식 $\boxed{9}$의 L에 대입하면,

$$\begin{aligned} L &= \frac{1}{2}(a^2 + b^2) + \mu_1 \{1 - t_1 (ax_1 + by_1 + c)\} + \mu_2 \{1 - t_2 (ax_2 + by_2 + c)\} \\ &\quad + \cdots + \mu_6 \{1 - t_6 (ax_6 + by_6 + c)\} \\ &= \frac{1}{2}(a^2 + b^2) - a(\mu_1 t_1 x_1 + \mu_2 t_2 x_2 + \cdots + \mu_6 t_6 x_6) \\ &\quad - b(\mu_1 t_1 y_1 + \mu_2 t_2 y_2 + \cdots + \mu_6 t_6 y_6) + (\mu_1 + \mu_2 + \cdots + \mu_6) \\ &= \frac{1}{2}(a^2 + b^2) - a(a) - b(b) + (\mu_1 + \mu_2 + \cdots + \mu_6) \end{aligned}$$

이것을 정리하면, 최소화해야 하는 목표의 식 $\boxed{9}$는 다음과 같이 간단하게 정리됩니다.

$$L = -\frac{1}{2}(a^2 + b^2) + (\mu_1 + \mu_2 + \cdots + \mu_6) \cdots \boxed{12}$$

여기에서 a, b는 식 $\boxed{10}$으로 주어집니다.

▶ 계산하기 쉽게 변형

계속해서 식을 변형해 봅시다. 식 [10]에 의해

$$a^2 = (\mu_1 t_1 x_1 + \mu_2 t_2 x_2 + \cdots + \mu_6 t_6 x_6)^2$$
$$= \mu_1 \mu_1 t_1 t_1 x_1 x_1 + \mu_1 \mu_2 t_1 t_2 x_1 x_2 + \mu_1 \mu_3 t_1 t_3 x_1 x_3 + \cdots + \mu_6 \mu_6 t_6 t_6 x_6 x_6$$
$$b^2 = (\mu_1 t_1 y_1 + \mu_2 t_2 y_2 + \cdots + \mu_6 t_6 y_6)^2$$
$$= \mu_1 \mu_1 t_1 t_1 y_1 y_1 + \mu_1 \mu_2 t_1 t_2 y_1 y_2 + \mu_1 \mu_3 t_1 t_3 y_1 y_3 + \cdots + \mu_6 \mu_6 t_6 t_6 y_6 y_6$$

이렇게 해서, 식 [12]의 L은 주어진 데이터 x_i, y_i, t_i $(i = 1, 2, \cdots, 6)$와 구하려는 μ_1, μ_2, $\cdots$, μ_6만의 식으로 변환됩니다.

$$L = -\frac{1}{2} \{ \mu_1 \mu_1 t_1 t_1 (x_1 x_1 + y_1 y_1) + \mu_1 \mu_2 t_1 t_2 (x_1 x_2 + y_1 y_2)$$
$$+ \mu_1 \mu_3 t_1 t_3 (x_1 x_3 + y_1 y_3) + \cdots + \mu_6 \mu_6 t_6 t_6 (x_6 x_6 + y_6 y_6) \} \quad \cdots \text{[13]}$$
$$+ (\mu_1 + \mu_2 + \cdots + \mu_6)$$

이렇게 표현하면, 계산이 쉬워지고 일반적인 데이터로 확장도 용이해질 것입니다. 즉, 목표는 다음과 같이 정의하는 것입니다.

> 조건 [11] 하에서 0 이상의 μ_1, μ_2, $\cdots$, μ_6에 관해서 식 [13]의 L의 최댓값을 구한다. $\cdots$ [15]

주 데이터의 크기만이 있는 제약 조건 [7]이 단 1개의 제약 조건 [11]로 줄어든 것입니다. 프로그램 측면에서 이것은 다행스러운 결과입니다.

이 목표 [14]는 엑셀이 자신 있게 할 수 있는 부분입니다. 다음 절에서 실제로 계산해 봅시다. 그 결과는 다음과 같습니다.

$$\left. \begin{array}{l} \mu_1 = 1.648, \ \mu_2 = 0.000, \ \mu_3 = 2.352 \\ \mu_4 = 3.648, \ \mu_5 = 0.000, \ \mu_6 = 0.352 \end{array} \right\} \cdots \text{[15]}$$

이때 부터 식 [10]을 이용하면,

$$a = 2, \ b = -2 \cdots \text{[16]}$$

서포트 벡터를 구해봅시다. 식 4로부터, 주어진 데이터 요소 중에서 서포트 벡터가 되는 데이터 (x, y)는 다음 식을 만족합니다.

$$\left.\begin{array}{l} \text{(양의 예) } ax+by+c=1 \quad \text{즉, } c=1-(ax+by) \\ \text{(음의 예) } ax+by+c=-1 \quad \text{즉, } c=-1-(ax+by) \end{array}\right\} \cdots \boxed{17}$$

그런데, 라그랑지 쌍대 문제의 식 9로부터 알 수 있듯이, 'a^2+b^2의 최소화'에 관여하는 것은 $\mu_i > 0$의 경우입니다(관여하지 않으면 $\mu_i = 0$). 이것과 위의 17에 결과 15 16을 대입하면, 다음 표를 작성할 수 있습니다.

	번호	이름	x	y	μ	SV	c
음의 예	1	A	0	0	1.648	YES	−1.000
	2	B	0	1	0.000	NO	
	3	C	1	1	2.352	YES	−1.000
양의 예	4	D	1	0	3.648	YES	−1.000
	5	E	2	0	0.000	NO	
	6	F	2	1	0.352	YES	−1.000

주 첫 번째 행에 있는 'SV'는 서포트 벡터의 약어.

이 표로부터 식별 직선 1의 상수항 c가 결정됩니다.

$$c = -1 \cdots \boxed{18}$$

목표로 하는 식별 직선의 방정식 1은 식 16 18로부터 다음과 같이 구해집니다.

$$2x - 2y - 1 = 0 \cdots \boxed{19}$$

지금까지 얻어진 해가 조건을 만족하고 있다는 것을 오른쪽 그림으로 확인하기 바랍니다.

식별 직선의 방정식은 19가 된다.
데이터 중에서 요소 A, C, D, F가 서포트 벡터라는 것을 알 수 있다.

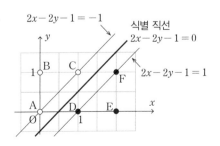

§2 서포트 벡터 머신(SVM)을 엑셀로 체험

앞 절에서 알아본 SVM의 구조를 엑셀로 확인해봅시다.

▶ 엑셀을 이용한 SVM

앞 절에서 알아본 예제 를 단계를 따라가면서 살펴봅시다.

> 연습 ▶ §1의 예제 의 해를 엑셀로 구해봅시다.

주 이 절의 워크시트는 다운로드 사이트(▶ 244페이지)에 수록된 '4.xlsx'에 있습니다.

❶ 데이터를 입력하여, μ_1, μ_2, $\cdots$, μ_6의 셀을 준비하여 값을 설정합니다.

μ_1, μ_2, $\cdots$, μ_6에는 적당한 값을 설정합니다. 또한 조건식(▶ §1의 [11])을 포함하는 셀을 준비합니다.

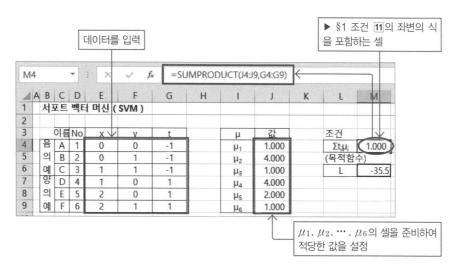

데이터를 입력

▶ §1 조건 [11]의 좌변의 식을 포함하는 셀

M4 ▾ : × ✓ fx =SUMPRODUCT(J4:J9,G4:G9)

	A	B	C	D	E	F	G	H	I	J	K	L	M
1	서포트 벡터 머신 (SVM)												
2													
3		이름	No		x	y	t		μ	값		조건	
4	음	A	1		0	0	-1		μ_1	1.000		$\Sigma t_i\mu_i$	1.000
5	의	B	2		0	1	-1		μ_2	4.000		(목적함수)	
6	예	C	3		1	1	-1		μ_3	1.000		L	-35.5
7	양	D	4		1	0	1		μ_4	4.000			
8	의	E	5		2	0	1		μ_5	2.000			
9	예	F	6		2	1	1		μ_6	1.000			

μ_1, μ_2, $\cdots$, μ_6의 셀을 준비하여 적당한 값을 설정

❷ ▶ §1의 식 13의 L을 산출하는 준비를 합니다.

▶ §1의 식 13(=L)의 중괄호 { } 안의 식(아래 1)을 산출하기 위해, 표를 작성합니다.

$$\{\mu_1\mu_1 t_1 t_1 (x_1 x_1 + y_1 y_1) + \mu_1\mu_2 t_1 t_2 (x_1 x_2 + y_1 y_2) + \mu_1\mu_3 t_1 t_3 (x_1 x_3 + y_1 y_3)$$
$$+\cdots+\mu_6\mu_6 t_6 t_6 (x_6 x_6 + y_6 y_6)\} \cdots \boxed{1}$$

다음의 워크시트에서는 이 식 1의 각 항을 표(제목 '$\Sigma\Sigma\mu\mu tt(xx+yy)$')에 구해갑니다.

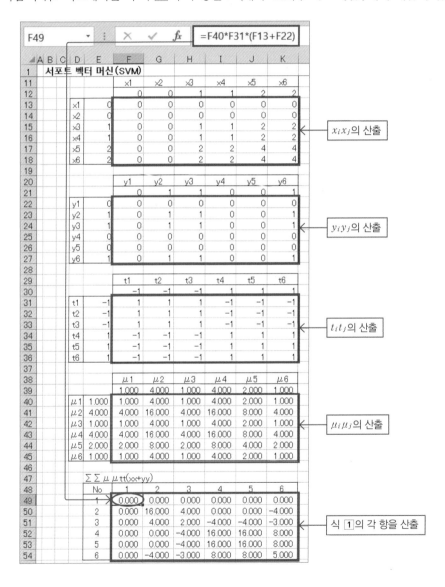

❸ L을 구해 엑셀 추가 기능의 해 찾기에 설정합니다.

▶ §1의 식 **13** ($=L$)를 계산할 셀을 준비하고 다음 그림과 같이 해 찾기에 설정합니다.

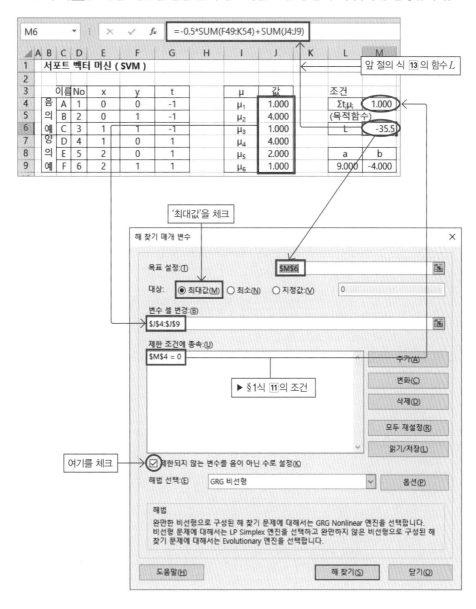

❹ 해 찾기의 출력 결과를 나타냅시다.

| | L9 | | × ✓ *fx* | =SUMPRODUCT(J4:J9,G4:G9,E4:E9) | |

	A B C D	E	F	G	H	I	J	K	L	M
1	서포트 벡터 머신 (SVM)									
2										
3	이름 No	x	y	t			μ	값	조건	
4	음 A 1	0	0	-1			μ_1	1.648	$\Sigma t_i\mu_i$	0.000
5	의 B 2	0	1	-1			μ_2	0.000	(목적함수)	
6	예 C 3	1	1	-1			μ_3	2.352	L	4
7	양 D 4	1	0	1			μ_4	3.648		
8	의 E 5	2	0	1			μ_5	0.000	a	b
9	예 F 6	2	1	1			μ_6	0.352	2.000	-2.000

최적화의 결과

▶ §1 식 [16]

이렇게 해서, 앞 절(▶ §1)의 식 [15]의 값이 얻어집니다.

$$\mu_1 = 1.648, \ \mu_2 = 0.000, \ \mu_3 = 2.352, \ \mu_4 = 3.648, \ \mu_5 = 0.000, \ \mu_6 = 0.352$$

또한, 앞 절(▶ §1)의 식 [10]으로부터, 방정식의 계수 a, b가 구해집니다.

$$\left. \begin{array}{l} a = \mu_1 t_1 x_1 + \mu_2 t_2 x_2 + \cdots + \mu_6 t_6 x_6 = 2 \\ b = \mu_1 t_1 y_1 + \mu_2 t_2 y_2 + \cdots + \mu_6 t_6 y_6 = -2 \end{array} \right\} \ \cdots \ ▶ 1의 \ [16]$$

❺ 앞 절(▶ §1)의 식 [17]로부터 c를 산출합니다.

| | X4 | | × ✓ *fx* | =IF(W4="YES",U4-SUMPRODUCT($L$9:$M$9,R4:S4),"") | |

	K	L	M	N	O P Q	R	S	T	U	V	W	X
1												
2					●정리 및 c의 산출							
3		조건			No 이름	x	y	구분	분류(t)	μ	SV	c
4		$\Sigma t_i\mu_i$	0.000		음 1 A	0	0	남	-1	1.648	YES	-1.000
5		(목적함수)			의 2 B	0	1	남	-1	0.000	NO	
6		L	4		예 3 C	1	1	남	-1	2.352	YES	-1.000
7					양 4 D	1	0	여	1	3.648	YES	-1.000
8		a	b		의 5 E	2	0	여	1	0.000	NO	
9		2.000	-2.000		예 6 F	2	1	여	1	0.352	YES	-1.000

c의 산출

이렇게 해서, 앞 절(▶ §1)의 식별 직선 [1]의 상수항 c가 결정됩니다.

$$c = -1$$

이상으로부터 식별 직선의 방정식(앞 절(▶ §1)의 식 [19])이 구해집니다.

5장

신경망과 딥러닝

신경망은 최근 AI 붐에 불을 붙인 역할을 한 AI의 기본 모델입니다. 여기에서 이용되고 있는 오차역전파법은 AI의 많은 분야에서 이용되고 있습니다. 신경망의 구조를 살펴봅시다.

(주) 이 장 ▶ §1 이외에서는 신경망이라는 용어를 딥러닝을 포함한 넓은 의미로 이용합니다.

신경망 기본 단위인 뉴런

신경망(줄여서 NN)은 동물의 뇌 구조를 모델링한 것입니다. 현재 잘 알려져 있는 딥러닝의 기본이 되는 모델입니다. 그 신경망의 기본 단위가 '뉴런'이라고 부르는 연산자입니다. 신경세포를 모델링한 것입니다.

▶ 신경망과 신경망의 기본 단위인 뉴런

뇌는 신경 세포의 네크워크로 구성됩니다. 이 신경 세포에 해당하는 것을 AI에서는 **유닛**이라고 부릅니다.

주 유닛은 **노드**, **인공 뉴런** 혹은 간단히 **뉴런**이라고 부릅니다.

유닛은 다음과 같이 간략화한 그림으로 표현됩니다.

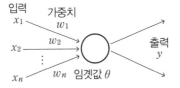

◀ 유닛을 단순화한 그림. 화살표 방향으로 입출력을 구별. 유닛의 출력으로서, 예를 들면 2개의 화살이 나오는 것은 몇 개라도 가능. 다만, 그 값 y는 동일.

그림의 ○ 모양이 유닛의 본체입니다. 그 본체에 n개의 신호 x_1, x_2, ⋯, x_n이 입력되어있다는 것을 나타내고 있습니다. 그 n개의 입력 신호는 다음과 같이 정리됩니다(s는 sum(합)의 첫글자).

$$s = w_1x_1 + w_2x_2 + \cdots + w_nx_n - \theta \cdots \boxed{1}$$

w_1, w_2, ⋯, w_n은 **가중치**, θ는 **임곗값**이라고 부르는 상수로, 유닛 고유의 값입니다. 합 $\boxed{1}$을 지금부터는 **입력의 선형합**이라고 부르기로 합니다.

입력의 선형합 **1**은 유닛 본체에서 다음과 같이 처리되어 값 y로 출력됩니다. 왼쪽의 그림에서 출력 화살표는 2개가 나오지만, 출력값은 공통입니다.

$$y = a(s) \cdots \boxed{2}$$

a는 **활성화 함수**(activation function)라고 부르는 함수입니다. 활성화 함수 a로는 다음과 같은 함수가 유명합니다.

함수 이름	정의식	특징
시그모이드 함수	$\sigma(s) = \dfrac{1}{1+e^{-s}}$	대표적인 활성화 함수. 생물 모델에 가깝고 해석이 용이.
하이퍼볼릭 탄젠트	$\tanh(s) = \dfrac{e^s - e^{-s}}{e^s + e^{-s}}$	가중치에 음수를 허용하는 모델에 대해 잘 적합한다.
램프 함수 ReLU	$s < 0$일 때 $\text{ReLU}(s) = 0$ $s \geqq 0$일 때 $\text{ReLU}(s) = s$	계산이 빠름. 출력은 0 이상.
선형 함수	$y = s$	계산이 빠름. 은닉층에는 사용하지 않는다.

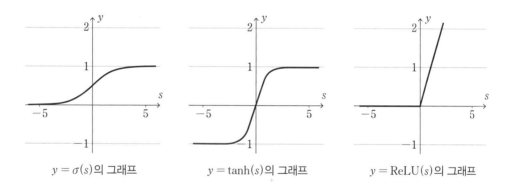

$y = \sigma(s)$의 그래프 $y = \tanh(s)$의 그래프 $y = \text{ReLU}(s)$의 그래프

예 시그모이드 함수를 활성화 함수로 하는 오른쪽 그림과 같은 유닛을 가정합니다. 입력 x_1, x_2에 대해 가중치를 순서대로 w_1, w_2라고 합니다. 또한 임곗값을 θ라고 합니다. 이 때, 출력 y는 다음과 같이 산출됩니다.

(입력의 선형합) $s = w_1 x_1 + w_2 x_2 - \theta$

(출력) $y = \sigma(s) = \dfrac{1}{1+e^{-s}}$

출력의 화살표는 2개가 나오지만, 출력값은 공통적인 값 y입니다.

유닛은 네트워크를 구성하고 있지만, 유닛들의 연계의 강도를 나타내는 것이 **가중치**입니다. 보다 구체적으로 말하면, 유닛들의 정보 전달 시에 그 입력 통로의 파이프 굵기를 표현하는 것이 '가중치'입니다. '가중치'가 크면, 즉 파이프가 굵으면 그 파이프로 연결되어 있을 때의 유닛으로부터의 정보 전달이 쉽고, 파이프가 가늘면 정보가 전달되기 어렵다는 것을 나타냅니다.

◀ 가중치는 정보 전달용 통로의 파이프 굵기. 굵을수록 정보가 전달되기 쉽다(이 해석이 통하는 것은 가중치에 양수 값을 가정했을 때 뿐).

다음으로 **임곗값**을 고려합시다. 임곗값은 유닛을 신경세포로 예로 들면 그 세포 고유의 민감도를 나타냅니다. 임곗값이 작으면, 작은 입력에도 반응합니다. 임곗값이 크면, 작은 입력은 무시합니다.

이 해석으로부터 알 수 있듯이 임곗값은 정보 노이즈를 거르는 필터 역할을 수행합니다. 의미가 없는 사소한 입력(즉 노이즈)에 대해서 유닛이 일일이 흥분하면, 시스템이 불안정하게 됩니다.

마지막으로 활성화 함수의 출력의 의미를 알아봅시다. 그 출력은 신경 세포로 예를 들면 흥분도를 나타냅니다. 출력이 크면 입력에 대해 크게 흥분한 것을, 작으면 입력을 무시한 것을 나타냅니다.

▶ '입력의 선형합'의 내적 표현

입력의 선형합 $\boxed{1}$의 형태는 깔끔하지 않습니다. 마지막의 θ 때문에 깔끔하지 않게 되었습니다. 따라서 가상의 입력을 고려하고, 그 입력을 항상 -1로 합니다. 그리고 가중치를 θ라고 합니다. 이렇게 하면, '입력의 선형합'은 다음 두 개의 벡터

입력 벡터 : $x = (x_1, x_2, \cdots, x_n, -1)$
가중치 벡터 : $w = (w_1, w_2, \cdots, w_n, \theta)$

의 내적으로 간결하게 다음과 같이 표현할 수 있습니다(▶ 부록 C).

입력의 선형합 $s = \boldsymbol{w} \cdot \boldsymbol{x}$ … $\boxed{3}$

식 $\boxed{1}$과 비교하면, 크게 간결하게 되었습니다.

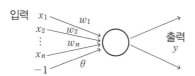

◀ 입력이 항상 −1, 가중치가 임곗값 θ인 가상의 입력을 고려합니다. 이렇게 하면, '입력의 선형합'의 식 $\boxed{1}$은 간결한 형태 $\boxed{4}$로 정리된다.

이 책의 엑셀 워크시트에서도 이 식 $\boxed{3}$의 형식을 이용하고 있습니다.

▶ 엑셀로 유닛의 동작을 재현

엑셀을 이용하여 구체적으로 유닛의 계산을 해봅시다.

> **문제 2** 두 개의 입력 x_1, x_2을 가진 유닛을 가정합시다. 입력 x_1, x_2에 대한 가중치를 순서대로 w_1, w_2라고 하고, 임곗값을 θ라고 합니다. 입력 x_1, x_2를 주었을 때의 출력을 구하는 워크시트를 작성하시오. 다만, 활성화 함수는 시그모이드 함수, tanh 함수, ReLU 함수의 세 가지를 고려합니다. 또한 w_1, w_2, θ는 임의로 주어졌다고 합시다.

주 이 절의 워크시트는 다운로드 사이트(▶ 244페이지)에 수록된 파일 '5_1.xlsx'에 있습니다.

풀이 다음 그림에 제시한 유닛이 이 **문제**의 대상이 됩니다.

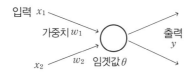

◀ 문제의 그림. 출력의 화살표로 2개가 그려져 있지만, 이것은 어디까지나 예.

다음의 워크시트에서는 가중치 w_1, w_2를 차례대로 2, 3으로 하고, 임곗값 θ를 4로 하고 있습니다. 또한 입력 w_1, w_2에 1, 1을 주고 있습니다.

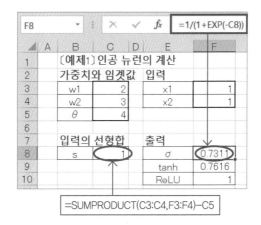

이상이 〔문제〕의 해답입니다. 양수 입력의 선형합에 대해서는, 시그모이드 함수와 tanh 함수가 비슷한 값을 산출하고 있는 것에 유의하기 바랍니다.

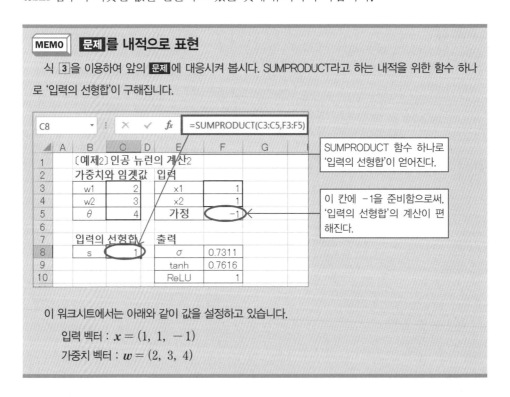

MEMO 〔문제〕**를 내적으로 표현**

식 〔3〕을 이용하여 앞의 〔문제〕에 대응시켜 봅시다. SUMPRODUCT라고 하는 내적을 위한 함수 하나로 '입력의 선형합'이 구해집니다.

SUMPRODUCT 함수 하나로 '입력의 선형합'이 얻어진다.

이 칸에 −1을 준비함으로써, '입력의 선형합'의 계산이 편해진다.

이 워크시트에서는 아래와 같이 값을 설정하고 있습니다.

입력 벡터 : $x = (1, \ 1, \ -1)$
가중치 벡터 : $w = (2, \ 3, \ 4)$

§ 2 유닛을 층별로 나열한 신경망

앞 절에서 살펴본 유닛을 층별로 배치한 것이 신경망입니다. '입력층', '은닉층', '출력층'의 세 가지로 구성됩니다. 이와 같이 층별로 배치함으로써 식별 능력을 획득합니다.

주 다음에서는 신경망이라는 용어를 딥러닝을 포함하여 넓은 의미에서 이용하고 있습니다.

▶ 구체적인 예

다음의 예제 를 이용하여, 이야기를 구체적으로 진행하기로 합니다.

예제 4×3화소의 흑백 2진 이미지로 읽어 들인 '0'과 '1'의 필기체 숫자 이미지를 식별하는 신경망을 작성하시오.

주 이미지 개수는 55로 합니다.

이 예제 에 대한 신경망으로 다음 형태를 가정할 수 있습니다.

이 장에서 살펴보는 신경망. 가장 단순한 ▶ 경우의 하나이다. ○은 유닛을 나타낸다. 각 유닛의 가중치와 임곗값을 결정하는 것이 '학습'이 된다. 또한 이 절에서는 이 그림과 같이 유닛 이름을 붙인다.

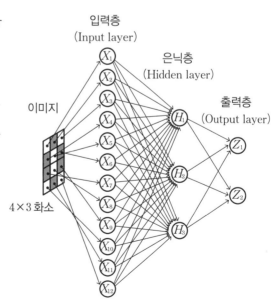

입력층
(Input layer)

은닉층
(Hidden layer)

출력층
(Output layer)

이미지

4×3 화소

그림에서 화살표로 연결된 ○은 유닛을 나타냅니다.

이 신경망은 3층으로 구성되어 있습니다. 이미지 옆(네트워크의 왼쪽 끝)의 층을 **입력층**(Input layer), 중간의 층을 **은닉층**(hidden layer), 그리고 오른쪽 끝의 층을 **출력층**(Output layer)이라고 부릅니다.

주 은닉층은 **중간층**이라고도 부릅니다.

예제 의 '$4 \times 3 = 12$ 화소의 흑백 2진 이미지'란 다음에 제시하는 것처럼 극히 단순한 이미지입니다. 간단한 이미지이지만, 필기체 형식의 숫자 '0', '1'의 표현은 가능합니다. 이미지를 구성하는 화소의 흑백이 1, 0으로 표현되고 있다는 것에 유의하기 바랍니다.

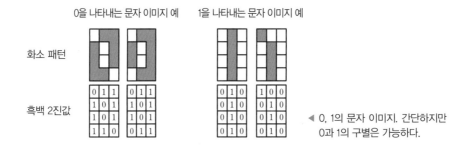

0을 나타내는 문자 이미지 예   1을 나타내는 문자 이미지 예

화소 패턴

흑백 2진값

◀ 0, 1의 문자 이미지. 간단하지만 0과 1의 구별은 가능하다.

▶ 유닛 이름과 파라미터 이름에 관한 규칙

신경망의 출력을 산출하기 위해서는 유닛 간의 관계를 살펴볼 필요가 있습니다. 그 관계를 기술할 때 필요한 유닛 이름과 변수 이름에 관한 규칙을 정합니다.

층을 구별하기 위해서는 앞의 그림에서 제시한 것처럼 입력층, 은닉층, 출력층 유닛 이름에는 각각 X, H, Z 문자를 이용하기로 합니다.

입력층   은닉층   출력층   3층을 X, H, Z 세 개의 대문자로 구별

$$X \qquad H \qquad Z$$

H는 Hidden Layer(은닉층)의 첫 글자.

각 층의 유닛에 관해서는 신경망의 위에서부터 차례대로 1, 2, 3, … 이라는 번호를 반복합니다. 그리고 그 번호를 X, H, Z에 첨자로 붙인 것을 유닛 이름으로 정합니다.

입력층
(Input layer)
X_i

i는 입력층 중에서 위에서 부터의 위치를 나타낸다.

은닉층
(Hidden layer)
H_j

j는 은닉층 중에서 위에서 부터의 위치를 나타낸다.

출력층
(Output layer)
Z_k

k는 출력층 중에서 위에서 부터의 위치를 나타낸다.

유닛의 출력변수 이름은 유닛 이름과 동일한 소문자로 합니다. 즉, 각 유닛의 유닛 이름과 출력변수 이름은 대문자와 소문자로 구별합니다.

X_i ⟶ 출력 x_i　H_j ⟶ 출력 h_j　Z_k ⟶ 출력 z_k

▲ 출력변수 이름은 유닛 이름의 소문자를 이용.

다음으로 신경망의 각 유닛에 관련된 파라미터('가중치' w와 '임곗값' θ), 그리고 유닛에 대한 '입력의 선형합' s를 기술하는 변수 이름에 관해서 고려합니다. 이것들은 다음 그림과 같이 약속합니다.

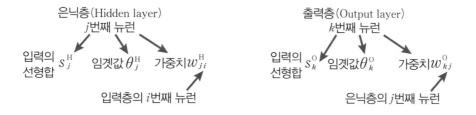

은닉층(Hidden layer)
j번째 뉴런

입력의 선형합 s_j^{H}　임곗값 θ_j^{H}　가중치 w_{ji}^{H}

입력층의 i번째 뉴런

출력층(Output layer)
k번째 뉴런

입력의 선형합 s_k^{O}　임곗값 θ_k^{O}　가중치 w_{kj}^{O}

은닉층의 j번째 뉴런

이와 같이 약속함으로써 다음 그림과 같이 각 층의 유닛과 파라미터(가중치와 임곗값)의 위치 관계를 명시할 수 있습니다.

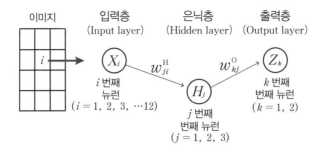

이상의 내용을 표로 정리해둡시다.

기호 이름	의미
x_i	입력층의 i번째 유닛 X_i의 입력을 나타내는 변수. 입력층에서는 출력과 입력은 동일한 값이 된다. 따라서 출력의 변수도 된다.
h_j	은닉층의 j번째 유닛 H_j의 출력을 나타내는 변수.
z_k	출력층의 k번째 유닛 Z_k의 출력을 나타내는 변수.
w_{ji}^{H}	은닉층의 j번째 유닛 H_j가 입력층의 i번째 유닛 X_i로부터 오는 화살에 부과하는 가중치.
w_{kj}^{O}	출력층의 k번째 유닛 Z_k가 은닉층의 j번째 유닛 H_j로부터 오는 화살에 부과하는 가중치.
θ_j^{H}	은닉층의 j번째에 있는 유닛 X_i의 임곗값.
θ_k^{O}	출력층의 k번째에 있는 유닛 Z_k의 임곗값.
s_j^{H}	은닉층의 j번째 유닛 X_i에 대한 입력의 선형합.
s_k^{O}	출력층의 k번째 유닛 Z_k에 대한 입력의 선형합.

▶ 신경망을 식으로 표현

신경망 내부 유닛의 관계를 식으로 표현할 준비가 되었습니다. 신속하게 그 관계식을 작성해봅시다.

그런데 신경망을 구성하는 각 유닛은 앞 절(▶ §1)에서 살펴본 독립적인 유닛과 동일하게 동작합니다. 따라서 관계식을 만드는 방법에 관해서 새로운 이야기가 있는 것은 아닙니다.

우선 은닉층의 유닛에 관해서 살펴봅시다.

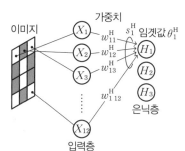

이미지

가중치

입력층

은닉층

은닉층의 첫 번째 유닛 H_1에 관한
파라미터의 관계를 나타낸다.

이 그림은 은닉층의 첫 번째 유닛 H_1에 관한 변수와 파라미터(즉, 가중치, 임곗값)의 관계를 나타내고 있습니다. 그림을 참고하여 은닉층의 유닛에 관해서 전체 관계식을 작성합니다.

[은닉층의 유닛에 관한 '입력의 선형합 s'과 출력 h]

$$s_1^{\text{H}} = w_{11}^{\text{H}} x_1 + w_{12}^{\text{H}} x_2 + w_{13}^{\text{H}} x_3 + \cdots + w_{112}^{\text{H}} x_{12} - \theta_1^{\text{H}}$$
$$s_2^{\text{H}} = w_{21}^{\text{H}} x_1 + w_{22}^{\text{H}} x_2 + w_{23}^{\text{H}} x_3 + \cdots + w_{212}^{\text{H}} x_{12} - \theta_2^{\text{H}} \quad \cdots \boxed{1}$$
$$s_3^{\text{H}} = w_{31}^{\text{H}} x_1 + w_{32}^{\text{H}} x_2 + w_{33}^{\text{H}} x_3 + \cdots + w_{312}^{\text{H}} x_{12} - \theta_3^{\text{H}}$$

$$h_1 = a(s_1^{\text{H}}), \ h_2 = a(s_2^{\text{H}}), \ h_3 = a(s_3^{\text{H}}) \quad (a\text{는 활성화 함수}) \cdots \boxed{2}$$

주 이 장에서는 시그모이드 함수를 활성화 함수로 이용합니다.

이어서 출력층의 유닛에 관해서 알아봅시다. 아래 그림은 출력층의 첫 번째 유닛에 관한 변수의 관계를 나타내고 있습니다.

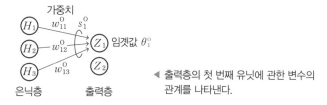

가중치

은닉층　　　출력층

◀ 출력층의 첫 번째 유닛에 관한 변수의
관계를 나타낸다.

이 그림으로부터 출력층의 유닛에 관한 관계식을 작성합니다.

[출력층 뉴런의 '입력의 선형합 s'과 출력 z]

$$\left.\begin{array}{l} s_1^o = w_{11}^o h_1 + w_{12}^o h_2 + w_{13}^o h_3 - \theta_1^o \\ s_2^o = w_{21}^o h_1 + w_{22}^o h_2 + w_{23}^o h_3 - \theta_2^o \end{array}\right\} \cdots \boxed{3}$$

$$z_1 = a(s_1^o),\ z_2 = a(s_2^o) \quad (a \text{는 활성화 함수}) \cdots \boxed{4}$$

주 식 $\boxed{2}$와 $\boxed{4}$에서 활성화 함수의 기호 a를 공통적으로 이용하지만 같을 필요는 없습니다(층별로는 일치시킵니다). 역시 이 장에서는 시그모이드 함수를 이용합니다.

▶ 신경망 출력의 의미

예제 에서 제시한 신경망의 출력층에는 두 개의 유닛 Z_1, Z_2가 있습니다. Z_1은 숫자 '0'을, Z_2는 숫자 '1'을 검출하기 위한 것입니다. 이것을 염두에 두고 신경망 출력의 의미를 알아봅시다.

다음 그림을 보기 바랍니다. 왼쪽 끝의 그림은 숫자의 이미지로 '0'을 나타내고 있습니다. 이 경우, 다음과 같이 출력을 산출해가는 것이 이상적인 상황입니다.

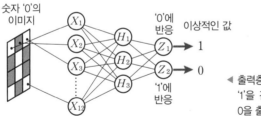

◀ 출력층의 유닛 Z_1은 숫자 '0'을, Z_2는 '1'을 검출하는 역할. Z_1은 1을, Z_2는 0을 출력하는 것이 바람직하다.

이 그림으로부터 중요한 것을 발견할 수 있습니다. 숫자 '0'이 읽혔을 때 유닛 Z_1의 출력 z_1과 1과의 차이가 작으면 작을수록, 또한 유닛 Z_2의 출력 z_2와 0과의 차이가 작으면 작을수록 신경망은 좋은 결과를 산출하게 됩니다.

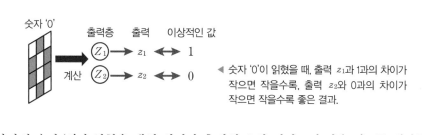

◀ 숫자 '0'이 읽혔을 때, 출력 z_1과 1과의 차이가 작으면 작을수록, 출력 z_2와 0과의 차이가 작으면 작을수록 좋은 결과.

따라서 숫자 '0'이 읽혔을 때의 신경망 출력의 오차 평가로서 다음 값 e를 생각할 수 있습니다.

$$\text{숫자 '0'이 읽혔을 때} : e = \frac{1}{2}\{(1-z_1)^2 + (0-z_2)^2\} \cdots \boxed{5}$$

이 값 e가 작을 때, 신경망은 '좋은 값을 산출했다'는 것이 됩니다.

주 식 $\boxed{5}$의 계수 1/2은 뒤의 오차역전파법을 염두에 두고, 미분이 쉽도록 하기 위한 것입니다.

숫자 '1'이 읽혔을 때에도 마찬가지입니다. Z_1의 출력 z_1과 0과의 차이가 작으면 작을수록, 또한 Z_2의 출력 z_2와 1과의 차이가 작으면 작을수록 신경망은 좋은 결과를 산출하게 됩니다.

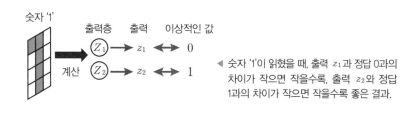

◀ 숫자 '1'이 읽혔을 때, 출력 z_1과 정답 0과의 차이가 작으면 작을수록, 출력 z_2와 정답 1과의 차이가 작으면 작을수록 좋은 결과.

따라서 숫자 '1'이 읽혔을 때의 신경망 출력의 오차 평가로서 다음 값 e를 생각할 수 있습니다.

$$\text{숫자 '1'이 읽혔을 때} : e = \frac{1}{2}\{(0-z_1)^2 + (1-z_2)^2\} \cdots \boxed{6}$$

이 값 e가 작을 때, 신경망은 '좋은 값을 산출했다'는 것이 됩니다.

앞의 식 $\boxed{5}$, $\boxed{6}$에서 정의한 값 e를 신경망이 산출한 값의 **제곱오차**라고 부릅니다. 이것은 ▶ 2장 §1에서 살펴본 '제곱오차'와 동일한 아이디어로부터 생겨난 식입니다.

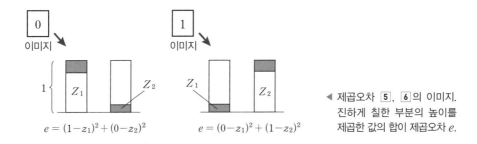

◀ 제곱오차 $\boxed{5}$, $\boxed{6}$의 이미지. 진하게 칠한 부분의 높이를 제곱한 값의 합이 제곱오차 e.

▶ 가중치와 임곗값의 결정 방법과 목적 함수

신경망의 가중치와 임곗값은 어떻게 결정될까요? 이 의문에 답하는 것이 **신경망 스스로 학습한다**라는 아이디어입니다. 즉, 가중치와 임곗값은 주어진 데이터로부터 신경망 스스로 결정하는 것입니다. 사람이 하나하나 자상하게 가르쳐주는 조작은 없습니다.

지금 살펴보고 있는 **예제**에서 생각해봅시다. 처음에 하는 것은 신경망에 훈련 데이터 하나하나의 이미지를 읽히고, 신경망의 출력값을 계산하는 것입니다. 그리고 하나하나의 이미지에 부착한 정답과의 제곱오차 $\boxed{5}$, $\boxed{6}$을 산출합니다.

다음으로 훈련 데이터 전체에 대해서 이러한 제곱오차의 총합 E를 구합니다.

$$E = e_1 + e_2 + \cdots + e_{55} \cdots \boxed{7}$$

마지막으로 이 오차의 총합 E가 최소가 되도록 가중치와 임곗값을 컴퓨터로 결정합니다. 이것이 가중치와 임계값의 결정 방법입니다.

이상의 수학적 절차는 **최적화**라고 부르는 기법이고, 오차의 총합 E는 최적화를 위한 **목적 함수**입니다. ▶ 2장 §1에서 살펴본 '최적화'의 방법과 완전히 동일한 것에 유의하기 바랍니다. 이것이 '신경망 스스로 학습한다'라는 의미인 것입니다.

▶ 오차역전파법의 필요성

식 7은 가중치와 임곗값의 복잡한 함수입니다. 따라서 간단하게 식 7의 목적 함수 E를 최소화하는 것은 불가능합니다. 따라서 등장한 것이 **오차역전파법**입니다. 상세한 내용에 관해서는 다음 절에서 살펴보기로 합니다.

▶ 제곱오차의 식 표현

오차역전파법의 해설로 들어가기 전에, **제곱오차**의 표현을 공부해봅시다.

이미지를 식별하기 위한 훈련 데이터에서 각 이미지에는 그것이 무엇을 의미하는가의 정답 레이블이 부착되어 있습니다. 지금의 예제 에서는 필기체 숫자 이미지에 '0' '1'모두가 부착되어 있는 것으로 합니다. 그러나 원래 그대로의 '0' '1'로는 처리하기 어렵기 때문에 계산하기 쉽도록 고쳐씁니다. 그것이 다음 표로 나타낸 변수 t_1, t_2 쌍입니다.

	의미	이미지가 '0'일 때	이미지가 '1'일 때
t_1	'0'인 정답 변수	1	0
t_2	'1'인 정답 변수	0	1

주 t는 teacher의 머리글자. 훈련 데이터의 정답 부분이기 때문에, 이 이름이 자주 이용됩니다.

이 정답 변수 t_1, t_2를 이용하여 제곱오차 e의 식 5, 6을 표현해봅시다. 다음과 같이 하나로 정리할 수 있습니다.

$$e = \frac{1}{2}\{(t_1 - z_1)^2 + (t_2 - z_2)^2\} \cdots 8$$

이와 같이 제곱오차 e를 하나의 식 8로 표현해두면, 엑셀에서 오차를 표현하는데 편리해집니다.

'1'을 나타내는 이미지가 읽혔을 때, 식 8 이 식 6 과 일치하는 것을 확인하시오.

'1'의 이미지가 읽혔을 때, $t_1 = 0$, $t_2 = 1$이고, 식 8 은 다음과 같이 되고 식 6 과 일치합니다.

$$e = \frac{1}{2}\{(t_1 - z_1)^2 + (t_2 - z_2)^2\} = \frac{1}{2}\{(0 - z_1)^2 + (1 - z_2)^2\}$$

MEMO **신경망과 딥러닝**

신경망을 다층으로 학습시킨 것을 **딥러닝**(심층학습)이라고 부릅니다. 그러나 단순하게 다층화하면 계산이 수렴하지 않게 되거나 예상과 다른 해가 구해지기도 합니다. 따라서 등장한 것이 **합성곱 신경망**(Convolutional Neural Network, 줄여서 CNN)입니다. 은닉층을 잘 정리한 타입입니다. 모델 확정 알고리즘은 이 장에서 살펴본 기법과 마찬가지입니다. 상세한 내용에 대해서는 저자의 다른 책『엑셀로 배우는 딥러닝』(성안당)을 보기 바랍니다.

§3 오차역전파법(백프로퍼게이션법)

신경망의 가중치와 임곗값의 결정 알고리즘에 많이 이용되는 **오차역전법**(즉, **백프로퍼게이션법**, 줄여서 **BP법**)에 관해서 살펴보겠습니다. '유닛의 오차' δ를 도입하여, 수열의 점화식으로 번거로운 미분을 회피하는 기법입니다. 앞 절(▶ §2)에서 살펴본 예제 (아래에 다시 수록)를 이용하여, 구체적으로 그 구조를 살펴봅시다.

> 예제 4×3이미지의 흑백 2진 이미지로 읽어들인 필기체 숫자 '0', '1'을 식별하는 신경망을 작성하시오. 학습용 이미지 데이터는 55매로 합니다.

▶ 복잡한 목적 함수

▶ §2에서 살펴본 것처럼, 신경망을 결정하기 위해서는 다음에 제시하는 목적 함수 E (▶ §2 식 7)를 최소로 하는 가중치와 임곗값을 찾을 필요가 있습니다.

$$E = e_1 + e_2 + \cdots + e_{55} \ (\text{55는 이미지의 매수}) \cdots \boxed{1}$$

여기에서 e_k는 아래 제곱오차의 식(▶ §1 식 8)에 k번째 훈련 데이터를 대입하여 얻어진 값입니다($k = 1, 2, \cdots, 55$).

$$e = \frac{1}{2} \{(t_1 - z_1)^2 + (t_2 - z_2)^2\} \cdots \boxed{2}$$

주의해야 할 것은 이 식 2는 가중치와 임곗값으로 구성되는 매우 복잡한 함수식이라는 점입니다. 가중치와 임곗값은 이렇게 간단한 예제에서도 총 47개가 있습니다. 그리고 앞 절(▶ §2)의 식 1~4로 복잡하게 연결되어 있습니다.

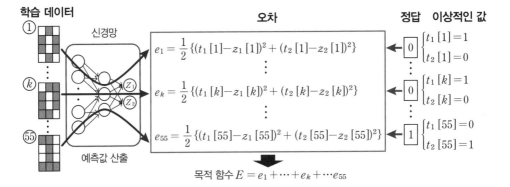

예제 의 신경망 출력과 목적 함수의 관계.

47개의 변수와 많은 함수가 복잡하게 서로 얽혀 있다. 여기에서 $[k](k = 1,\ 2,\ \cdots,\ 55)$는 k번째 이미지에 관한 값을 나타낸다.

그런데 다변수 함수의 최솟값 계산에는 경사하강법을 이용하는 것이 현실적입니다 (▶ 2장 §2). 이 예제 에 대해서 경사하강법의 식을 작성해봅시다.

목적 함수 E에서 가중치 $w_{11}^{\mathrm{H}},\ \cdots,\ w_{11}^{\mathrm{O}},\ \cdots$ 와 임곗값 $\theta_1^{\mathrm{H}},\ \cdots,\ \theta_1^{\mathrm{O}},\ \cdots$ 을 차례대로

$$\left. \begin{array}{l} w_{11}^{\mathrm{H}} + \varDelta w_{11}^{\mathrm{H}},\ \cdots,\ \theta_1^{\mathrm{H}} + \varDelta \theta_1^{\mathrm{H}},\ \cdots \\ w_{11}^{\mathrm{O}} + \varDelta w_{11}^{\mathrm{O}},\ \cdots,\ \theta_1^{\mathrm{O}} + \varDelta \theta_1^{\mathrm{O}},\ \cdots \end{array} \right\} \cdots \boxed{3}$$

라고 미세하게 변화시킬 때 함수 E가 가장 감소하는 것은 다음의 관계가 성립하는 경우이다. η는 양의 작은 상수로 한다.

$$\left(\varDelta w_{11}^{\mathrm{H}},\ \cdots,\ \varDelta \theta_1^{\mathrm{H}},\ \cdots,\ \varDelta w_{11}^{\mathrm{O}},\ \cdots,\ \varDelta \theta_1^{\mathrm{O}},\ \cdots \right)$$
$$= -\eta \left(\frac{\partial E}{\partial w_{11}^{\mathrm{H}}},\ \cdots,\ \frac{\partial E}{\partial \theta_1^{\mathrm{H}}},\ \cdots,\ \frac{\partial E}{\partial w_{11}^{\mathrm{O}}},\ \cdots,\ \frac{\partial E}{\partial \theta_1^{\mathrm{O}}},\ \cdots \right) \cdots \boxed{4}$$

이 식 $\boxed{4}$의 우변 하나하나의 미분계산을 하게 되면, 계산식이 엄청 늘어납니다. 따라서 등장한 것이 '오차역전파법'입니다.

▶ 목적 함수 E의 기울기는 제곱오차 기울기의 합

오차역전파법의 본론에 들어가기 전에 식 $\boxed{1}$~$\boxed{4}$으로부터 다음을 확인합시다.

목적 함수 E의 기울기는 훈련 데이터로부터 얻어지는 제곱오차 e의 기울기의 합.

목적 함수 E의 계산은 처음에 제곱오차 e를 계산하고, 마지막에 그것들을 모두 더하면 됩니다. 따라서 지금부터의 계산에서는 제곱오차 e의 계산 결과만을 나타냅니다. 실제로는 목적 함수 E의 기울기를 산출할 때에는 그 제곱오차 e에 훈련 데이터를 대입하고, 데이터 전체에 관한 총합을 구하면 되기 때문입니다.

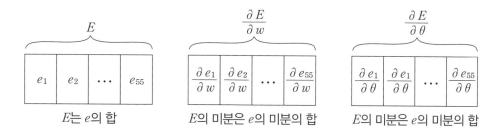

E는 e의 합 E의 미분은 e의 미분의 합 E의 미분은 e의 미분의 합

▶ 유닛의 오차 δ를 도입

그렇다면 오차역전파법의 구조에 관해서 알아보기로 합시다.

오차역전파법의 '핵심'이 되는 아이디어는 제곱오차 e(식 $\boxed{2}$)의 계산에 **유닛의 오차**(errors)라고 부르는 변수 δ를 도입하는 것입니다. 이것은 다음과 같이 정의됩니다.

$$\delta_j^{\mathrm{H}} = \frac{\partial e}{\partial s_j^{\mathrm{H}}} \quad (j=1,\ 2,\ 3),\ \delta_j^{\mathrm{O}} = \frac{\partial e}{\partial s_j^{\mathrm{O}}} \quad (j=1,\ 2) \cdots \boxed{5}$$

주 δ는 '델타'라고 읽는 그리스 문자로, 로마자의 d에 해당합니다. 또한 '유닛의 오차'와 제곱오차 $\boxed{2}$와는 동일한 오차라도 의미가 다릅니다.

이 오차 δ를 이용하면, 기울기 계산 $\boxed{4}$의 미분 계산이 마법을 사용한 것처럼 간단해집니다. 아래에서 그 마법을 보도록 합시다.

▶ 기울기를 유닛의 오차 δ로부터 산출

이 '유닛의 오차' δ로 제곱오차 e의 기울기 성분을 나타내 봅시다. 다음과 같이 실제로 간단하게 나타냅니다.

$$\left.\begin{array}{l} \dfrac{\partial e}{\partial w_{ji}^{\mathrm{H}}} = \delta_j^{\mathrm{H}} x_i, \quad \dfrac{\partial e}{\partial \theta_j^{\mathrm{H}}} = -\delta_j^{\mathrm{H}} \quad (i = 1,\ 2,\ \cdots,\ 12,\ j = 1,\ 2,\ 3) \\[3mm] \dfrac{\partial e}{\partial w_{ji}^{\mathrm{O}}} = \delta_j^{\mathrm{O}} h_i, \quad \dfrac{\partial e}{\partial \theta_j^{\mathrm{O}}} = -\delta_j^{\mathrm{O}} \quad (i = 1,\ 2,\ 3,\ j = 1,\ 2) \end{array}\right\} \cdots \boxed{6}$$

주 이 공식의 증명은 ▶ 부록 G에서 살펴봅니다.

이 식 $\boxed{6}$으로부터 유닛의 오차 δ를 알게 되면 제곱오차 e의 기울기가 얻어지게 됩니다. 다음으로 이 유닛의 오차 δ를 구하는 방법을 알아봅시다.

▶ 출력층의 '유닛 오차' δ_j^{O}를 산출

처음에 출력층의 '유닛 오차'를 구체적으로 산출해봅시다. 출력층의 활성화 함수를 $z = a(s)$라고 하면, 간단한 미분 계산으로부터(▶ 부록 E), 식 $\boxed{2}$에 의해

$$\delta_j^{\mathrm{O}} = \frac{\partial e}{\partial s_j^{\mathrm{O}}} = \frac{\partial e}{\partial z_j} \frac{\partial z_j}{\partial s_j^{\mathrm{O}}} = \frac{\partial e}{\partial z_j} a'\left(s_j^{\mathrm{O}}\right) \quad (j = 1,\ 2) \cdots \boxed{7}$$

그런데 식 $\boxed{2}$의 구체적인 형태로부터

$$\frac{\partial e}{\partial z_1} = -(t_1 - z_1), \quad \frac{\partial e}{\partial z_2} = -(t_2 - z_2)$$

이것들을 식 $\boxed{7}$에 대입하면,

$$\delta_1^O = -(t_1 - z_1)a'(s_1^O), \ \delta_2^O = -(t_2 - z_2)a'(s_2^O) \ \cdots \ \boxed{8}$$

이 우변은 이미 알려져 있습니다. 이렇게 해서 출력층의 유닛 오차 δ_j^O가 구해집니다.

▶ 오차역전파법으로 구하는 중간층의 '유닛 오차' δ_j^H

출력층의 식 $\boxed{8}$을 유도한 것과 동일한 계산을 하면 은닉층의 유닛 오차 δ_j^O에 관해서 다음 관계가 유도됩니다.

$$\delta_i^H = \left(\delta_1^O w_{1i}^O + \delta_2^O w_{2i}^O \right) a'(s_i^H) \quad (i = 1, \ 2, \ 3) \ \cdots \ \boxed{9}$$

주 이 공식의 증명은 ▶ 부록 H에서 살펴봅니다.

우변의 δ_1^O과 δ_2^O는 식 $\boxed{8}$에서 얻어졌습니다. 따라서 이 식 $\boxed{9}$를 이용하면, 은닉층의 유닛 오차 δ_i^O가 번거로운 미분 계산을 하지 않아도 구해지는 것입니다.

신경망의 계산은 은닉층으로부터 출력층을 향하지만, '유닛 오차' δ는 반대로, 출력층으로부터 은닉층을 향합니다. 이것이 '오차역전파법'이라고 부르는 이유입니다.

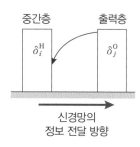

신경망의
정보 전달 방향

◀ **오차역전파법의 구조**
출력층의 δ가 구해지면, 중간층의 δ도
간단하게 구해진다. 신경망의 방향과는
반대의 관계가 되고 있다.

문제 **문제** **예제**에서 δ_2^{H}를 δ_1^{O}, δ_2^{O}로 나타내시오. 또한 활성화 함수는 시그모이드 함수 $\sigma(s)$로 합니다.

풀이 식 **9**로부터

$$\delta_2^{\mathrm{H}} = (\delta_1^{\mathrm{O}} w_{12}^{\mathrm{O}} + \delta_2^{\mathrm{O}} w_{22}^{\mathrm{O}}) a'(s_2^{\mathrm{H}})$$

또한 문제로부터 활성화 함수는 시그모이드 함수 $\sigma(s)$가 이용되기 때문에

$$a'(s_2^{\mathrm{H}}) = \sigma'(s_2^{\mathrm{H}}) = \sigma(s_2^{\mathrm{H}})\{1 - \sigma(s_2^{\mathrm{H}})\}$$

주 다음 시그모이드 함수 $\sigma(s)$의 미분 공식을 이용하고 있습니다(▶ 부록 E).
$\sigma'(s) = \sigma(s)\{1 - \sigma(s)\}$

이것을 앞의 식 **9**에 대입하면,

$$\delta_2^{\mathrm{H}} = (\delta_1^{\mathrm{O}} w_{12}^{\mathrm{O}} + \delta_2^{\mathrm{O}} w_{22}^{\mathrm{O}})\sigma(s_2^{\mathrm{H}})\{1 - \sigma(s_2^{\mathrm{H}})\}$$ 답

MEMO **관계식의 행렬 표시**

관계식 **7**, **9**는 행렬로 표현하면, 식이 간결해집니다(▶ 부록 D).

$$\text{식 7} : \begin{pmatrix} \delta_1^{\mathrm{O}} \\ \delta_2^{\mathrm{O}} \end{pmatrix} = \begin{pmatrix} \dfrac{\partial e}{\partial z_1} \\ \dfrac{\partial e}{\partial z_2} \end{pmatrix} \odot \begin{pmatrix} a'(s_1^{\mathrm{O}}) \\ a'(s_2^{\mathrm{O}}) \end{pmatrix}$$

$$\text{식 9} : \begin{pmatrix} \delta_1^{\mathrm{H}} \\ \delta_2^{\mathrm{H}} \\ \delta_3^{\mathrm{H}} \end{pmatrix} = \left[\begin{pmatrix} w_{11}^{\mathrm{O}} & w_{21}^{\mathrm{O}} \\ w_{12}^{\mathrm{O}} & w_{22}^{\mathrm{O}} \\ w_{13}^{\mathrm{O}} & w_{23}^{\mathrm{O}} \end{pmatrix} \begin{pmatrix} \delta_1^{\mathrm{O}} \\ \delta_2^{\mathrm{O}} \end{pmatrix} \right] \odot \begin{pmatrix} a'(s_1^{\mathrm{H}}) \\ a'(s_2^{\mathrm{H}}) \\ a'(s_3^{\mathrm{H}}) \end{pmatrix} \cdots \text{10}$$

여기에서 $\odot$는 아다마르 곱(Hadamard Product)입니다.
이와 같이 행렬로 표현해두면, 복잡한 신경망의 경우에 바로 확장할 수 있습니다. 또한 엑셀 워크시트도 간결해집니다.

§4 오차역전파법을 엑셀로 체험

 오차역전파법을 엑셀로 체험

▶ §3에서 알아본 오차역전파법을 이용하여, ▶ §2, §3에서 살펴본 예제 (아래에 다시 수록)의 가중치와 임곗값을 엑셀로부터 산출해봅시다.

> 연습 4×3화소의 흑백 2진 이미지로 읽어들인 필기체 숫자 '0'과 '1'을 식별하는 신경망을 작성하시오. 학습용 이미지 데이터는 55매로 합니다.

주 조건은 §2, 3과 동일합니다. 활성화 함수는 시그모이드 함수를 이용합니다. 또한 이 절의 워크시트는 다운로드 사이트(▶ 244페이지)에 수록된 파일 '5_4.xlsx'에 있습니다.

▶ 엑셀을 이용한 오차역전파법

먼저 ▶ §3에서 살펴본 오차역전파법의 알고리즘을 정리해봅시다.

> ❶ 훈련 데이터를 준비.
>
> ❷ 가중치와 임곗값을 초기 설정. 스텝 사이즈 η로 적당히 작은 양수 값을 설정.
>
> 주 스텝 사이즈는 ▶ 2장 §2를 참조하기 바랍니다.
>
> ❸ 훈련 데이터와 가중치, 임곗값으로부터 ▶ §2 식 1~4를 이용하여 유닛의 출력을 산출.
>
> ❹ 오차역전파법의 식(▶ §3 식 8 9)으로부터 각 층의 유닛 오차 δ를 산출.
>
> ❺ 유닛의 오차 δ로부터 제곱오차 e의 기울기(▶ §3 식 6)를 산출.
>
> ❻ ❸~❺의 결과를 훈련 데이터 전체에 대해서 모두 더하여, 목적 함수 E의 기울기를 산출.
>
> ❼ ❻에서 구한 기울기로부터 경사하강법(▶ §3 식 3, 4)을 이용하여 가중치와 임곗값을 갱신.
>
> ❽ 목적 함수 E의 값이 충분히 작아질 때까지 ❸~❼의 단계를 반복.

이상이 오차역전파법을 이용한 신경망의 가중치와 임곗값 결정 알고리즘입니다.

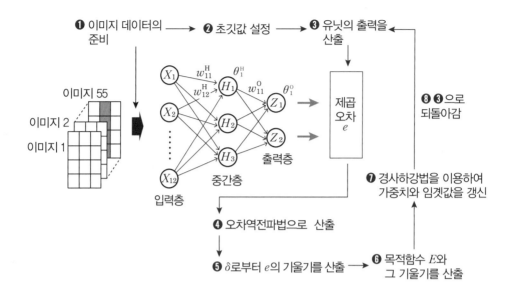

이상의 '정리' ①~⑧에 따라, 워크시트를 설명해 나가겠습니다.

❶ 훈련 데이터를 준비합니다.

신경망에서는 훈련 데이터로부터 파라미터를 결정합니다(이것을 **학습**이라고 합니다). 이를 위해 엑셀의 워크시트에 55매의 필기체 숫자 이미지와 그 정답 레이블을 읽어 들입니다.

주 훈련 데이터의 이미지 사례 55매는 ▶ 부록 A에 수록되었습니다.

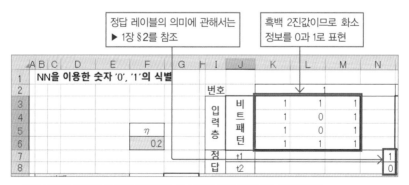

▲ 훈련 데이터 55개와 그 정답 레이블을 이 그림과 같이 차례대로 읽어들인다.

❷ 가중치와 임곗값을 초기 설정합니다.

가중치와 임곗값은 이제부터 구하는 것으로, 처음에는 분명하지 않습니다. 그러나 '초안'이 없으면 이야기가 진행되지 않습니다. 따라서 난수를 이용하여, 초안이 되는 초 깃값을 설정합니다. 또한 스텝 사이즈 η(▶ 2장 §2)에는 적당히 작은 양수 값을 설정합니다.

주 스텝 사이즈 η의 설정은 시행착오에 의해 이루어집니다. 마찬가지로 가중치와 임곗값의 초기 설정값에 관해서도 좋은 결과를 얻기 위해서는 몇 번이고 설정 변경이 필요합니다.

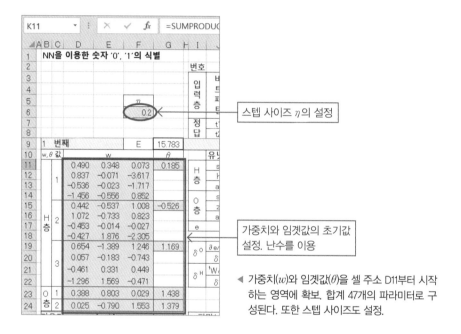

스텝 사이즈 η의 설정

가중치와 임곗값의 초기값 설정. 난수를 이용

◀ 가중치(w)와 임곗값(θ)을 셀 주소 D11부터 시작 하는 영역에 확보. 합계 47개의 파라미터로 구 성된다. 또한 스텝 사이즈도 설정.

❸ 유닛의 출력과 활성화 함수의 미분값을 산출합니다.

첫 번째 이미지에 관해서, 은닉층과 출력층의 각 유닛에 대한 입력의 선형합(s라고 표시), 출력(h와 z라고 표시), 그리고 활성화 함수의 미분값을 구합니다. 또한 계속해서 제곱오차 e를 구합니다(▶ §2식 $\boxed{1}$~$\boxed{4}$, $\boxed{8}$). 또한 활성화 함수에는 시그모이드 함수를 이용하기로 합니다.

주 다음 시그모이드 함수 $\sigma(x)$의 미분공식을 이용하고 있습니다(▶ 부록 E).

$$\sigma'(x) = \sigma(x)\{1 - \sigma(x)\}$$

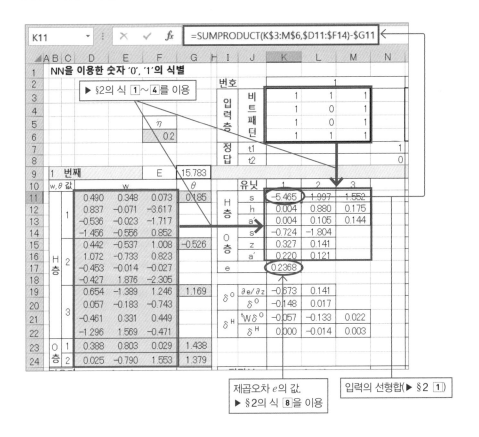

제곱오차 e의 값.
▶ §2의 식 $\boxed{8}$을 이용

입력의 선형합(▶ §2 $\boxed{1}$)

❹ **오차역전파법으로부터 각 층의 유닛 오차 δ를 계산합니다.**

출력층의 '유닛 오차' δ_j^O를 계산합니다(▶ §3 식 **8**). 계속해서 '역' 점화식으로부터 δ_j^H를 계산합니다(▶ §3 식 **9**).

K22 f_x {=K21:M21*K13:M13}

			D	E	F	G	H	I	J	K	L	M	N
9	1	번째		E		15.783							
10	w,θ값		w			θ			유닛	1	2	3	
11			0.490	0.348	0.073	0.185		H층	s	-5.465	1.997	-1.552	
12			0.837	-0.071	-3.617				h	0.004	0.880	0.175	
13		1	-0.536	-0.023	-1.717				a'	0.004	0.105	0.144	
14			-1.456	-0.556	0.852			O층	s	-0.724	-1.804		
15			0.442	-0.537	1.008	-0.526			z	0.327	0.141		
16	H층	2	1.072	-0.733	0.823				a'	0.220	0.121		
17			-0.453	-0.014	-0.027				e	0.2368			
18			-0.427	1.876	-2.305								
19			0.654	-1.389	1.246	1.169		δ^O	∂e/∂z	-0.673	0.141		
20		3	0.057	-0.183	-0.743				δ^O	-0.148	0.017		
21			-0.461	0.331	0.449			δ^H	ᵗwδ^O	-0.057	-0.133	0.022	
22			-1.296	1.569	-0.471				δ^H	0.000	-0.014	0.003	
23	O층	1	0.388	0.803	0.029	1.438							
24		2	0.025	-0.790	1.553	1.379							

▶ §3 **9** 이용   ᵗwδ^O는 ▶ § 3 **10**의 [ ]의 행렬   ▶ §3의 식 **8**, **9**를 이용

❺ **제곱오차 e의 기울기를 계산합니다.**

❹에서 구한 유닛의 오차 δ로부터 제곱오차 e의 기울기를 계산합니다(▶ §3 식 **6**).

▶ §3 6을 이용

K26 | ✕ ✓ *fx* | {=K$3:M$6*K22}

	A	B	C	D	E	F	G	H	I	J	K	L	M	N
1	**NN을 이용한 숫자 '0', '1'의 식별**													
2								번호					1	
3								입력층	비트패턴		1	1	1	
4											1	0	1	
5					η						1	0	1	
6					0.2						1	1	1	
7								정답	t1					1
8									t2					0
9		1	번째			E	15.783							
10		w, θ값			w		θ		유닛		1	2	3	
11				0.490	0.348	0.073	0.185	H층	s	−5.465	1.997	−1.552	
12			1	0.837	−0.071	−3.617			h	0.004	0.880	0.175	
13				−0.536	−0.023	−1.717			a'	0.004	0.105	0.144	
14				−1.456	−0.556	0.852		O층	s	−0.724	−1.804		
15		H층		0.442	−0.537	1.008	−0.526		z	0.327	0.141		
16			2	1.072	−0.733	0.823			a'	0.220	0.121		
17				−0.453	−0.014	−0.027			e	0.2368			
18				−0.427	1.876	−2.305							
19				0.654	−1.389	1.246	1.169	δ^O	$\partial e / \partial z$	−0.673	0.141		
20			3	0.057	−0.183	−0.743			δ^O	−0.148	0.017		
21				−0.461	0.331	0.449		δ^H	$^t W \delta^O$	−0.057	−0.133	0.022	
22				−1.296	1.569	−0.471			δ^H	0.000	−0.014	0.003	
23		O층	1	0.388	0.803	0.029	1.438						
24			2	0.025	−0.790	1.553	1.379						
25		기울기			$\partial E/\partial w$		$\partial E/\partial \theta$		편미분			$\partial e/\partial w$		$\partial e/\partial \theta$
26				0.024	0.041	0.023	−0.095				0.000	0.000	0.000	0.000
27			1	−0.002	0.102	−0.010				1	0.000	0.000	0.000	
28				−0.010	0.103	−0.010					0.000	0.000	0.000	
29				0.013	0.051	0.013					0.000	0.000	0.000	
30				−0.022	−0.184	−0.017	−0.133				−0.014	−0.014	−0.014	0.014
31		H층	2	−0.426	0.360	−0.441			H층	2	−0.014	0.000	−0.014	
32				−0.441	0.538	−0.441					−0.014	0.000	−0.014	
33				−0.083	−0.191	−0.257					−0.014	−0.014	−0.014	
34				−0.185	−0.212	−0.157	0.687				0.003	0.003	0.003	−0.003
35			3	0.095	−0.795	0.133				3	0.003	0.000	0.003	
36				0.133	−0.775	0.133					0.003	0.000	0.003	
37				−0.100	−0.301	−0.169					0.003	0.003	0.003	
38		O층	1	0.602	−3.146	−0.383	3.231		O층	1	−0.001	−0.130	−0.026	0.148
39			2	−1.329	−1.052	−0.895	2.402			2	0.000	0.015	0.003	−0.017

❻ **훈련 데이터 전체에 관해서 함수를 복사, E의 기울기를 산출합니다.**

지금까지는 훈련 데이터의 대표로서 첫 번째 이미지를 대상으로 계산을 했습니다. 목표는 그 계산을 전체 데이터에 관해서 수행하고 모두 더하는 것입니다. 따라서 지금까지 작성한 워크시트를 훈련 데이터 55매 모두에 대해서 복사합니다.

		유닛	K / 1	L / 2	M / 3	N	HS / 1	HT / 2	HU / 3	HV
2	번호		1				55			
3	입력층	비트패턴	1	1	1		0	1	0	
4			1	0	1		0	1	0	
5			1	0	1		0	1	0	
6			1	1	1		0	1	1	
7	정답	t1				1				0
8		t2				0				1
10		유닛	1	2	3		1	2	3	
11	H층	s	−5.465	1.997	−1.552		0.367	−1.188	−1.311	
12		h	0.004	0.880	0.175		0.591	0.234	0.212	
13		a'	0.004	0.105	0.144		0.242	0.179	0.167	
14	O층	s	−0.724	−1.804			−1.015	−1.219		
15		z	0.327	0.141			0.266	0.228		
16		a'	0.220	0.121			0.195	0.176		
17	e		0.2368				0.3333			
19	δ^O	$\partial e/\partial z$	−0.673	0.141			0.266	−0.772		
20		δ^O	−0.148	0.017			0.052	−0.136		
21	δ^H	${}^t w\delta^O$	−0.057	−0.133	0.022		0.017	0.149	−0.210	
22		δ^H	0.000	−0.014	0.003		0.004	0.027	−0.035	
25	편미분		$\partial e/\partial w$			$\partial e/\partial\theta$	$\partial e/\partial w$			$\partial e/\partial\theta$
26	H층	1	0.000	0.000	0.000	0.000	0.000	0.004	0.000	−0.004
27			0.000	0.000	0.000		0.000	0.004	0.000	
28			0.000	0.000	0.000		0.000	0.004	0.000	
29			0.000	0.000	0.000		0.000	0.004	0.004	
30		2	−0.014	−0.014	−0.014	0.014	0.000	0.027	0.000	−0.027
31			−0.014	0.000	−0.014		0.000	0.027	0.000	
32			−0.014	0.000	−0.014		0.000	0.027	0.000	
33			−0.014	−0.014	−0.014		0.000	0.027	0.027	
34		3	0.003	0.003	0.003	−0.003	0.000	−0.035	0.000	0.035
35			0.003	0.000	0.003		0.000	−0.035	0.000	
36			0.003	0.000	0.003		0.000	−0.035	0.000	
37			0.003	0.003	0.003		0.000	−0.035	−0.035	
38	O층	1	−0.001	−0.130	−0.026	0.148	0.031	0.012	0.011	−0.052
39		2	0.000	0.015	0.003	−0.017	−0.080	−0.032	−0.029	0.136

셀 주소 K10부터 N39까지의 블록을 55번 오른쪽으로 복사.

첫 번째 이미지를 위한 워크시트를 55매 복사

55매의 복사가 끝나면, 제곱오차 e의 편미분 합계를 구합니다. 이렇게 해서, 목적 함수 E(▶ §3 식 ①)의 기울기를 구할 수 있습니다.

K22 ▾ × ✓ fx {=K21:M21*K13:M13}

	기울기	∂E/∂w			∂E/∂θ		편미분		∂e/∂w			∂e/∂θ	
25													
26		0.024	0.041	0.023	−0.095			0.000	0.000	0.000	0.000	0.00
27	1	−0.002	0.102	−0.010			1	0.000	0.000	0.000		0.00
28		−0.010	0.103	−0.010				0.000	0.000	0.000		0.00
29		0.013	0.051	0.013				0.000	0.000	0.000		0.00
30		−0.022	−0.184	−0.017	−0.133			−0.014	−0.014	−0.014	0.014	0.00
31	H층 2	−0.426	0.360	−0.441		H층	2	−0.014	0.000	−0.014		0.00
32		−0.441	0.538	−0.441				−0.014	0.000	−0.014		0.00
33		−0.083	−0.191	−0.257				−0.014	−0.014	−0.014		0.00
34		−0.185	−0.212	−0.157	0.687			0.003	0.003	0.003	−0.003	0.00
35	3	0.095	−0.795	0.133			3	0.003	0.000	0.003		0.00
36		0.133	−0.775	0.133				0.003	0.000	0.003		0.00
37		−0.100	−0.301	−0.169				0.003	0.003	0.003		0.00
38	O층 1	0.602	−3.146	−0.383	3.231		O층 1	−0.001	−0.130	−0.026	0.148	0.02
39	O층 2	−1.329	−1.052	−0.895	2.402		O층 2	0.000	0.015	0.003	−0.017	−0.04

e의 기울기 합계를 구해 E의 기울기를 구한다

MEMO ▶ §3 식 [6]의 행렬 표현

제곱오차의 기울기와 유닛 오차 δ의 관계(▶ §3 식 [6])를 행렬로 나타내봅시다(▶ 부록 D). 이렇게 표현하면, 일반화가 쉬워집니다. 또한 엑셀 워크시트에서도 이용합니다.

$$\begin{pmatrix} \dfrac{\partial e}{\partial w_{11}^H} & \dfrac{\partial e}{\partial w_{12}^H} & \cdots & \dfrac{\partial e}{\partial w_{112}^H} & \dfrac{\partial e}{\partial \theta_1} \\[2mm] \dfrac{\partial e}{\partial w_{21}^H} & \dfrac{\partial e}{\partial w_{22}^H} & \cdots & \dfrac{\partial e}{\partial w_{212}^H} & \dfrac{\partial e}{\partial \theta_2} \\[2mm] \dfrac{\partial e}{\partial w_{31}^H} & \dfrac{\partial e}{\partial w_{32}^H} & \cdots & \dfrac{\partial e}{\partial w_{312}^H} & \dfrac{\partial e}{\partial \theta_3} \end{pmatrix} =$$

$$\begin{pmatrix} \delta_1^H & \delta_1^H & \cdots & \delta_1^H & \delta_1^H \\ \delta_2^H & \delta_2^H & \cdots & \delta_2^H & \delta_2^H \\ \delta_3^H & \delta_3^H & \cdots & \delta_3^H & \delta_3^H \end{pmatrix} \odot \begin{pmatrix} x_1 & x_2 & \cdots & x_{12} & -1 \\ x_1 & x_2 & \cdots & x_{12} & -1 \\ x_1 & x_2 & \cdots & x_{12} & -1 \end{pmatrix}$$

$$\begin{pmatrix} \dfrac{\partial e}{\partial w_{11}^O} & \dfrac{\partial e}{\partial w_{12}^O} & \dfrac{\partial e}{\partial w_{13}^O} & \dfrac{\partial e}{\partial \theta_1^O} \\[2mm] \dfrac{\partial e}{\partial w_{21}^O} & \dfrac{\partial e}{\partial w_{22}^O} & \dfrac{\partial e}{\partial w_{23}^O} & \dfrac{\partial e}{\partial \theta_2^O} \end{pmatrix}$$

$$= \begin{pmatrix} \delta_1^O & \delta_1^O & \delta_1^O & \delta_1^O \\ \delta_2^O & \delta_2^O & \delta_2^O & \delta_2^O \end{pmatrix} \odot \begin{pmatrix} h_1 & h_2 & h_3 & -1 \\ h_1 & h_2 & h_3 & -1 \end{pmatrix}$$

❼ 경사하강법을 이용하여, 가중치와 임곗값을 갱신합니다.

경사하강법의 기본 식(▶ §3식 ③, ④)을 이용하여, 가중치와 임곗값을 갱신합니다.

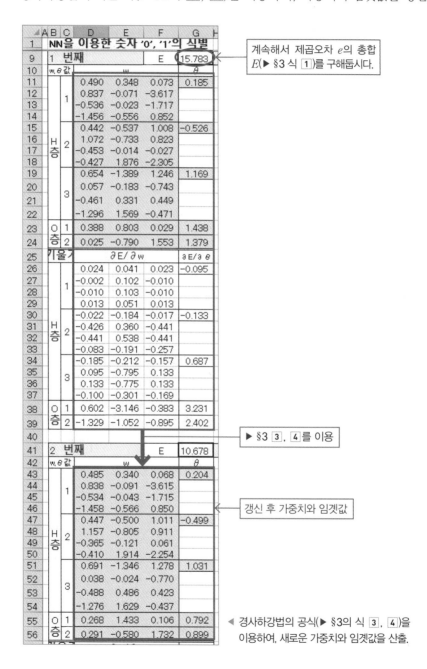

계속해서 제곱오차 e의 총합
E(▶ §3 식 ①)를 구해둡시다.

▶ §3 ③, ④를 이용

갱신 후 가중치와 임곗값

◀ 경사하강법의 공식(▶ §3의 식 ③, ④)을
이용하여, 새로운 가중치와 임곗값을 산출.

			D	E	F	G	
1				NN을 이용한 숫자 '0', '1'의 식별			
9	1	번째			E	15.783	
10	w.θ값			w		θ	
11			0.490	0.348	0.073	0.185	
12		1	0.837	-0.071	-3.617		
13			-0.536	-0.023	-1.717		
14			-1.456	-0.556	0.852		
15			0.442	-0.537	1.008	-0.526	
16	H층	2	1.072	-0.733	0.823		
17			-0.453	-0.014	-0.027		
18			-0.427	1.876	-2.305		
19			0.654	-1.389	1.246	1.169	
20		3	0.057	-0.183	-0.743		
21			-0.461	0.331	0.449		
22			-1.296	1.569	-0.471		
23	O층	1	0.388	0.803	0.029	1.438	
24		2	0.025	-0.790	1.553	1.379	
25	기울기			$\partial E/\partial w$		$\partial E/\partial \theta$	
26			0.024	0.041	0.023	-0.095	
27		1	-0.002	0.102	-0.010		
28			-0.010	0.103	-0.010		
29			0.013	0.051	0.013		
30			-0.022	-0.184	-0.017	-0.133	
31	H층	2	-0.426	0.360	-0.441		
32			-0.441	0.538	-0.441		
33			-0.083	-0.191	-0.257		
34			-0.185	-0.212	-0.157	0.687	
35		3	0.095	-0.795	0.133		
36			0.133	-0.775	0.133		
37			-0.100	-0.301	-0.169		
38	O층	1	0.602	-3.146	-0.383	3.231	
39		2	-1.329	-1.052	-0.895	2.402	
40							
41	2	번째			E	10.678	
42	w.θ값			w		θ	
43			0.485	0.340	0.068	0.204	
44		1	0.838	-0.091	-3.615		
45			-0.534	-0.043	-1.715		
46			-1.458	-0.566	0.850		
47			0.447	-0.500	1.011	-0.499	
48	H층	2	1.157	-0.805	0.911		
49			-0.365	-0.121	0.061		
50			-0.410	1.914	-2.254		
51			0.691	-1.346	1.278	1.031	
52		3	0.038	-0.024	-0.770		
53			-0.488	0.486	0.423		
54			-1.276	1.629	-0.437		
55	O층	1	0.268	1.433	0.106	0.792	
56		2	0.291	-0.580	1.732	0.899	

⑧ ③~⑦의 단계를 반복합니다.

⑦에서 작성된 새로운 가중치 w와 임곗값 θ를 이용하여, 다시 ③으로부터의 처리를 수행합니다. 이러한 반복을 통해, 목적 함수 E가 충분히 작아질 때까지 반복합니다(여기에서는 50회 분의 기울기 계산을 실행합니다).

이상으로 계산을 종료합니다. 가중치와 임곗값을 아래 그림에 제시합니다.

	A	B	C	D	E	F	G	H
1577	50 번째					E	0.096	
1578	w,θ값				w		θ	
1579				0.551	0.671	0.209	-0.492	
1580			1	0.779	0.661	-3.718		
1581				-0.637	0.729	-1.818		
1582				-1.102	-0.286	0.852		
1583				0.437	-0.544	0.744	0.244	
1584		H	2	1.732	-1.795	1.709		
1585		층		0.433	-1.588	0.859		
1586				-0.352	1.592	-1.634		
1587				0.449	-1.270	0.882	0.387	
1588			3	-0.676	1.253	-1.610		
1589				-1.328	1.590	-0.418		
1590				-0.838	1.403	-0.505		
1591		O	1	-1.640	3.771	-1.782	0.409	
1592		층	2	1.876	-2.568	2.988	0.869	

→ 50회 계산 후의 목적 함수 E의 값

← 가중치와 임곗값의 산출값

◀ 50회 계산한 후의 가중치와 임곗값.

목적 함수 E의 값을 살펴봅시다.

(초깃값을 이용한 계산) $E = 15.783$

(50회째의 계산) $E = 0.096$

55매의 이미지에서 정답에서 벗어난 것의 합계가 0.096이라는 것은 매우 좋은 정확도라는 것을 알 수 있습니다.

▶ 새로운 숫자로 테스트

작성한 신경망은 필기체 숫자 '0' '1'을 식별하기 위한 것이었습니다. 따라서 바르게 숫자 '0' '1'을 식별할 수 있는가, 새로운 필기체 문자로 확인해봅시다.

다음 워크시트는 엑셀의 ⑧ 단계에서 얻어진 가중치와 임곗값을 이용하여, 다음의 숫자 이미지('1'인 듯한)를 입력하여 처리한 예입니다.

◀ 훈련 데이터에 없는 '1'을 의도한 이미지.

다음 그림은 실행 결과입니다. 신경망도 예상대로 '1'이라고 판단하고 있습니다.

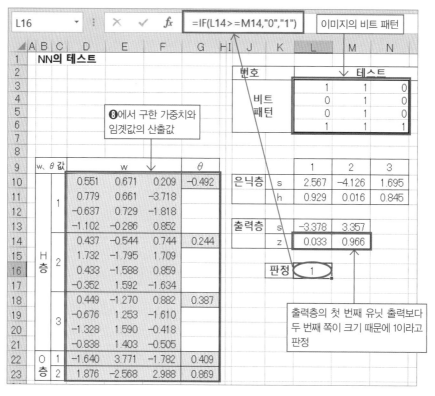

▲ ❽에서 구한 가중치와 임곗값을 이용하여, 새로운 데이터에 관해서 출력층의 유닛 출력을 산출한다. 첫 번째 유닛 출력보다 두 번째 쪽이 작으면 0이라고 판정된다.

🔑 이 워크시트는 다운로드 사이트(▶ 244페이지)에 수록된 파일 '5_4.xlsx'의 '테스트'탭에 있습니다.

🔑 합성곱 신경망(▶§2 MEMO)에 관한 오차역전파법도 여기에서 살펴본 방법과 동일합니다. 상세한 내용에 관해서는 저자의 다른 책 『엑셀로 배우는 딥러닝』(성안당)을 보기 바랍니다.

현재 4차 산업혁명이 진행되고 있습니다.

'산업혁명'이란 산업이 크게 변모한 시대에 전환점이 되는 이름으로, 이러한 전환점에는 반드시 새로운 기술이 활약합니다. 18세기말부터 시작하는 1차 산업혁명에서는 수력이나 증기 기관에 의해 공장의 기계가, 20세기 초에 발생한 2차 산업혁명에서는 전력을 이용한 대량생산 기술이, 1970년대 초에 발생한 3차 산업혁명에서는 전자공학을 이용한 자동화 기술이 각각 활약을 했습니다.

현재 진행 중인 4차 산업혁명에서는 AI가 기계를 자동 제어하는 기술이 활약하고 있습니다. 3차 산업혁명까지는 인간이 기계를 제어하고 있던 것과 대조를 이룹니다.

그런데 산업혁명이 일으킬 수 있을 만큼 어떻게 AI가 성숙했을까요? 그 커다란 이유 중 하나는 '딥러닝이 AI에 시각을 부여했기 때문'입니다.

이 장에서 그 구조의 일부를 알아본 것처럼, 딥러닝은 이미지의 식별이 가능합니다. 그것은 지금까지의 기술로는 어려운 일이었습니다. 덕분에 공업용 로봇은 복잡한 작업을 수행할 수 있게 된 것입니다.

그런데, '청각' 정보는 소리로 전달되지만, 청각 정보는 음파라는 '시각' 정보로 변환할 수 있습니다. 이 것에 딥러닝을 응용하면 AI는 '청각'도 얻을 수 있습니다. 딥러닝에서 AI는 시각과 동시에 청각도 얻을 수 있게 된 것입니다. 근래에 AI에 의해 음성 인식이 발달한 것은 이 때문입니다.

이상과 같이 딥러닝은 지금까지 기계가 수고하고 있던 분야에서 급속하게 영향력을 확대하고 있습니다. 4차 산업혁명을 이끌어가는데 있어서 AI가 주역으로서 선정된 것은 이와 같은 배경이 있기 때문입니다.

6장

RNN과 BPTT

신경망에 기억 능력을 가지도록 하는 것이 순환 신경망입니다.
신경망의 출력을 다시 입력으로 이용함으로써 그 기억을 구현
합니다.

순환 신경망(RNN)의 구조

▶ 5장에서 살펴본 신경망(다음부터 **NN**이라고 표기)은 시간적으로 순서가 부여된 데이터(즉 **시계열** 데이터)의 처리는 불가능합니다. 예를 들면, 사진 속에서 '고양이'는 찾을 수 있어도, 그 고양이가 다음에 어떤 동작을 할 것인가라는 예측은 할 수 없습니다. 시계열 데이터의 처리를 가능하게 하는 것이 **순환 신경망**(다음부터 **RNN**이라고 표기)입니다.

시계열 처리는 다른 관점에서 보면 '기억을 가지게 하는' 처리입니다. RNN은 NN에 기억을 가지게 한 것으로도 생각할 수 있습니다.

▶ 구체적인 예

RNN의 아이디어를 이해하기 위해서는 다음의 예제 에 제시한 간단한 철자 바꾸기 놀이(애너그램)를 생각해봅시다.

> 예제 '오', '가', '나'의 3문자를 교대로 늘어놓으면 6개의 단어가 생성됩니다. 처음의 두 문자가 주어지면, 마지막 문자를 예상하는 순환 신경망을 작성하시오.
>
> | 단어 | 입력 문자 | 마지막 문자 |
> |---|---|---|
> | 오가나 | '오', '가' | 나 |
> | 오나가 | '오', '나' | 가 |
> | 가나오 | '가', '나' | 오 |
> | 가오나 | '가', '오' | 나 |
> | 나가오 | '나', '가' | 오 |
> | 나오가 | '나', '오' | 가 |

예를 들면, '오', '가'라는 순서대로 입력하면, '나'가 출력되는 RNN을 작성하는 것이 목표입니다. 다음 스마트폰의 화면 이미지로 확인하기 바랍니다.

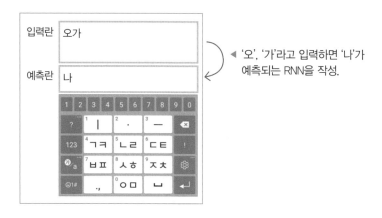

◀ '오', '가'라고 입력하면 '나'가 예측되는 RNN을 작성.

▶ 데이터의 형식과 정답 레이블

처음에 데이터의 형식을 확인합니다.

입력층에 입력하는 문자 데이터 '오', '가', '나'는 다음 형식으로 나타냅니다.

$$\text{'오'} = \begin{pmatrix} 1 \\ 0 \\ 0 \end{pmatrix}, \; \text{'가'} = \begin{pmatrix} 0 \\ 1 \\ 0 \end{pmatrix}, \; \text{'나'} = \begin{pmatrix} 0 \\ 0 \\ 1 \end{pmatrix} \cdots \boxed{1}$$

주 이와 같은 단순한 벡터를 데이터에 부여하는 방법을 **One hot 인코딩**이라고 부릅니다.

다음으로 정답 레이블에 대해서 확인합니다. RNN도 NN과 마찬가지로 '지도학습' 이고, 정답 레이블이 있으며, 정답은 각 단어의 세 번째 문자가 해당됩니다.

예측 자료　정답 레이블

(예)

◀ 단어의 마지막 문자를 정답 레이블로 이용한다.

▶ 5장에서 살펴본 NN에서는 기억을 가지게 하는 것은 불가능합니다. 예를 들면, 다음과 같은 NN을 가정합시다. 여기에서 X_1, X_2, X_3는 데이터 형식 **1**이 입력되는 입력층의 유닛을 나타냅니다. 또한 Z_1, Z_2, Z_3는 차례대로 문자 '오', '가', '나'에 반응하는 출력 유닛을 나타냅니다. 또한 은닉층에는 두 개의 유닛 H_1, H_2를 배치하기로 합니다.

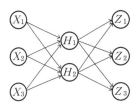

◀ 5장에서 살펴본 NN과 동일한 형식. Z_1, Z_2, Z_3는 차례대로 문자 '오', '가', '나'에 반응하는 출력 유닛. 은닉층이 두 개의 유닛일 필요성은 없다.

여기에 '오', '가'라고 입력한다고 합시다(다음 그림). 어떻게 생각하더라도, '오가'라고 입력한 정보는 기억되지 않아 마지막 '나'는 예상할 수 없습니다.

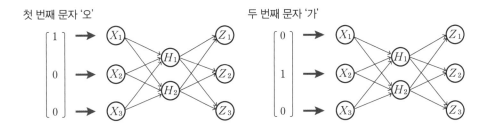

첫 번째 문자 '오'   두 번째 문자 '가'

그렇다면 어떻게 해서 입력문자의 정보를 기억시킬까요? 이것을 구현하는 방법은 의외로 간단합니다. 다음 그림과 같이 순서대로 결합하면 되는 것입니다.

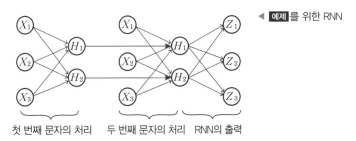

◀ **예제**를 위한 RNN

첫 번째 문자의 처리   두 번째 문자의 처리   RNN의 출력

첫 번째 문자의 은닉층 '출력'을 두 번째 문자의 은닉층 '입력'으로 거두어들이는 것입니다. 이렇게 해서 이전 처리의 기억이 다음 처리에 전달되어 가는 것입니다.

주 RNN에는 몇 가지 타입이 있습니다. 여기에서는 가장 간단한 형태를 살펴보고 있습니다.

덧붙이자면 많은 문헌에서는 RNN의 그림은 오른쪽 그림과 같이 간결하게 표현되어 있습니다. 이와 같이 표현하면 시계열 데이터의 요소가 몇 개가 되더라도 동일한 그림으로 표현할 수 있기 때문입니다. 또한 이미지를 이해하기에도 도움이 됩니다(유닛의 관계를 보기가 어렵다는 단점도 있습니다).

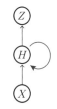

▶ 수식을 만들기 위한 준비

RNN의 파라미터(즉, 가중치와 임곗값)를 결정하는 알고리즘은 NN에서 살펴본 것과 기본적으로 동일합니다. 이 알고리즘을 준비하기 위해 유닛 이름과 출력 이름을 다음 표와 같이 정의합니다.

[표 1] 유닛의 기호와 의미

층	입력층	은닉층	출력층
유닛 이름	X_1, X_2, X_3	H_1, H_2	Z_1, Z_2, Z_3
입력의 선형합	–	차례대로 s_1^H, s_2^H	차례대로 s_1^O, s_2^O, s_3^O
출력값	차례대로 x_1, x_2, x_3	차례대로 h_1, h_2	차례대로 z_1, z_2, z_3

또한 각 유닛의 가중치와 임곗값은 아래 그림에 나타낸 것처럼 정의합니다.

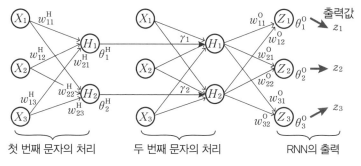

▲ 두 번째 문자의 처리를 위한 가중치와 임계값은 첫 번째 문자와 동일.

화살에 있는 것이 가중치, 유닛을 나타내는 원의 오른쪽 아래에 있는 것이 임곗값입니다. '두 번째 문자의 처리'부분의 가중치와 임곗값은 첫 번째 문자와 동일합니다.

이 그림 안에서 이용되고 있는 기호의 의미를 표로 정리해봅시다. 기본적으로는 ▶ 5장에서 살펴본 NN과 차이는 없지만 첫 번째 문자의 처리를 담당하는 은닉층의 출력이 두 번째 문자의 은닉층에 관계하는 부분(즉, γ_j의 존재)만 다릅니다. 이 파라미터 γ_j를 **회귀 가중치**라고 부르기로 합시다.

[표 2] 파라미터의 의미

기호	의미
w_{ji}^H	은닉층의 유닛 H_j가 입력층 유닛 X_i에 부과하는 가중치 ($i = 1,\ 2,\ 3,\ j = 1,\ 2$).
w_{kj}^O	출력층의 유닛 Z_k가 은닉층 유닛 H_j에 부과하는 가중치 ($j = 1,\ 2,\ k = 1,\ 2,\ 3$).
θ_j^H	은닉층의 유닛 H_j의 임곗값($j = 1,\ 2$).
θ_k^O	출력층의 유닛 Z_k의 임곗값($k = 1,\ 2,\ 3$).
s_j^H	은닉층 유닛 H_j의 입력의 선형합($j = 1,\ 2$).
s_k^O	출력층 유닛 Z_k의 입력의 선형합($k = 1,\ 2,\ 3$).
γ_j	은닉층 유닛 H_j가 이전의 은닉층 유닛 H_j의 출력에 부과하는 가중치($j = 1,\ 2$). '회귀 가중치'라고 부르기로 한다.

▶ 유닛의 입출력을 수식으로 표현

예제 의 RNN 그림이 나타내는 것처럼, 시계열 데이터의 첫 번째 데이터 요소에 관한 처리 방법은 ▶ 5장에서 살펴본 NN의 경우와 동일합니다. RNN의 특징이 나타나는 것은 두 번째 데이터 요소의 처리입니다. 두 번째 문자의 은닉층 입력에 첫 번째 문자의 은닉층 출력을 끼워 넣는 것입니다. 즉, 다음 규칙으로 처리됩니다.

> 이전의 문자를 위한 은닉층 H_j의 출력을, 다음 문자를 위한 은닉층 H_j는 가중치 γ_j를 부과하여 입력문자와 나란히 끼워 넣는다($j = 1,\ 2$).

이전 문자 처리부   다음 문자 처리부

가중치 γ_j

H_j 출력 h_j H_j 왼쪽에 기술한 '규칙'.

주 일반적으로 문자수가 증가하더라도 두 번째 문자의 처리를 복사하는 것뿐입니다.

이 규칙에 근거하여, 각 유닛에 관한 입출력 관계를 식으로 표현해 봅시다. 여기에서, $s_1^{\mathrm{H}(1)}$, $s_2^{\mathrm{H}(1)}$ 등의 첨자 '(1)'은 첫 번째 은닉층에 관한 것이고, $s_1^{\mathrm{H}(2)}$, $s_2^{\mathrm{H}(2)}$ 등의 첨자 '(2)'는 두 번째 은닉층에 관한 것임을 나타내고 있습니다.

[표 3] 입출력의 관계

층	입출력	입출력 설명
은닉층	입력	(첫 번째 문자 처리) H_j에 대한 입력의 선형합 $s_j^{\mathrm{H}(1)}$ $= \left(w_{j1}^{\mathrm{H}} x_1^{(1)} + w_{j2}^{\mathrm{H}} x_2^{(1)} + w_{j3}^{\mathrm{H}} x_3^{(1)} \right) - \theta_j^{\mathrm{H}}$ (두 번째 문자 처리) H_j에 대한 입력의 선형합 $s_j^{\mathrm{H}(2)}$ $= \left(w_{j1}^{\mathrm{H}} x_1^{(2)} + w_{j2}^{\mathrm{H}} x_2^{(2)} + w_{j3}^{\mathrm{H}} x_3^{(2)} \right) + \underline{\gamma_j h_j^{(1)}} - \theta_j^{\mathrm{H}}$ $(j = 1,\ 2)$
	출력	$h_j^{(1)} = a\left(s_j^{\mathrm{H}(1)} \right),\ h_j^{(2)} = a\left(s_j^{\mathrm{H}(2)} \right)$ $(j = 1,\ 2)$
출력층	입력	Z_k에 대한 입력의 선형합 s_k^{O} $= \left(w_{k1}^{\mathrm{O}} h_1^{(2)} + w_{k2}^{\mathrm{O}} h_2^{(2)} \right) - \theta_k^{\mathrm{O}}$ $(k = 1,\ 2,\ 3)$
	출력	Z_k의 출력 $z_k = a\left(s_k^{\mathrm{O}} \right)$ $(k = 1,\ 2,\ 3)$

▲ **주** a는 활성화 함수를 나타냅니다. 층별로 다른 형식이 허용됩니다. 또한 위와 같이 위 첨자 (1)은 첫 번째 층의 은닉층에 관한 것, (2)는 두 번째 층의 은닉층에 관한 것임을 나타냅니다.

덧붙여서 말하자면, 엑셀로 RNN을 작성할 때에는 이러한 구체적인 식보다는 식을 작성하는 방식을 이해하는 것이 중요합니다.

이야기가 길어졌으므로 다음의 구체적인 예로 입출력 관계를 확인합시다.

예 '오나가'를 입력할 때, '오', '나'라고 입력하면 '가'가 예측되는 RNN에 관한 식을 나타내시오.

첫 번째 문자 '오'에 대한 처리를 살펴보겠습니다. 다음 그림에서 변수를 확인해 둡
시다.

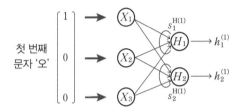

첫 번째 문자의 입력과 기호 $s_1^{H(1)}$, $s_2^{H(1)}$ 의 관계를 확인.

주 첫 번째 문자에 대한 출력층의 출력은 불필요하므로, 계산하지 않 겠습니다.

층	입출력	입출력 설명
입력층	입출력	$(x_1, x_2, x_3) = (1, 0, 0)$
은닉층	입력	$s_1^{H(1)} = (w_{11}^H \cdot 1 + w_{12}^H \cdot 0 + w_{13}^H \cdot 0) - \theta_1^H = w_{11}^H - \theta_1^H$
		$s_2^{H(1)} = (w_{21}^H \cdot 1 + w_{22}^H \cdot 0 + w_{23}^H \cdot 0) - \theta_2^H = w_{21}^H - \theta_2^H$
	출력	$h_1^{(1)} = a(s_1^{H(1)})$, $h_2^{(1)} = a(s_2^{H(1)})$

다음으로 두 번째 문자 '나'에 관한 처리를 살펴봅시다.

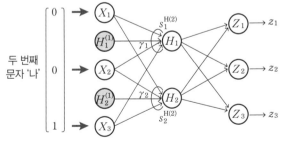

◀ 두 번째 문자의 입력과 기호 $s_1^{H(2)}$, $s_2^{H(2)}$, γ_1, γ_2의 관계를 확인. 유닛 $H_1^{(1)}$, $H_2^{(1)}$는 첫 번째 문자에 대한 은닉층의 유닛을 나타낸다.

층	입출력	입출력 설명
입력층	입출력	$(x_1,\ x_2,\ x_3) = (0,\ 0,\ 1)$
은닉층	입력	$s_1^{\mathrm{H}(2)} = (w_{11}^{\mathrm{H}}\cdot 0 + w_{12}^{\mathrm{H}}\cdot 0 + w_{13}^{\mathrm{H}}\cdot 1) + \gamma_1\cdot h_1^{(1)} - \theta_1^{\mathrm{H}}$ $= w_{13}^{\mathrm{H}} + \gamma_1\cdot h_1^{(1)} - \theta_1^{\mathrm{H}}$ $s_2^{\mathrm{H}(2)} = (w_{21}^{\mathrm{H}}\cdot 0 + w_{22}^{\mathrm{H}}\cdot 0 + w_{23}^{\mathrm{H}}\cdot 1) + \gamma_2\cdot h_2^{(1)} - \theta_2^{\mathrm{H}}$ $= w_{23}^{\mathrm{H}} + \gamma_2\cdot h_2^{(1)} - \theta_2^{\mathrm{H}}$
	출력	$h_1^{(2)} = a(s_1^{\mathrm{H}(2)}).\ h_2^{(2)} = a(s_2^{\mathrm{H}(2}$
출력층	입력	$s_1^{\mathrm{O}} = (w_{11}^{\mathrm{O}}h_1^{(2)} + w_{12}^{\mathrm{O}}h_2^{(2)}) - \theta_1^{\mathrm{O}}$ $s_2^{\mathrm{O}} = (w_{21}^{\mathrm{O}}h_1^{(2)} + w_{22}^{\mathrm{O}}h_2^{(2)}) - \theta_2^{\mathrm{O}}$ $s_3^{\mathrm{O}} = (w_{31}^{\mathrm{O}}h_1^{(2)} + w_{32}^{\mathrm{O}}h_2^{(2)}) - \theta_3^{\mathrm{O}}$
	출력	$z_1 = a(s_1^{\mathrm{O}}),\ z_2 = a(s_2^{\mathrm{O}}),\ z_3 = a(s_3^{\mathrm{O}})$

▶ 최적화를 위한 목적 함수

정답 레이블로서는 앞에서 살펴본 것처럼, 단어의 세 번째 문자를 이용합니다. 정답 레이블은 다음과 같이 표현할 수 있습니다.

$(t_1,\ t_2,\ t_3)$

변수 t는 ▶ 5장 §2에서 살펴본 정답 변수와 마찬가지로 다음 의미를 가집니다.

문자	'오'	'가'	'나'
t_1	1	0	0
t_2	0	1	0
t_3	0	0	1

앞에서 기술한 출력층 Z_1, Z_2, Z_3의 의미로부터 신경망의 경우와 마찬가지로 RNN의 출력과 정답과의 오차(제곱오차)는 다음과 같이 표현할 수 있습니다.

제곱오차 $e = \dfrac{1}{2}\{(t_1 - z_1)^2 + (t_2 - z_2)^2 + (t_3 - z_3)^2\}$ ⋯ $\boxed{2}$

여기에서 z_1, z_2, z_3은 [표 3]에서 산출된 출력층의 출력값입니다. 앞의 예에 관한 제곱오차를 식으로 표현해봅시다.

문제 앞의 **예**에서 제곱오차 e를 구하시오.

정답 레이블이 '가'$(= (0, 1, 0))$이므로,

$$\text{제곱오차}\, e = \frac{1}{2}\{(0-z_1)^2 + (1-z_2)^2 + (0-z_3)^2\} \quad \text{답}$$

식 **2**에서 구해진 제곱오차 e를 데이터 전체에 대해 더하면 최소화해야 하는 목적함수 E가 얻어집니다.

$$E = e_1 + e_2 + \cdots + e_6 \,\cdots\, \boxed{3}$$

여기에서 e_k는 k번째$(k = 1, 2, \cdots, 6)$ 데이터에 관한 제곱오차(식 **2**)로 다음과 같이 표현됩니다.

$$e_k = \frac{1}{2}\{(t_1[k] - z_1[k])^2 + (t_2[k] - z_2[k])^2 + (t_3[k] - z_3[k])^2\} \,\cdots\, \boxed{4}$$

$(t_1[k], t_2[k], t_3[k])$는 k번째 데이터에 관한 정답 레이블, $(z_1[k], z_2[k], z_3[k])$는 k번째 데이터에 관한 RNN의 출력값입니다. 이 기법은 NN의 경우에도 이용했습니다 (▶ 5장 §3).

이상으로 준비가 끝났습니다.

식 **3**의 목적함수 E를 최소화하는(즉, 최적화하는) 것이 목표가 되었습니다. 이렇게 함으로써 RNN의 가중치와 임곗값을 결정할 수 있습니다. 다음 절에서는 이를 위한 유명한 기법으로 **시간 역전파**(Backpropagation through time, **BPTT**) 기법을 고려합니다.

§2 시간 역전파(BPTT)

RNN의 최적화를 위한 대표적인 기법으로서, 시간 역전파(Backpropagation through time, 이후 **BPTT**라고 줄여서 표기) 기법이 있습니다. 알고리즘은 신경망에서 살펴본 오차역전파법(백프로퍼게이션, 다음부터 BP라고 표기)과 수학적으로 동일합니다. ▶ §1과 동일한 **예제**로 구체적으로 살펴봅시다.

예제 ▶ §1의 **예제**에 관해서 BPTT를 이용하여 RNN의 가중치와 임곗값을 구하시오.

▶ 유닛의 오차와 기울기

▶ 5장에서 살펴본 것처럼, 오차역전파법을 이용하기 위해서는 **유닛의 오차**라고 부르는 변수 δ를 정의하는 것으로부터 시작합니다. 이것은 제곱오차 e(▶ §1의 식 $\boxed{1}$)를 이용하여 다음과 같이 정의됩니다.

주 함수나 변수 등 기호의 의미는 앞 절(▶ §1)과 동일합니다.

$$
\left.
\begin{aligned}
&\text{(은닉층)}\ \delta_j^{\mathrm{H}(1)} = \frac{\partial e}{\partial s_j^{\mathrm{H}(1)}},\ \delta_j^{\mathrm{H}(2)} = \frac{\partial e}{\partial s_j^{\mathrm{H}(2)}} \quad (j = 1,\ 2) \\
&\text{(출력층)}\ \delta_i^{\mathrm{o}} = \frac{\partial e}{\partial s_i^{\mathrm{o}}} \quad (i = 1,\ 2,\ 3)
\end{aligned}
\right\} \cdots \boxed{1}
$$

이 유닛의 오차를 이용하여 기울기를 구하고, 경사하강법으로부터 목적함수 E(▶ §1의 식 $\boxed{2}$)를 최소화하는 것이 ▶ 5장에서 살펴본 오차역전파법(BP)의 알고리즘입니다. BPTT도 마찬가지입니다.

▶ 기울기의 계산식을 유도

▶ 5장에서 살펴본 것과 마찬가지로 이 유닛의 오차 δ를 이용함으로써, 가중치와 임곗값에 관한 제곱오차의 기울기 성분이 다음과 같이 구해집니다. 보기 쉽도록 하기 위해 행렬로 표현합시다(⊙는 아다마르 곱(Hadamard Product)을 나타냅니다(▶ 부록 D)).

$$
\begin{pmatrix}
\dfrac{\partial e}{\partial w_{11}^{\mathrm{H}}} & \dfrac{\partial e}{\partial w_{12}^{\mathrm{H}}} & \dfrac{\partial e}{\partial w_{13}^{\mathrm{H}}} & \dfrac{\partial e}{\partial \theta_1^{\mathrm{H}}} \\[2mm]
\dfrac{\partial e}{\partial w_{21}^{\mathrm{H}}} & \dfrac{\partial e}{\partial w_{22}^{\mathrm{H}}} & \dfrac{\partial e}{\partial w_{23}^{\mathrm{H}}} & \dfrac{\partial e}{\partial \theta_2^{\mathrm{H}}}
\end{pmatrix}
=
\begin{pmatrix}
\delta_1^{\mathrm{H}(1)} & \delta_1^{\mathrm{H}(2)} \\[2mm]
\delta_2^{\mathrm{H}(1)} & \delta_2^{\mathrm{H}(2)}
\end{pmatrix}
\begin{pmatrix}
x_1^{(1)} & x_2^{(1)} & x_3^{(1)} & -1 \\[2mm]
x_1^{(2)} & x_2^{(2)} & x_3^{(2)} & -1
\end{pmatrix}
\cdots \boxed{2}
$$

$$
\begin{pmatrix}
\dfrac{\partial e}{\partial w_{11}^{\mathrm{O}}} & \dfrac{\partial e}{\partial w_{12}^{\mathrm{O}}} & \dfrac{\partial e}{\partial \theta_1^{\mathrm{O}}} \\[2mm]
\dfrac{\partial e}{\partial w_{21}^{\mathrm{O}}} & \dfrac{\partial e}{\partial w_{22}^{\mathrm{O}}} & \dfrac{\partial e}{\partial \theta_2^{\mathrm{O}}} \\[2mm]
\dfrac{\partial e}{\partial w_{31}^{\mathrm{O}}} & \dfrac{\partial e}{\partial w_{32}^{\mathrm{O}}} & \dfrac{\partial e}{\partial \theta_3^{\mathrm{O}}}
\end{pmatrix}
=
\begin{pmatrix}
\delta_1^{\mathrm{O}} & \delta_1^{\mathrm{O}} & \delta_1^{\mathrm{O}} \\[2mm]
\delta_2^{\mathrm{O}} & \delta_2^{\mathrm{O}} & \delta_2^{\mathrm{O}} \\[2mm]
\delta_3^{\mathrm{O}} & \delta_3^{\mathrm{O}} & \delta_3^{\mathrm{O}}
\end{pmatrix}
\odot
\begin{pmatrix}
h_1^{(2)} & h_2^{(2)} & -1 \\[2mm]
h_1^{(2)} & h_2^{(2)} & -1 \\[2mm]
h_1^{(2)} & h_2^{(2)} & -1
\end{pmatrix}
\cdots \boxed{3}
$$

$$
\begin{pmatrix}
\dfrac{\partial e}{\partial \gamma_1} \\[2mm]
\dfrac{\partial e}{\partial \gamma_2}
\end{pmatrix}
=
\begin{pmatrix}
\delta_1^{\mathrm{H}(2)} \\[2mm]
\delta_2^{\mathrm{H}(2)}
\end{pmatrix}
\odot
\begin{pmatrix}
h_1^{(1)} \\[2mm]
h_2^{(1)}
\end{pmatrix}
\cdots \boxed{4}
$$

식 $\boxed{4}$가 RNN에서의 특징이 되는 식입니다. 다음과 같이 간단히 증명할 수 있습니다.

$$
\frac{\partial e}{\partial \gamma_1} = \frac{\partial e}{\partial s_1^{\mathrm{H}(2)}} \frac{\partial s_1^{\mathrm{H}(2)}}{\partial \gamma_1} = \delta_1^{\mathrm{H}(2)} h_1^{(1)}, \quad
\frac{\partial e}{\partial \gamma_2} = \frac{\partial e}{\partial s_2^{\mathrm{H}(2)}} \frac{\partial s_2^{\mathrm{H}(2)}}{\partial \gamma_2} = \delta_2^{\mathrm{H}(2)} h_2^{(1)}
$$

공식 $\boxed{2}$, $\boxed{3}$의 증명은 신경망의 경우와 동일합니다. 따라서 ▶ 부록 I에서 별도로 기술하기로 합니다.

▶ δ_k^O, $\delta_j^{H(2)}$, $\delta_i^{H(1)}$의 관계를 점화식으로 표현

BPTT에서는 ▶ 5장에서 살펴본 BP와 마찬가지로 층별로 유닛의 오차 δ가 점화식으로 정리됩니다. 결론에 해당하는 식을 정리합시다.

주 증명은 BP의 경우와 기본적으로 동일합니다. ▶ 부록 K에 별도로 기술했습니다.

$$\begin{pmatrix} \delta_1^O \\ \delta_2^O \\ \delta_3^O \end{pmatrix} = -\begin{pmatrix} t_1 - z_1 \\ t_2 - z_2 \\ t_3 - z_3 \end{pmatrix} \odot \begin{pmatrix} a'(s_1^O) \\ a'(s_2^O) \\ a'(s_3^O) \end{pmatrix} \cdots \boxed{5}$$

$$\begin{pmatrix} \delta_1^{H(2)} \\ \delta_2^{H(2)} \end{pmatrix} = \left[\begin{pmatrix} w_{11}^O & w_{21}^O & w_{31}^O \\ w_{12}^O & w_{22}^O & w_{32}^O \end{pmatrix} \begin{pmatrix} \delta_1^O \\ \delta_2^O \\ \delta_3^O \end{pmatrix} \right] \odot \begin{pmatrix} a'(s_1^{H(2)}) \\ a'(s_2^{H(2)}) \end{pmatrix} \cdots \boxed{6}$$

$$\begin{pmatrix} \delta_1^{H(1)} \\ \delta_2^{H(1)} \end{pmatrix} = \begin{pmatrix} \delta_1^{H(2)} \\ \delta_2^{H(2)} \end{pmatrix} \odot \begin{pmatrix} \gamma_1 \\ \gamma_2 \end{pmatrix} \odot \begin{pmatrix} a'(s_1^{H(1)}) \\ a'(s_2^{H(1)}) \end{pmatrix} \cdots \boxed{7}$$

BP의 경우와 마찬가지로 출력층의 오차 $\delta_1^O \sim \delta_3^O$을 식 $\boxed{5}$로부터 산출하면, 신경망의 방향과 역순으로 식 $\boxed{5} \to \boxed{6} \to \boxed{7}$을 따라감으로써 모든 유닛의 오차 δ를 산출할 수 있습니다.

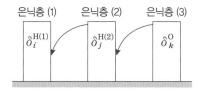

은닉층 (1)　　은닉층 (2)　　은닉층 (3)

$\delta_i^{H(1)}$　　$\delta_j^{H(2)}$　　δ_k^O

◀ 공식 $\boxed{5} \to \boxed{6} \to \boxed{7}$의 순서, 즉 신경망의 역순으로 점화식을 찾아가는 기울기 계산이 가능하게 된다.

MEMO 컨텍스트 노드

▶ § 1의 [예]의 두 번째 문자의 처리 그림에서는 유닛의 기호 $H_1^{(1)}$, $H_2^{(1)}$를 도입했습니다. 첫 번째 문자의 은닉층 유닛과 마찬가지이지만, 이것을 독립시켜 **컨텍스트 노드**라고 부르고, 다음 그림과 같이 표현하는 경우가 있습니다.

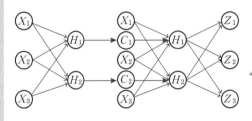

◀ 이 절의 RNN과는 다른 표현. 유닛 C는 컨텍스트 노드. C는 메모리의 동작을 하는 것으로도 생각할 수 있습니다(노드와 유닛은 동일합니다).

§3 BPTT를 엑셀로 체험

앞 절(▶ §2)에서 살펴본 BPTT의 알고리즘을 이용하여 실제로 엑셀로 계산을 해봅시다.

> **연습** 앞 절의 **예제** 에서 살펴본 RNN의 가중치와 임곗값을 BPTT를 이용하여 엑셀로 구체적으로 계산하시오.

주 이 절의 워크시트는 다운로드 사이트(▶ 244페이지)에 수록된 파일 '6.xlsx'에 있습니다.

▶ 엑셀을 이용한 BPTT

먼저 앞 절에서 살펴본 BPTT를 엑셀로 구현하기 쉽도록 정리합니다.

---

❶ 훈련 데이터를 준비.

❷ 가중치와 임곗값을 초기 설정. 스텝 사이즈 η로 적당히 작은 양수 값을 설정.

주 스텝 사이즈에 관해서는 ▶ 2장 §2를 참조하기 바랍니다.

❸ 훈련 데이터와 가중치, 임곗값으로부터 ▶ §1 [표 3]을 이용하여 유닛 출력을 산출.

❹ BPTT의 식(▶ §2 식 ⑤~⑦)으로부터 각 층의 유닛 오차 δ를 산출.

❺ 유닛의 오차 δ로부터 제곱오차 e의 기울기(▶ §2 식 ②~④)를 산출.
또한 계속해서 목적함수 E의 값도 산출.

❻ ❸~❺의 결과를 훈련 데이터 전체에 대해서 모두 더하여, 목적 함수 E의 기울기를 산출.

❼ ❻에서 구한 기울기로부터, 경사하강법을 이용하여 가중치와 임곗값을 갱신.

❽ 목적함수 E의 값이 충분히 작아질 때까지 ❸~❼의 단계를 반복.

그러면 단계를 따라가며 BPTT로부터 RNN의 파라미터(즉, 가중치와 임곗값)를 엑셀로 계산해 봅시다. 기본적으로는 신경망의 경우와 차이가 없습니다.

❶ 훈련 데이터를 준비합니다.

RNN을 확정하기 위해서 훈련 데이터로부터 가중치와 임곗값을 결정합니다. 이를 위해 엑셀의 워크시트에 주어진 6개의 훈련 데이터를 준비합니다.

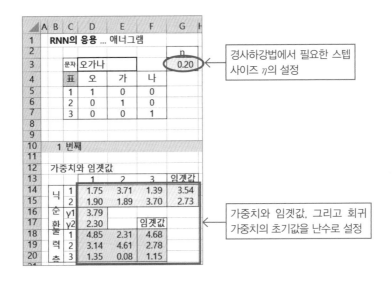

3문자로 구성되는 단어를 6개 입력. 3문자는 분해하여 0과 1로 표현(One hot encoding)

임곗값은 더미 데이터 입력

❷ 가중치와 임곗값, 그리고 '회귀 가중치'의 초깃값을 설정합니다.

RNN을 결정하는 파라미터의 초깃값을 설정합니다. 또한 경사하강법의 계산에 필요한 스텝 사이즈 η에는 적당히 작은 양수 값을 설정합니다.

경사하강법에서 필요한 스텝 사이즈 η의 설정

가중치와 임곗값, 그리고 회귀 가중치의 초기값을 난수로 설정

또한 경사하강법의 스텝 사이즈 η의 설정은 시행착오를 따르는 것이 일반적입니다. 마찬가지로 RNN을 결정하는 파라미터의 초기 설정값에 관해서도 좋은 결과를 얻기 위해서는 몇 번이고 설정 변경이 필요할 수도 있습니다.

❸ 유닛의 출력을 구합니다.

첫 번째 이미지에 관해서 가중치와 임곗값으로부터 각 유닛의 입력의 선형합, 활성화 함수의 값을 구합니다.

주 활성화 함수로서는 시그모이드 함수를 이용하고 있습니다. 각 층마다 활성화 함수가 공통이지만, 다른 활성화 함수를 이용해도 괜찮을 것입니다.

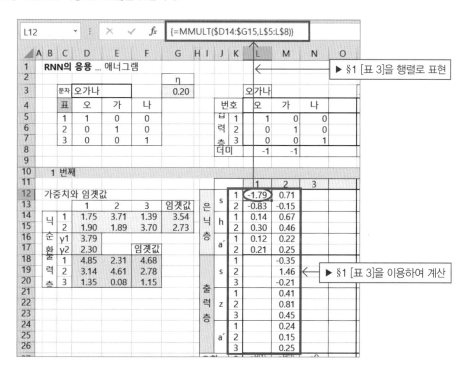

❹ BPTT로부터 각 층의 유닛 오차 δ를 계산합니다.

우선 출력층의 '유닛 오차' δ_k^O를 계산합니다(▶ §2 식 **5**). 계속해서 '역'점화식으로부터 $\delta_j^{H(2)}$, $\delta_i^{H(1)}$를 계산합니다(▶ §2 식 **6**, **7**).

											1	2	3
RNN의 응용 ... 애너그램													
1 번째													
									s	1	-1.79	0.71	
가중치와 임곗값										2	-0.83	-0.15	
		1	2	3	임곗값		은		h	1	0.14	0.67	
닉	1	1.75	3.71	1.39	3.54		닉			2	0.30	0.46	
	2	1.90	1.89	3.70	2.73		층		a'	1	0.12	0.22	
순	y1	3.79								2	0.21	0.25	
환	y2	2.30		임곗값					s	1		-0.35	
력	1	4.85	2.31	4.68						2		1.46	
	2	3.14	4.61	2.78			출			3		-0.21	
층	3	1.35	0.08	1.15			력		z	1		0.41	
							층			2		0.81	
										3		0.45	
									a'	1		0.24	
										2		0.15	
										3		0.25	
							오차	δ			$\delta^{H(1)}$	$\delta^{H(2)}$	δ^O
										1	0.07	0.15	0.10
										2	0.10	0.20	0.12
기울기		1	2	3	임곗값					3			-0.14

▶ §2 식 5~7을 이용하여 계산

❺ 유닛 오차 δ로부터 제곱오차 e의 기울기를 계산합니다.

❹에서 구한 δ로부터, 제곱오차 e의 기울기를 계산합니다(▶ §2 식 2~4). 또한 계속해서 제곱오차 e의 값도 산출해둡시다.

MEMO 컨텍스트 노드의 표현

▶ §2의 마지막에서는 '컨텍스트 노드'에 관해서 살펴보았습니다. 많은 문헌에서는 이 노드를 오른쪽 그림과 같이도 표현합니다. 이 절에서는 3문자 단어를 취급하고 있지만, 이와 같이 표현하면, 문자 수의 제한이 없어집니다.

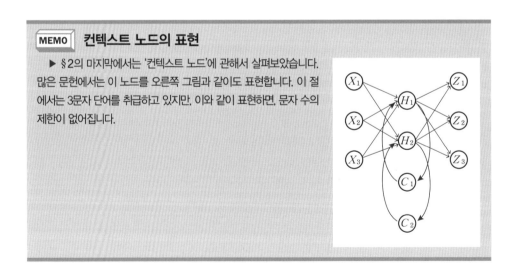

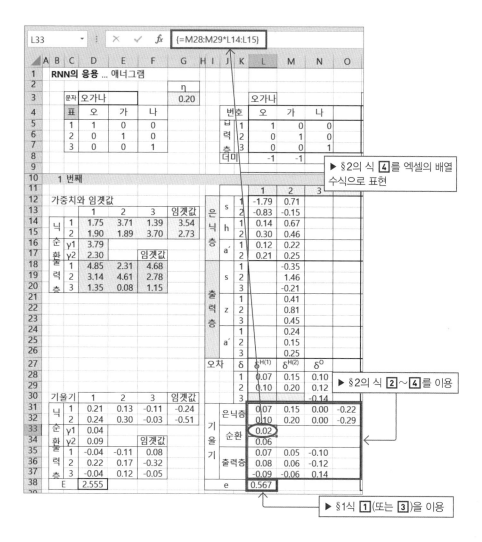

❻ 목적함수 E의 기울기를 산출합니다.

훈련 데이터의 대표로서 첫 번째 이미지만을 대상으로 계산을 했습니다. 목표는 그 계산을 전체 데이터에 관해서 수행하고 모두 더하면 달성될 수 있습니다. 따라서 지금까지 작성한 워크시트를 훈련 데이터의 단어 6개 모두에 대해서 복사합니다.

	번호	오가나			오나가			나오가		
		오	가	나	오	나	가	나	오	가
입력층	1	1	1	0	0	0	0	0	1	0
	2	0	1	(단어 6개 분을 복사)	0	0	1	0	0	1
	3	0	0	1	0	1	0	1	0	0
더미		-1	-1		-1	-1		-1	-1	

			1	2	3	1	2	3	1	2	3
은닉층	s	1	-1.79	0.71		-1.79	-1.60		-2.15	-1.39	
		2	-0.83	-0.15		-0.83	1.66		0.96	0.83	
	h	1	0.14	0.67		0.14	0.17		0.10	0.20	
		2	0.30	0.46		0.30	0.84		0.72	0.70	
	a′	1	0.12	0.22		0.12	0.14		0.09	0.16	
		2	0.21	0.25		0.21	0.13		0.20	0.21	
출력층	s	1		-0.35			-1.93			-2.10	
		2		1.46			1.62			1.06	
		3		-0.21			-0.86			-0.83	
	z	1		0.41			0.13			0.11	
		2		0.81			0.83			0.74	
		3		0.45			0.30			0.30	
	a′	1		0.24			0.11			0.10	
		2		0.15			0.14			0.19	
		3		0.25			0.21			0.21	

오차 δ		$\delta^{H(1)}$	$\delta^{H(2)}$	δ^{O}	$\delta^{H(1)}$	$\delta^{H(2)}$	δ^{O}	$\delta^{H(1)}$	$\delta^{H(2)}$	δ^{O}	
	1	0.07	0.15	0.10	0.01	0.01	0.01	0.00	0.00	0.01	
	2	0.10	0.20	0.12	0.00	-0.01	-0.02	-0.02	-0.04	-0.05	
	3			-0.14			0.06			0.06	
기울기	은닉층	0.07	0.15	0.00	-0.22	0.01	0.00	0.01	0.00	0.00	0.00	0.00
		0.10	0.20	0.00	-0.29	0.00	0.00	-0.01	-0.04	0.00	-0.02	0.06
	순환	0.02				0.00			0.00		
		0.06				0.00			-0.03		
	출력층	0.07	0.05	-0.10	0.00	0.01	-0.01	0.00	0.01	-0.01	
		0.08	0.06	-0.12	0.00	-0.02	0.02	-0.01	-0.03	0.05	
		-0.09	-0.06	0.14	0.01	0.05	-0.06	0.01	0.04	-0.06	
e		0.567			0.066			0.085			

단어 6개 분의 복사가 끝나면, 제곱오차 e의 기울기를 모두 더하고, 목적 함수 E의 기울기를 산출합니다(계속해서 E의 값도 산출해 둡니다).

(제곱오차 e의 기울기의 총합으로부터 목적함수 E의 기울기를 산출)

D31 ={L31:O32+P31:S32+T31:W32+X31:AA32+A…

		1	2	3	임곗값			3			-0.14					0.06	
닉	1	0.21	0.13	-0.11	-0.24	은닉층		0.07	0.15	0.00	-0.22		0.00	0.00	0.00	0.00
	2	0.24	0.30	-0.03	-0.51			0.10	0.20	0.00	-0.29		-0.04	0.00	-0.02	0.06
순	y1	0.04				순환		0.02					0.00			
환	y2	0.09		임곗값				0.06					-0.03			
출력	1	-0.04	-0.11	0.08		출력층		0.07	0.05	-0.10			0.00	0.01	-0.01	
층	2	0.22	0.17	-0.32				0.08	0.06	-0.12			-0.01	-0.03	0.05	
	3	-0.04	0.12	-0.05				-0.09	-0.06	0.14			0.01	0.04	-0.06	
E		2.555				e		0.567								

RNN의 응용 … 애너그램

❼ **❻**에서 구한 기울기로부터 가중치와 임곗값을 갱신합니다.

경사하강법을 이용하여 새로운 가중치와 임곗값을 구합니다. 엑셀로 구현하기 위해서는 단계 **❻**의 표 아래에 새롭게 아래 그림의 표를 작성하고, 그곳에 가중치와 임곗값을 갱신하는 식을 끼워 넣습니다(2장 §2).

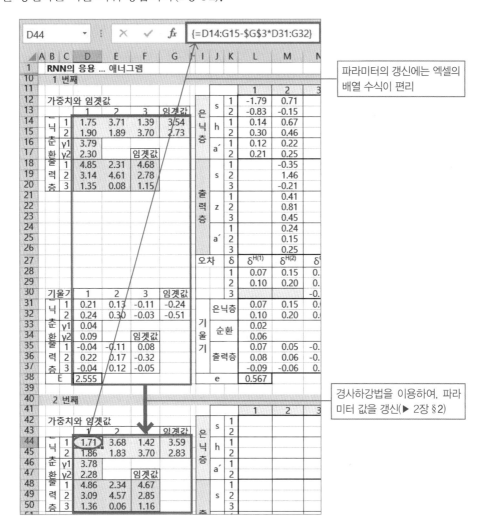

파라미터의 갱신에는 엑셀의 배열 수식이 편리

경사하강법을 이용하여, 파라미터 값을 갱신(▶ 2장 §2)

❽ ❸~❼의 단계를 반복합니다.

❼에서 작성된 새로운 가중치와 임곗값을 이용하여, 다시 ❸으로부터의 처리를 수행합니다. 이를 위해서는 ❻까지 작성된 워크시트를 복사하면 될 것입니다. 여기에서 얻어진 워크시트를 50회 추가로 복사하는 작업을 해봅시다. 다음 그림은 그 결과입니다.

얻어진 '가중치'와 '임곗값', 그리고 '회귀 가중치'

	B	C	D	E	F	G
1	**RNN의 응용** ... 애너그램					
1480	50 번째					
1481						
1482	가중치와 임곗값					
1483			1	2	3	임곗값
1484	은닉층	1	1.35	3.60	1.81	3.64
1485		2	2.21	0.69	4.17	3.16
1486	순환	γ1	3.78			
1487		γ2	2.83		임곗값	
1488	출력층	1	5.36	2.82	4.23	
1489		2	1.81	4.50	3.77	
1490		3	1.67	-0.82	0.97	
1491						
1492						
1493						
1494						
1495						
1496						
1497						
1498						
1499						
1500	기울기		1	2	3	임곗값
1501	은닉층	1	0.03	-0.03	0.00	0.00
1502		2	-0.01	0.05	-0.03	-0.01
1503	순환	γ1	0.00			
1504		γ2	-0.07		임곗값	
1505	출력층	1	-0.03	0.00	-0.03	
1506		2	0.09	-0.03	-0.02	
1507		3	-0.02	0.08	0.04	
1508	E		1.340			

	I	J	K	L	M	N	O	P	Q
1481				1	2	3		1	
1482	은닉층	s	1	-2.29	0.31			-2.29	-1
1483			2	-0.95	-1.67			-0.95	1
1484		h	1	0.09	0.58			0.09	0
1485			2	0.28	0.16			0.28	0
1486		a´	1	0.08	0.24			0.08	0
1487			2	0.20	0.13			0.20	0
1488	출력층	s	1		-0.70				-0
1489			2		-2.02				0
1490			3		-0.13				-1
1491		z	1		0.33				0
1492			2		0.12				0
1493			3		0.47				0
1494		a´	1		0.22				0
1495			2		0.10				0
1496			3		0.25				0
1497	오차		δ	$\delta^{H(1)}$	$\delta^{H(2)}$	δ^{O}		$\delta^{H(1)}$	δ
1498			1	0.02	0.05	0.07		0.01	0
1499			2	0.03	0.05	0.01		-0.02	-0
1500			3			-0.13			
1501	기울기	은닉층		0.02	0.05	0.00	-0.06	0.01	0
1502				0.03	0.05	0.00	-0.08	-0.02	0
1503		순환		0.00				0.00	
1504				0.01				-0.01	
1505		출력층		0.04	0.01	-0.07		0.01	0
1506				0.01	0.00	-0.01		-0.02	-0
1507				-0.08	-0.02	0.13		0.01	0
1508		e		0.204				0.146	

지금까지 작성한 워크시트를 50 블록만큼 아래에 복사.

이렇게 해서 얻어진 가중치와 임곗값을 가진 RNN은 훈련 데이터의 6개 단어에 관해서 모두 바른 예측 결과를 산출합니다.

❾ 동작을 확인합시다.

최적화가 끝난 순환 신경망을 이용하여 바르게 동작하는지 테스트해봅시다.

다음 그림은 '가나오'라고 입력할 생각으로 '가나'라고 입력한 것입니다. '오'를 탐지하는 출력층 첫 번째 유닛의 출력이 최대가 되었습니다. 바르게 '오'를 예측하고 있습니다.

'가나오'의 '가나'를 입력

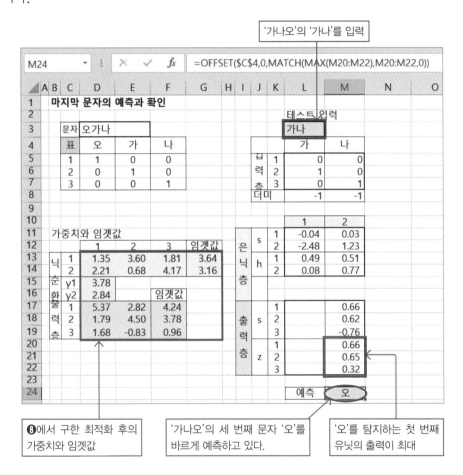

❽에서 구한 최적화 후의 가중치와 임곗값

'가나오'의 세 번째 문자 '오'를 바르게 예측하고 있다.

'오'를 탐지하는 첫 번째 유닛의 출력이 최대

주 이 워크시트는 다운로드 사이트(▶ 244페이지)에 수록된 파일 '6.xlsx'의 '테스트' 탭에 수록되어 있습니다.

참고 **학습과 추론**

딥러닝의 처리에서는 '학습'과 '추론'의 2단계가 있습니다. '학습'은 훈련용 데이터를 사용하여 신경망을 결정하는 것입니다. '추론'은 이렇게 완성된 신경망에 실제의 데이터를 제공하여 목표로 하는 처리를 수행하는 것입니다.

이 책에서는 지금까지 '학습'의 구조를 간단한 예를 통해 알아보았습니다.

그러나 실제적인 '학습'에는 방대한 계산이 필요합니다. 예를 들면, 스마트 스피커를 이용하여 자연언어로 회화가 가능하게 하는 딥러닝 시스템을 구축하기 위해서는 거대한 컴퓨터와 방대한 데이터가 필요합니다.

이에 비해 '추론'에는 그 정도 계산이 필요하지 않습니다. 완성된 신경망을 이용하는 것뿐이기 때문입니다. 요약하자면, '추론'에 이용되는 컴퓨터에는 고성능이 필요하지 않습니다.

AI용 LSI로 유명한 엔비디아(NVIDIA) 사는 이것을 다음과 같이 구현하였습니다.

'우리들이 셰익스피어의 시집을 읽기 위해서 교사진이나 책을 잔뜩 채운 서고, 붉은 벽돌의 학교 건물을 모두 갖추어져야 할 필요가 없듯이 추론에서도 일을 잘하기 위해서 훈련법의 기반이 모두 필요한 것은 아닙니다.'

따라서 근래에 '추론'용으로 특화된 딥러닝용 컴퓨터가 개발되기 시작했습니다. 이것을 이용하면 소형 시스템으로 딥러닝의 성과를 누릴 수 있게 되었습니다. 예를 들면, 현재 외국어를 번역할 때 스마트폰을 연결할 필요가 있지만, 가까운 미래에 오프라인으로도 번역할 수 있는 시대가 올 것입니다.

7장

Q학습

시행착오를 반복하며 보다 더 가치 있는 행동을 모색하여 최적인 해를 얻도록 하는 것이 '강화학습'입니다. 머신러닝을 하는 많은 로봇의 경우 중요한 학습 알고리즘의 하나가 되었습니다. 이 장에서는 '강화학습'의 대표적인 기법인 Q학습에 관해서 살펴봅니다.

사람이 가르쳐주는 것이 아니라 기계가 스스로 학습한다는 머신러닝의 취지에 가장 잘 들어맞는 학습법의 하나가 **강화학습**일 것입니다. 여러 가지를 도전하게끔 해서, 보다 큰 가치 있는 행동을 찾는 방법을 이용하여 기계가 학습을 합니다. 이러한 '강화학습'의 대표적인 기법이 **Q학습**입니다.

▶ 강화학습의 대표적인 기법인 Q학습

AI를 구현하는 기법의 하나로 **강화학습**이 있습니다. 이 강화학습의 사고방식을 이해하기 위해, 예를 들어 어린이의 '수영 학습'을 가정해봅시다.

어린이에게 수영을 가르칠 때. 매뉴얼로 이해시키는 것은 아닙니다. 실제로 수영장에 데리고 가서 물속에서 훈련을 합니다. 물속에서 부모나 교사가 말한 것을 참고하면서 어린이는 수영 능력을 습득해 갑니다. 자신의 '행동'으로부터 '상태'를 파악하고, 길게 수영할 수 있다면 즐겁다는 '보상'을 얻습니다. 이것을 반복함으로써 수영을 하게 되는 것입니다.

행동   즐겁다는 보상

강화학습은 이것과 동일한 학습법을 컴퓨터로 구현합니다. 행동과 보상을 조합하여 기계 스스로가 학습해가는 것입니다.

이 강화학습에는 다양한 방법이 고안되어 있습니다. 앞에서 기술한 것처럼, 그 중에서 가장 고전적으로 유명한 것이 **Q학습**입니다. 고전적이라고 해도 현재 다양한 머신러닝의 기본으로서 각 방면에서 이용되어 그 유효성이 확인되었습니다.

▶ Q학습을 개미로부터 이해

Q학습은 매우 이해하기 쉬운 학습 모델입니다. 이 절에서는 '개미가 집과 먹이가 있는 곳과의 최단 경로를 탐색한다'라는 구체적인 예로 살펴봅니다. 구조를 알면 일반화하기는 쉽습니다.

주 실제 개미의 동작은 복잡합니다. 다음의 설명은 개미의 행동을 단순화하였습니다.

먹이를 찾기 위해 집에서 나온 개미가 우연히 커다란 케이크를 우연히 발견하였다고 합시다. 이 때, 케이크를 집으로 나르기 위해 몇 번이고 집과 케이크를 왕복하게 됩니다(개미는 한 마리뿐이라고 합시다). 개미도 편하고 싶기 때문에 왕복하는 중에 최단 경로를 발견해나가게 됩니다. 이 개미의 입장이 되어 생각해봅시다.

처음에 유의할 점은 개미는 기어가면서 '길잡이 페로몬'이라고 부르는 냄새를 길에 뿌리는 것입니다. 개미가 길을 잃지 않는 것은 이 때문입니다.

개미는 지나가는 곳에 '길잡이 페로몬'이라고 부르는 냄새를 남긴다.

최초에 온 길의 냄새를 따라 왕복을 하면, 개미는 케이크를 집으로 운반합니다. 그러나 편하기 위해서 개미는 보다 짧은 경로를 탐색하고 싶은 것입니다. 따라서 최초의 경로가 일반적으로 최단 거리가 아니기 때문에 개미는 최초의 경로에서 조금 벗어난 모험 경로를 찾으려고 합니다. 이러한 모험심 덕분에 왕복하는 횟수가 거듭될 때마다 최단 경로의 가까이에서 '길잡이 페로몬'의 냄새는 점점 진해지게 됩니다. 결과로서 강한 냄새의 방향을 따라가면 개미는 최단 경로에 도달하게 됩니다.

◀ 집과 케이크를 왕복하는 중에 개미가 뿌린 냄새가 최단 경로에서 가장 강해진다.

이와 같이 '모험심을 가지면서 강한 냄새가 나는 방향으로 진행하고, 진행하면서 냄새를 진하게 바꿔간다'라고 가정하면, 왕복을 반복하는 중에 개미는 냄새 정보로부터 최단 경로를 밟게 됩니다. 이 개미의 최단 경로 탐색 구조를 이상화한 것이 **Q학습**입니다.

▶ 머신러닝과 강화학습

강화학습은 1980년경부터 연구가 왕성해졌습니다. 현재 화제가 된 딥러닝보다도 선배인 셈입니다. 이론적으로는 딥러닝과는 다른 세계에 있습니다. 아래 그림에서 강화학습이 차지한 위치를 살펴보기 바랍니다.

◀ AI에서 Q학습의 위치

Q학습은 딥러닝과 융합하여 더욱더 힘을 발휘합니다. 바둑이나 장기에서 유명 기사에게 압도적인 승리를 거둔 것도 이러한 융합이 초래한 결과입니다. 이 융합 모델이 DQN(Deep Q Network)입니다. DQN에 대해서는 다음 장에서 알아보겠습니다.

> **MEMO** **Q학습과 벨만(Bellman) 최적방정식**
> 사람은 어떤 상태에 있을 때, 어떠한 행동을 취하는 것이 가장 유익한가를 생각합니다. 강화학습의 기본도 여기에 있습니다. 예를 들면, 로봇의 학습을 생각해봅시다. 로봇이 어떤 상태에 있을 때, 어떠한 행동을 취하는 것이 가장 유익한가를 배우는 학습 알고리즘을 작성하는 것입니다. 이 때, '유익'이라는 단어는 '가치'라는 단어로 나타낼 수 있습니다. 현재 그 가치를 가르쳐주는 방식으로 다양한 방법이 고안되어 있습니다. Q학습도 그 중 하나입니다. 그리고 이 가치를 만족하는 방정식은 **벨만(Bellman) 최적방정식**으로 정리되어 있습니다.

§2 Q학습의 알고리즘

강화학습의 대표적인 예인 Q학습은 알기 쉽고, 프로그래밍도 쉽습니다. 이 절에서는 앞 절에서 살펴본 개미의 동작을 이용하여 이야기를 진행합시다.

▶ Q학습을 구체적인 예로 이해

개미는 기어가면서 '길잡이 페로몬'이라고 부르는 냄새를 길에 뿌립니다. 이 냄새에 의지하여 개미는 집에서 목적지까지 왕복할 수 있습니다. 이 냄새에 끌리는 개미의 움직임은 Q학습을 이해하는 데 크게 참고가 됩니다. 따라서 이러한 비유를 이용하여 Q학습의 구조를 살펴봅시다. 구체적으로는 다음의 예제 를 가정합니다.

예제 정사각형의 벽 안에 칸막이로 구분된 8개의 방이 오른쪽 그림과 같이 있습니다. 방과 방의 칸막이에는 구멍이 있고, 개미는 자유롭게 통과할 수 있다고 합시다. 왼쪽 위의 방에 집이 있고, 오른쪽 아래에 보상이 되는 케이크가 있습니다. 개미가 집으로부터 케이크로 가는 최단경로 탐색의 학습에 Q학습을 적용하시오(오른쪽 중간에 있는 방에는 들어갈 수 없습니다).

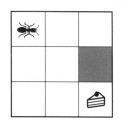

▲ 주 냄새는 방의 칸막이를 통해 나갈 수는 없는 것으로 합니다. 또한 개미는 기억력이 전혀 없는 것으로 가정합니다.

▶ 개미로부터 배우는 Q학습의 용어

우선 Q학습에서 이용되는 용어를 알아봅시다.

예제 에서 살펴본 개미는 일반적으로 **에이전트**(agent)라고 부르고, 개미가 활동하는 방 전체를 일반적으로 **환경**이라고 부릅니다. 또한 개미는 하나의 방으로부터 인접한 다른 방으로 이동하고, 이렇게 이동하는 동작을 **액션**(action)이라고 부릅니다. 액션은 간단하게 **행동**이라고도 부릅니다. 그리고 목적지에 있는 케이크에 부여된 수치를 **보상**(reward)이라고 합니다.

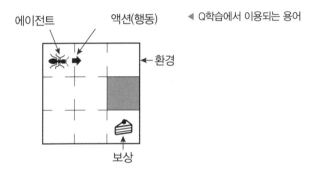

◀ Q학습에서 이용되는 용어

그런데 예제 에서 규정하는 환경에서 다양한 모양이 8개 있습니다(아래 그림). 이렇게 다양한 8가지 모양을 일반적으로 **상태**(state)라고 부릅니다. 아래에서 다음과 같이 상태의 이름을 정의합시다. '상태 1'은 개미가 집에 있는 상태입니다. '상태 9'는 개미가 목적지에 도착한 상태입니다.

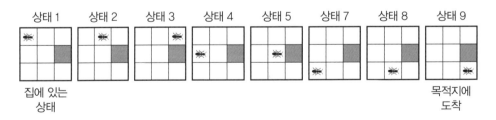

▲ **주** 상태 6은 빠졌지만 프로그램 상 더미로 확보해두고 있습니다.

뒤의 설명을 쉽게 하기 위해서 방에는 다음과 같이 이름을 부여하기로 합니다.

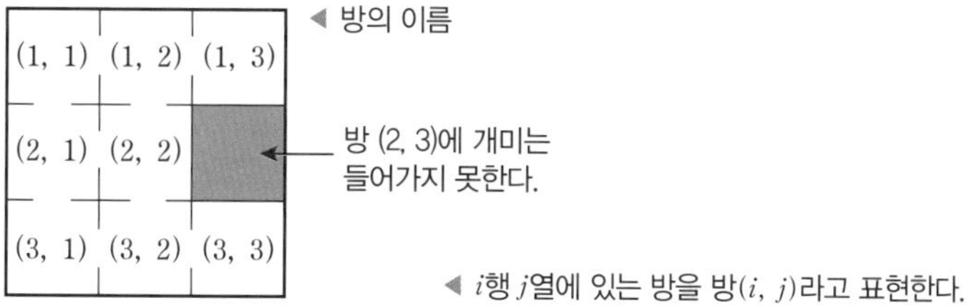
방의 이름
(1, 1) (1, 2) (1, 3)
(2, 1) (2, 2)
(3, 1) (3, 2) (3, 3)
방 (2, 3)에 개미는 들어가지 못한다.
i행 j열에 있는 방을 방(i, j)라고 표현한다.

그러면, i행 j열에 있는 '방(i, j)'와 '상태 번호 s'는 다음과 같은 관계를 가집니다.

$$s = 3(i-1)+j$$

주 상태와 개미가 있는 방은 '1대1' 대응되므로, 이 관계가 성립합니다.

개미는 왼쪽 위 개미가 있는 방(1, 1)로부터 케이크가 있는 방을 (최단으로) 찾아 가는 것으로 합니다. 첫 번째 방(1, 1)에 개미가 있는 상태를 최초의 **단계**(즉, 단계 1)라고 부르기로 합니다. 따라서 방을 이동할 때마다 단계 번호를 갱신하는 것으로 합니다.

예1 다음 그림은 상태 1부터 4개의 연속하는 액션(오른쪽, 아래쪽, 아래쪽, 오른쪽)으로 최종 목표 상태 9에 도달한 경우를 나타내고 있습니다. 상태를 바꿀 때마다 단계 번호가 갱신됩니다.

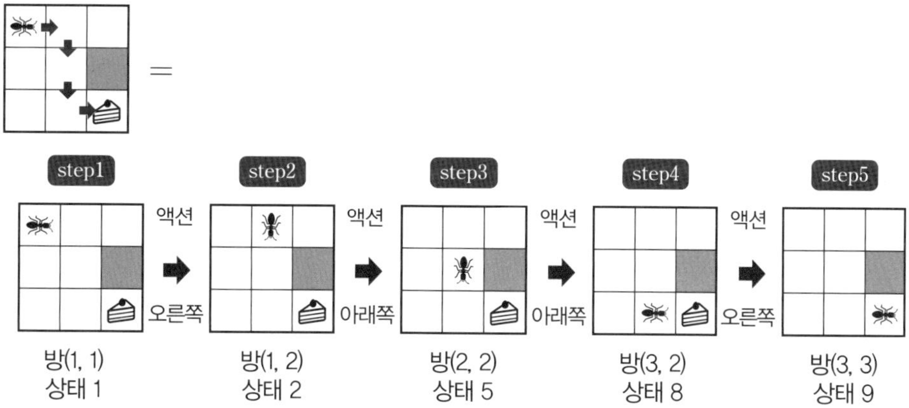
=
step1
step2
step3
step4
step5
액션
오른쪽
액션
아래쪽
액션
아래쪽
액션
오른쪽
방(1, 1)
상태 1
방(1, 2)
상태 2
방(2, 2)
상태 5
방(3, 2)
상태 8
방(3, 3)
상태 9

이 책에서는 단계 번호를 '변수 t'로 나타내기로 합니다.

주 t는 time의 머리글자. 단계(step)를 시계열로 파악하고 있습니다.

이 예1 에서는 개미는 방(1, 1)로부터 목표하는 방(3, 3)에 4번의 액션(5 단계)으로 도착할 수 있습니다. 그러나 때로는 정해진 횟수로는 도착할 수 없을 때도 있습니다. 이 도착의 성공 여부는 별개로 하고, 학습의 한 단위를 **에피소드**라고 부릅니다. 예1 은 하나의 에피소드를 나타내고 있습니다.

▶ Q값

Q학습을 식으로 표현할 때에 필수적인 값이 **Q값**입니다. Q값이란 '상태 s'와 '액션 a'에 의해 결정되는 값입니다. 즉, 수학적으로 다음과 같은 다변수 함수 형식을 하고 있습니다.

$$Q값 = Q(s, a) \; \cdots \; \boxed{1}$$

여기에서 변수 s는 state(상태), a는 action(액션)의 머리글자입니다.

그런데 이 Q값은 무엇일까요?

예제 에서 개미의 경우, Q값이란 개미를 유혹하는 냄새의 강도입니다. '개미는 길잡이 페로몬'의 냄새를 기준으로 나가는 길을 찾습니다. 또한 목적지에 있는 케이크의 냄새에도 유혹됩니다. 이 냄새의 강도가 Q값의 본질입니다. 냄새 강도의 크기, 즉 Q값의 크기가 개미의 행동을 결정하는 것입니다.

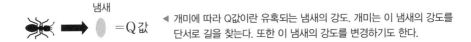

◀ 개미에 따라 Q값이란 유혹되는 냄새의 강도. 개미는 이 냄새의 강도를 단서로 길을 찾는다. 또한 이 냄새의 강도를 변경하기도 한다.

일반적으로 Q값은 '행동의 가치'라고 표현됩니다. '가치'란 정의하기 어려운 단어이지만, 간단히 말하면, 어떤 상태에서 해당 액션을 선택했을 대에 기대되는 '매력도', 다른 말로 하자면, '보상'인 것입니다. 개미는 냄새로 나타나는 보상을 찾는 액션(행동)을 선택하는 것입니다.

▶ Q값이 기록된 구체적인 장소

예제에서 개미의 액션이란 방의 출구를 선택하여, 그곳으로부터 방을 이동하는 것입니다. 따라서 상태 s에서의 Q값은 다음 그림과 같이 최대 4개의 출구로 배치됩니다.

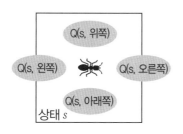

◀ 개미는 '매력도', 즉 '보상'을 나타내는 Q값이 큰 출구를 찾는 액션을 선택할 것이다. 따라서 Q값은 방의 (최대) 네 곳의 출구에 기록될 필요가 있다.

상태 s의 경우, 개미는 최대 네 가지 액션(위쪽, 아래쪽, 왼쪽, 오른쪽)을 선택할 수 있습니다. Q값은 함수로서 다음과 같이 표현할 수 있습니다.

$$Q(s, \text{오른쪽}), \ Q(s, \text{위쪽}), \ Q(s, \text{왼쪽}), \ Q(s, \text{아래쪽})$$

주 상태에 따라 액션은 제한됩니다. 예를 들면 $s = 1$일 때 액션은 오른쪽과 아래쪽의 두 가지만 있습니다.

개미는 원칙적으로 냄새의 강도(즉, Q값의 크기) 값을 기준으로 액션을 선택하게 됩니다. 따라서 예를 들면, 다음 그림의 경우 개미는 '아래쪽'의 액션을 적용하는 것을 원칙으로 합니다.

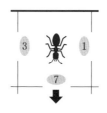

◀ 학습이 끝났을 때, 개미는 Q값이 큰 액션 '아래쪽'을 선택한다.

식 $\boxed{1}$에 나타낸 것처럼, Q값은 다변수 함수로서 표현됩니다. 이 다변수 함수의 이미지는 표형식(즉, 테이블)입니다. Q값의 경우, 행이 '상태', 열이 '액션'을 나타냅니다. 이와 같이 Q값을 표형식의 이미지로 이해하는 것이 Q학습에서 중요합니다. 또한 뒤에 살펴보는 DQN을 이해하는 데에도 중요합니다.

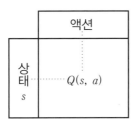

◀ s, a는 이산값을 취할 때, 다변수 함수는 표(즉 테이블)로 표현할 수 있다. 이 예에서는 행동(액션) a로서 위쪽, 아래쪽, 왼쪽 오른쪽의 4가지가 존재한다. 상태 s는 1, 2, 3, 4, 5, 7, 8, 9의 8가지가 있다.

지금 생각하고 있는 **예제**로 이 표의 의미를 이해합시다. 아래 그림은 상태 2의 경우에 액션과 이에 대응하는 Q값을 나타내고 있습니다.

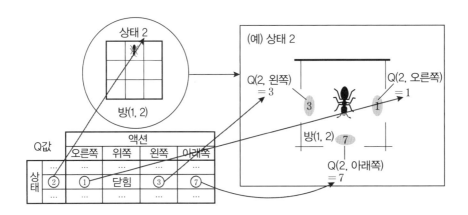

▶ 즉시보상

개미가 목표하는 방을 향한 최단 경로를 찾아갈 때, 지금 있는 방의 옆방에 좋아하는 물건이 떨어져 있을지도 모릅니다. 개미는 당연히 이것으로 액션을 결정할 것입니다. 이와 같이 '옆방에 들어간다'라는 하나의 액션으로 즉각 얻어지는 '보상'을 **즉시보상**이라고 부릅니다.

주 즉시보상은 음수도 가능합니다. 개미에 따라 불쾌한 냄새가 나는 것이 방에 있는 경우 등입니다.

개미는 즉시보상에만 매료되어 액션을 결정해서는 안됩니다. 그렇게 해서는 목적지에 도착할 수 없기 때문입니다. Q학습의 알고리즘은 즉시보상에만 구애받지 않고 목표를 지향하도록 작성해야 합니다.

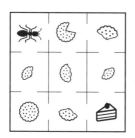

◀ 목적지의 방으로 가는 도중의 방에 쿠키 조각이 떨어져 있다고 하자. 이 쿠키도 개미가 좋아하는 것이다. 개미가 목표하는 방에 도착하도록 하기 위해서는, 이 쿠키에 유혹당하지 않도록 알고리즘을 작성할 필요가 있다.

▶ Q학습의 수식에서 이용되는 기호의 의미

이 책의 Q학습에서 이용하는 기호의 의미를 표로 정리해둡니다.

[표 1]

변수 이름	의미	개미의 예
t	단계 번호를 나타내는 변수	단계 3일 때 $t = 3$
s_t	단계 t에서의 상태를 나타내는 변수	단계 3의 상태가 5일 때 $s_3 = 5$
a_t	단계 t에서 선택하는 액션을 나타내는 변수	단계 3에서 선택한 액션이 '오른쪽'일 때 $a_3 = $ '오른쪽'
r_t	단계 t에서 받는 즉시보상	단계 3에서 받는 즉시보상이 10일 때 $r_3 = 10$

예2 앞의 예1 에서 살펴본 문제를 여기에서 정의한 기호로 표현하시오. 다만, 방(2, 2)에서는 새로운 쿠키(즉시보상 값 2.7)가 놓여 있고, 목적지의 방(3, 3)에는 케이크(보상 값 100)가 있다고 합니다.

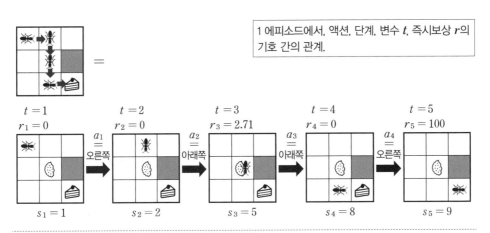

▶ Q값의 갱신

개미는 방을 나올 때 해당 방의 출구 냄새 강도(즉, Q값)를 갱신할 필요가 있습니다. 냄새 정보를 갱신하여 다시 방문할 때 최단 경로를 찾기 쉽도록 하기 위해서입니다.

그런데 어떻게 갱신을 할까요?

개미는 '원래의 방' X로부터 '다음 방' Y로 간다고 합시다. 이 때, Y로 통하는 X의 출구에 남아있어야 할 정보는 '다음 방' Y로 진행할 때에 얻어진 냄새의 강도(즉, Q값)입니다. 이렇게 해두면, 방 X를 다시 방문할 때, 방 Y에 관한 정확한 판단 정보가 얻어지기 때문입니다. 방 X를 다시 방문할 때에 Y로 통하는 출구 정보를 보는 것만으로 개미는 방 Y로 가는 '매력도'(즉, '가치')를 알 수 있는 것입니다.

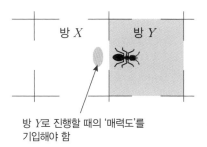

방 X　　방 Y

방 Y로 진행할 때의 '매력도'를
기입해야 함

◀ 방 X로부터 방 Y로 진행할 때, 방 X의
　출구에 남겨야 할 정보는 Y의 '매력도'

조금 상세히 살펴봅시다.

'다음 방' Y로 통하는 '원래의 방' X의 출구에 기록된 냄새의 강도(Q값)를 x라고 합니다. 또한 이제부터 진행하는 방 Y의 네 개의 출구에 대한 냄새의 강도(= Q값)를 a, b, c, d 라고 합니다.

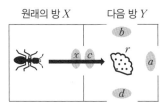

원래의 방 X　　다음 방 Y

◀ 냄새의 강도 x, a, b, c, d의 위치 관계. 이것들은 방의
　출입구 바로 옆에 기록되어 있다. 방 Y에는 냄새 r을
　피우는 좋아하는 물건 = 쿠키도 놓여 있다.

주 방 Y에 네 개의 출구가 있다고 합시다. 상황에 따라 적절하게 생략하기 바랍니다.

개미의 기분에 따라 다음 방 Y의 '매력도'는 a, b, c, d의 최댓값으로 결정될 것입니다. 방 Y로 들어가면 그 최댓값이 얻어진다고 기대되기 때문입니다. 최댓값 (maximum)을 나타내는 기호 max를 이용하면 방 Y로 들어갈 때 기대되는 최댓값은 다음과 같이 표현할 수 있습니다.

x에 설정하는 방 Y의 '매력도' = $\max(a, b, c, d)$

그런데 이 매력도를 그대로 받아들이는 것은 위험합니다. 예를 들면, 냄새는 시간이 지남에 따라 날아가거나 약해질 수도 있습니다. 뒤에서 올 때에는 변하고 있을 가능성이 있습니다. 따라서 다소 줄인 값을 기록해야 할 것입니다. 이 **할인율**을 γ라고 하면, '다음 방'으로 가는 매력도는 실제로 다음과 같은 값을 가질 것입니다.

x에 설정하는 방 Y의 '매력도' $= \gamma \max(a,\ b,\ c,\ d)$ $(0 < \gamma < 1)$

㈜ γ는 그리스 문자로 '감마'라고 읽습니다. γ와 r(로마자 알)은 구별하기 어렵지만, 많은 문헌에서 이용되고 있으므로 이 책에서도 관례를 따릅니다.

또한, 지금부터 지나가는 방에는 개미가 좋아하는 쿠키(즉, 즉시보상)가 놓여 있는 경우도 있습니다(앞 페이지의 아래 그림). 이 쿠키의 냄새도 매력도에 기여를 합니다. 이 쿠키의 냄새 강도를 r이라고 하면, '다음 방'으로 가는 매력도는 추가로 다음과 같은 식으로 변형됩니다.

x에 설정하는 방 Y의 '매력도' $= r + \gamma \max(a,\ b,\ c,\ d)$ ··· **2**

▶ 학습률

개미가 액션을 결정하는 '매력도'란 냄새의 강도(즉, Q값)입니다. 지금까지 '매력도'라고 표현한 것은 다시 이 '냄새의 강도'로 치환합니다. 즉, 위의 식 **2**는 다음과 같이 표현됩니다.

'다음 방'의 냄새 강도 $= r + \gamma \max(a,\ b,\ c,\ d)$ ··· **3**

㈜ 이 책에서는 이 식 γ의 값을 '기대보상'이라고 부릅니다. 해당 방에 들어가면 손에 넣을 수 있을 것으로 생각되는 매력도이기 때문입니다.

그런데 앞의 그림에서 이 식 **3**의 '냄새의 강도'를 '원래의 방'의 출구 정보 x의 갱신 정보로서 그대로 이용해도 될까요? 답은 아닙니다. '다음 방' Y에 바른 냄새 정보가 기록되어 있다는 보장이 없기 때문입니다. 개미의 학습이 완료되지 않으면, 이 식 **3**의 값을 100% 믿을 수 없기 때문입니다.

따라서 학습의 진행 상태로 **학습률** α를 도입합시다($0 < \alpha < 1$). 그리고 이전의 정보 x와 새롭게 구해진 값 **3**을 다음과 같이 함께 섞어서 갱신값 x로 합니다.

$x \leftarrow (1-\alpha)x + \alpha\{r + \gamma \max(a,\ b,\ c,\ d)\}$ ··· **4**

이 식을 변형하면 다음과 같이 표현할 수도 있습니다.

$x \leftarrow x + \alpha\{r + \gamma \max(a,\ b,\ c,\ d) - x\}$ ··· **5**

여기에서 좌변의 x가 갱신값, 우변의 x는 갱신 전의 값입니다.

주 α는 모델의 설계자가 부여합니다.

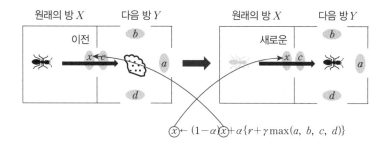

$$x \leftarrow (1-\alpha)x + \alpha\{r + \gamma\max(a,\ b,\ c,\ d)\}$$

식 **4**는 수학에서는 '내분 공식'으로 유명합니다. 그림으로 나타내면, 다음과 같습니다.

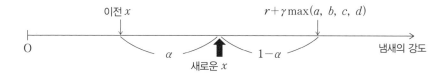

이 그림이 나타내듯이, 원래의 방에 있던 이전 x와 지금부터 진행하는 다음 방의 새로운 정보 $r + \gamma\max(a,\ b,\ c,\ d)$를 식 **4**는 저울질하고 있는 것입니다.

예3 개미가 방(1, 1)로부터 방(1, 2)로 진행한다고 합시다. 각 방에는 다음 페이지의 그림 오른쪽과 같이 냄새의 강도(=Q값)가 기록되어 있다고 합시다. 개미가 옆 방 (1, 2)로 진행할 때, 원래의 방(1, 1)의 냄새 강도 5는 식 **4**로부터 다음과 같이 갱신됩니다.

$$갱신값 = (1-\alpha)\times 5 + \alpha(4 + \gamma\times 7)$$

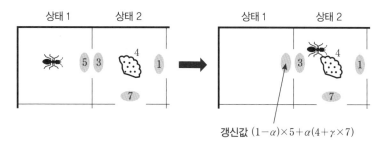

갱신값 $(1-\alpha)\times 5 + \alpha(4 + \gamma\times 7)$

▶ Q학습의 기호로 다시 표현

앞에서 얻어진 결론의 식 ④(즉, ⑤)를 Q학습에서 이용되는 기호 [표 1]로 표현해봅시다. 지금까지 이용해왔던 x는 Q값으로 다음과 같이 나타낼 수 있습니다.

$$x = Q(s_t, a_t)$$

따라서 결론적으로 식 ⑤는 다음과 같이 표현할 수 있습니다.

$$Q(s_t, a_t) \leftarrow Q(s_t, a_t) + \alpha \left(\gamma_{t+1} + \gamma \max_{a_{t+1} \in A(s_{t+1})} Q(s_{t+1}, a_{t+1}) - Q(s_t, a_t) \right) \cdots \boxed{6}$$

이 식 ⑥가 Q학습의 공식이 됩니다. 이 식의 좌변 값은 개미가 다시 방문할 때 관측할 수 있는 값입니다. 이러한 의미에서 좌변의 값을 **지연보상**이라고 부릅니다. 지연보상을 계산하는 것이 Q학습의 원리가 되는 것입니다.

🔑 $a_{t+1} \in A(s_{t+1})$은 수학의 집합론 기호입니다. $A(s_{t+1})$는 에이전트가 상태 s_{t+1}에 있을 때 선택할 수 있는 액션의 집합을 나타냅니다. 따라서 $a_{t+1} \in A(s_{t+1})$은 'a_{t+1}가 액션 집합 A의 요소이다'라는 것을 나타내고 있습니다.

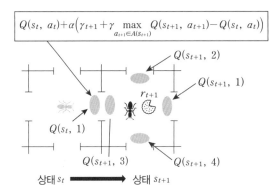

◀ 식 ⑥의 각 항의 의미. 이 예에서는 $a_t = 1$(즉, 오른쪽 이동)이라고 가정.

덧붙여서 말하자면, 식 ⑥의 우변 괄호 안의 다음 식을 '기대보상'이라고 부르는 것은 앞에서 살펴보았습니다.

$$기대보상 = \gamma_{t+1} + \gamma \max_{a_{t+1} \in A(s_{t+1})} Q(s_{t+1}, a_{t+1}) \cdots \boxed{7}$$

▶ ε-greedy 법으로 모험을 하는 개미

사람은 동일한 학습을 계속하면, 언젠가 슬럼프에 빠져 목적지에 도달할 수 없는 경우가 자주 있습니다.

이것은 개미의 경로 학습의 경우에도 동일합니다. 현재의 냄새 강도만을 의지하여 진행해야 할 방을 고르면, 미로에 빠져 개미는 영원히 목적지에 도착할 수 없는 경우도 있습니다. 따라서 이것을 피해 목적지에 도착하기 위해서는 냄새 정보 만에 의존하는 것이 아니라 새로운 길을 찾는 모험심이 필요합니다. 이 모험심을 도입한 방법으로 유명한 것이 **ε-greedy** 법입니다. 때로는 모험심을 발휘하여 냄새의 강도에 무관하게 다른 방향의 방으로 진행하는 것을 허락하는 방법입니다.

확률적으로 이러한 변칙을 도입하면 새로운 길을 찾을 수 있는 기회가 생깁니다. 이 모험적인 확률을 ε로 나타냅니다. 확률 ε의 비율로 제멋대로 하는 액션을 허락하는 것입니다($0 < \varepsilon < 1$).

주 ε는 그리스 문자로 입실론이라고 읽습니다. 로마자 e에 대응합니다.

Q학습에서는 냄새 강도의 크기, 즉 Q값이 큰 액션을 선택하는 것을 **exploit**(최대한 활용하다), 모험적으로 액션을 선택하는 것을 **explore**(탐험하다)라고 영어로 표현하고 있습니다.

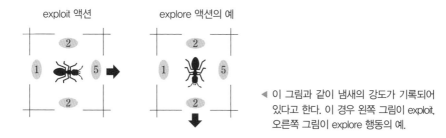

◀ 이 그림과 같이 냄새의 강도가 기록되어 있다고 한다. 이 경우 왼쪽 그림이 exploit, 오른쪽 그림이 explore 행동의 예.

덧붙여서 말하면, exploit 행동을 **그리디**(greedy, 탐욕스러운)라고 표현합니다.

그런데 ε-greedy 법에서는 모험 확률 ε가 고정되어 있습니다. 이 ε을 처음에는 크게 하고 학습이 진행됨에 따라 작게 하면 학습의 속도가 향상되는 것이 알려져 있습니다. 이 방법을 받아들인 것이 **수정 ε-greedy** 법입니다.

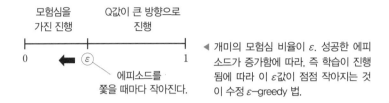

◀ 개미의 모험심 비율이 ε. 성공한 에피 소드가 증가함에 따라, 즉 학습이 진행 됨에 따라 이 ε값이 점점 작아지는 것 이 수정 ε-greedy 법.

이러한 사고방식이 일상적인 경험과 일치합니다. 무엇인가를 배울 때 처음에는 무 작정 노력하지만, 학습이 진행됨에 따라 요령을 알게 되고 차츰 정형적인 학습이 됩니다. 이러한 경험을 받아들인 것입니다.

보통 Q값은 처음에 알지 못하므로 학습 초기에는 적당히 값을 배정해두는 것이 일 반적입니다. 따라서 수정 ε-greedy 법에서는 처음의 Q학습에서는 ε을 1로 설정해두 면 좋을 것입니다. 학습이 진행됨에 따라 모험을 할 필요가 적어졌다면 ε을 0에 가깝게 합니다.

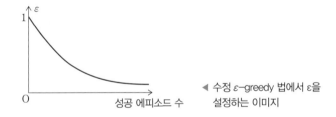

◀ 수정 ε-greedy 법에서 ε을 설정하는 이미지

학습이 끝났다고 판단되는 조건은 Q값이 학습에 의해 일정한 값에 수렴하는 것입니다. 이것은 사람의 학습과 동일합니다. 아무리 학습을 거듭해도 성적이 변하지 않으면 학 습을 끝내게 될 것입니다.

Q값이 수렴한다는 것은 Q값이 학습에 의해 변하지 않게 되는 것입니다. 식 6에서 살펴보면, 다음과 같이 표현할 수 있습니다.

$$\gamma_{t+1} + \gamma \max_{a_{t+1} \in A(s_{t+1})} Q(s_{t+1},\ a_{t+1}) - Q(s_t,\ a_t) \to 0 \ \cdots \ 8$$

즉, 학습의 종료 조건은 다음과 같이 표현할 수 있습니다.

$$\gamma_{t+1} + \gamma \max_{a_{t+1} \in A(s_{t+1})} Q(s_{t+1},\ a_{t+1}) \to Q(s_t,\ a_t) \ \cdots \ 9$$

식 9의 좌변을 '기대보상'이라고 불렀습니다(식 7). 현재의 Q값과 기대보상이 같아지면 포화상태이고, 그 이상은 학습할 필요가 없다는 것을 식 9는 의미하고 있는 것입니다.

그런데 학습이 끝났다고 판단된 경우 explore 액션은 불필요합니다. 행동은 'Q값이 큰 액션을 선택한다'라는 exploit 처리(즉, 그리디 처리)에 충실하면 될 것입니다.

§3 Q학습을 엑셀로 체험

지금까지 살펴본 Q학습을 엑셀 워크시트로 구현해봅시다. 앞 절에서 이용한 **예제** 를 구체적인 예로 살펴봅니다. Q학습으로 제시하기에는 너무 간단하지만, 구조를 이해 하는 데에는 최적입니다.

> **연습** ▶ §2에서 살펴본 **예제** 에 관해서, 엑셀로 Q학습을 실행하시오. 또한 목적지의 방에 도착했을 때 보상값은 100으로 합니다. 그리고 각 방의 즉시보상은 −1로 합니다.

주 이 절의 워크시트는 다운로드사이트(▶ 244페이지)에 수록된 파일 '7.xlsx'에 있습니다.

▶ 워크시트 작성 상의 유의점

워크시트를 구현할 때의 주의할 점을 알아봅니다.

■ (1) 개미와 케이크의 표현

표기의 간략화를 위해 개미의 표현에는 ★을 이용하고, 목적지에 있는 케이크는 '끝' 이라고 표기합니다.

■ (2) 액션 코드

액션에 코드를 부여하면 편리할 때가 있습니다. 따라서 '액션 코드'로서 다음과 같이 약속해둡니다.

▼ 액션 코드

이동	오른쪽	위쪽	왼쪽	아래쪽
액션 코드	1	2	3	4

```
        2
        ↑
3 ← ★ → 1
        ↓
        4
```

주 코드는 왼쪽 회전(시계 반대 방향) 순으로 부여되어 있습니다.

■ (3) 최대 단계 수 · 최대 에피소드 수

간단한 예이므로 1에피소드 중의 최대 단계 수는 10으로 합니다. 그리고 단계를 10번 반복해도 목적지에 도착하지 않는 경우 해당 에피소드는 무시하기로 합니다.

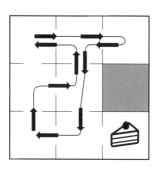

◀ 단계를 10번 처리해도 목적지에 도착하지 않는 예.
이와 같은 경우에는 해당 에피소드는 무시한다.

실험하는 에피소드수는 50회로 합니다. 단순한 **연습**이므로 이 정도 반복하면, 충분한 학습이 진행될 것으로 기대되기 때문입니다.

■ (4) 수정 ε-greedy 법의 ε값

이 책에서는 수정 ε-greedy 법을 이용합니다(▶ §2). 여기에서는 ε을 다음과 같이 변경 가능하도록 합니다. 분모의 50은 최대 에피소드수입니다.

$$\varepsilon = 1 - \frac{\text{도착 에피소드 수}}{50} \quad \cdots \boxed{1}$$

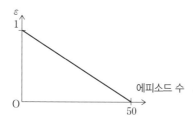

◀ 식 $\boxed{4}$의 그래프. 처음 에피소드에서는 전체 단계가 explore 액션이 된다. 마지막 에피소드에서는 대부분 exploit 액션이 된다.

■ (5) 할인율과 학습율의 설정

할인율 γ는 0.7, 학습률 α는 0.5로 했습니다. 보통 할인율 γ는 0.9 이상, 학습률 α는 0.1 정도로 설정하지만, 이 **연습**은 단순하여 수렴을 빠르게 하고 싶기 때문에, 이 값들을 이용합니다.

이상으로 준비가 끝났습니다. 실제 워크시트로 Q학습 단계를 따라가면서 실행해봅시다.

❶ Q학습을 위한 전체 파라미터를 설정합니다.

▶ §2에서 살펴본 '할인율', '학습률'을 설정합니다. 이러한 값들은 설계자가 적당히 정합니다. 또한 개미가 목표하는 방에 도착했을 때, 보상은 100으로 합니다. 이 워크시트를 고치기 쉽도록 하기 위해, 즉시보상을 정의할 수 있는 칸도 준비해두었습니다.

또한 각 방의 즉시보상을 −1로 했다는 것은 긴 경로에 벌점을 부과하는 파라미터를 찾는 것을 배제하기 위한 것입니다.

🕵 많은 문헌에서는 목적지의 보상을 1로 하지만, 여기에서는 결과의 수치를 보기 쉽도록 하는 것에 우선합니다.

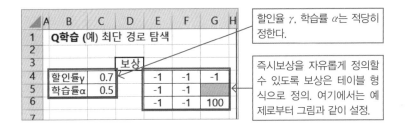

❷ 해당 에피소드에서 이용하는 수정 ε-greedy 법의 ε을 결정합니다.

수정 ε-greedy 법을 이용할 때 필요한 확률 ε값을 설정합니다(식 **1**). 또한 Q학습의 큰 단위는 에피소드이므로 해당 에피소드의 처리 결과를 정리합니다.

🕵 이 책에서는 인쇄의 편의를 위해 개미가 도착하지 않은 경우는 삭제하였습니다.

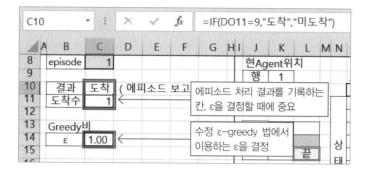

❸ 해당 단계의 개미 상태와 Q값의 표를 설정합니다.

현 단계에서 개미(Agent)의 상태를 확인합니다. 또한 학습을 시작할 때(즉, 첫 번째 에피소드의 첫 번째 단계)에는 현 Q값의 표를 난수를 이용하여 작성합니다.

주 에피소드의 첫 번째 단계에서 개미는 방(1, 1) (= 상태 1)에 있습니다.

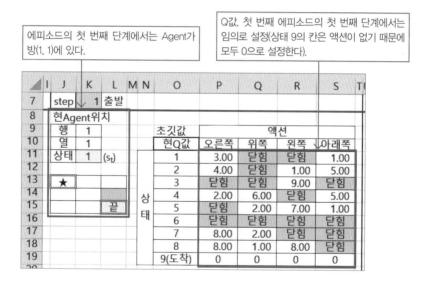

해당 에피소드의 두 번째 이후의 새로운 단계에서는 이전 단계에서 요구되는 '다음 Agent 위치'와 '다음 상태'를 '현 Agent 위치'와 '상태'로 설정합니다. 또한 이전 단계에서 갱신한 '새로운 Q값'의 표를 새로운 단계의 '현 Q값'의 표에 복사합니다.

> **MEMO** **1단계 Q학습**
>
> Q학습에서도 다양한 변형이 있습니다. 이 책에서 적용한 방법은 **1단계 Q학습**이라고 부르는 방법입니다. 다음 단계 $t+1$의 기대보상값을 계산하여, 곧바로 이전 단계 t의 Q값을 갱신합니다.
>
> 이것과는 다르게 액션을 일련의 시계열 동작으로 인식하여 과거로 거슬러 올라가 Q값의 갱신을 단숨에 실행하는 방법도 유명합니다.

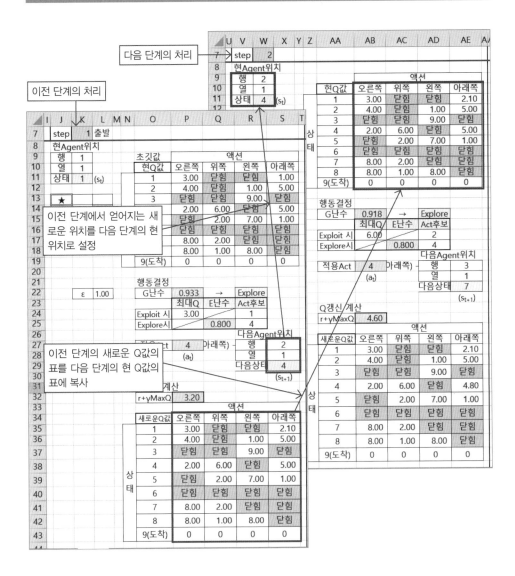

두 번째 이후 에피소드의 첫 번째 단계의 '현 Q값' 표에는 이전 에피소드의 마지막 단계(단계 10)에서 얻어지는 '새로운 Q값'의 표를 적용합니다.

새로운 에피소드 ▶

새로운 에피소드의 첫 번째 단계

이전 에피소드의 마지막 단계

이전 에피소드의 마지막 단계에서 Agent는 방(1, 1)에 있다.

두 번째 이후 에피소드의 첫 번째 단계에서 현 Q값의 표에는 이전 에피소드 마지막 단계의 새로운 Q값을 복사한다.

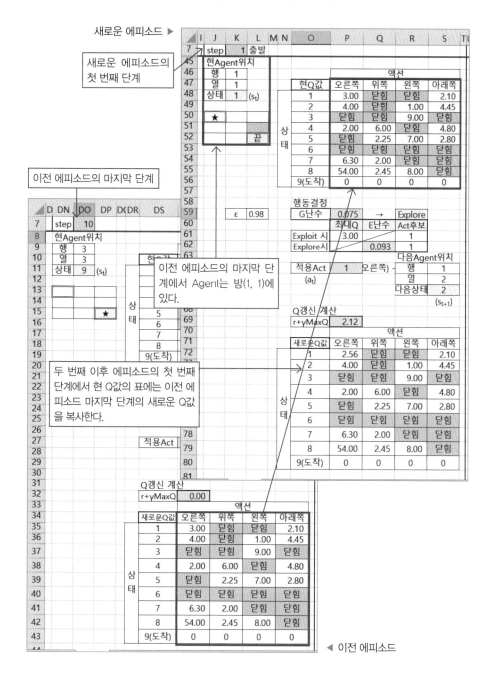

◀ 이전 에피소드

❹ 적용하는 액션이 exploit인가 explore인가를 판단하여, Agent의 다음 위치와 상태를 구합니다.

ε-greedy법에서는 모험적인 액션(explore)을 취하는가의 여부는 0~1의 난수와 ε와의 대소 관계로 판단합니다.

난수가 ε보다 클 때에는 exploit 액션을 적용합니다. 이 때 현 Q값 표의 해당 상태에서 최대 Q값을 가지는 액션('위쪽', '아래쪽', '왼쪽', '오른쪽'의 이동)을 적용합니다.

난수가 ε보다 작을 때에는 모험적인 액션(explore)을 취합니다. 이 때 다시 난수를 발생시켜 해당 난수의 크기에 따라 다음 액션('위쪽', '아래쪽', '왼쪽', '오른쪽'의 이동)을 선택합니다.

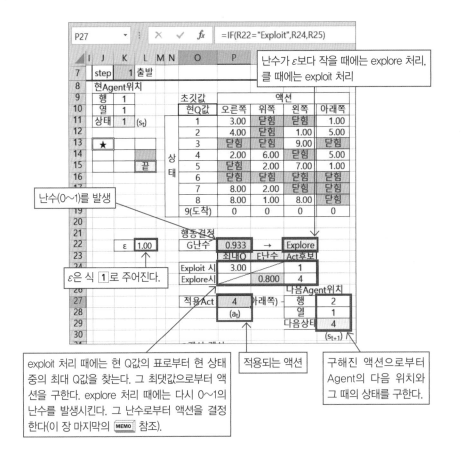

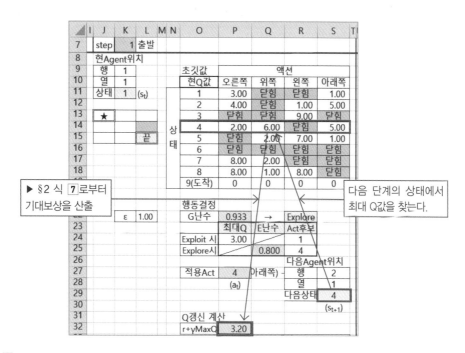

❺ Agent가 구해진 기대보상값을 산출합니다.

❹에서 얻어진 다음 상태로부터 현 Q값의 표를 이용하여 기대보상값(▶ §2 식 **7**) 을 산출합니다. 덧붙이자면, 이 **연습** 에서는 즉시보상값 r_{t+1}은 −1로 하고 있습니다 ($t+1$번째 단계에서 목적지에 도착하지 않는 경우).

step	1	출발

현Agent위치

행	1
열	1
상태	1 (st)

★	
	끝

상태

초깃값	액션			
현Q값	오른쪽	위쪽	왼쪽	아래쪽
1	3.00	닫힘	닫힘	1.00
2	4.00	닫힘	1.00	5.00
3	닫힘	닫힘	9.00	닫힘
4	2.00	6.00	닫힘	5.00
5	닫힘	2.00	7.00	1.00
6	닫힘	닫힘	닫힘	닫힘
7	8.00	2.00	닫힘	닫힘
8	8.00	1.00	8.00	닫힘
9(도착)	0	0	0	0

▶ §2 식 **7** 로부터
기대보상을 산출

다음 단계의 상태에서
최대 Q값을 찾는다.

행동결정

ε	1.00

G난수	0.933	→	Explore
	최대Q	E난수	Act후보
Exploit 시	3.00		1
Explore시		0.800	4

적용Act	4	(아래쪽)
	(at)	

다음Agent위치

행	2
열	1
다음상태	4
	(st+1)

Q갱신 계산

r+γMaxQ	3.20

주 기대보상은 $r + \gamma MaxQ$라고 표시하고 있습니다.

MEMO 값의 복사에도 배열 수식이 편리

Q학습에서는 단계를 나갈 때마다 이전 단계에서 갱신한 Q값의 표를 다음 단계 Q값의 표에 복사할 필요가 있습니다. 이 때에 편리한 것이 배열 수식의 방법입니다. 한번에 복사를 할 수 있으면서도 복사 오류가 없습니다.

❻ Q값을 갱신합니다.

❺에서 구한 '기대보상'을 새로운 Q값의 해당 칸의 갱신값으로 취합니다. 이렇게 하기 위해서는 갱신식(▶ §2 식 **6**)을 이용합니다.

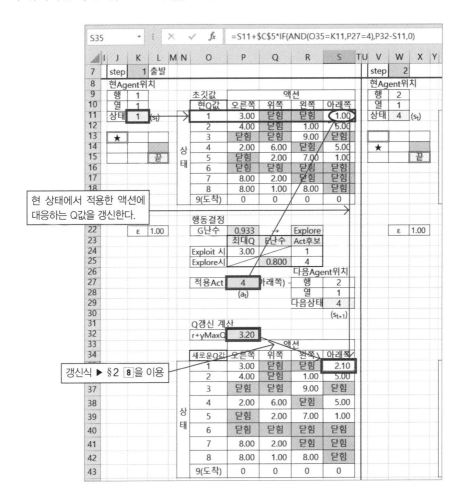

이상으로 Q학습의 1단계와 전체적인 흐름은 완성되었습니다.

여기에서 살펴본 1단계 모듈을 10개분 만큼 오른쪽으로 복사하고, 1에피소드분을 작성합니다(10은 1에피소드 중의 최대 단계수). 추가로 1에피소드분을 50에피소드분 만큼 복사합니다(50은 여기에서 살펴본 학습 횟수입니다). 이렇게 해서 Q학습의 워크시트를 완성합니다.

❼ 이상의 학습에서 구해진 Q값을 이용하여, 학습한 개미가 어떻게 행동하는가를 살펴봅시다.

구해진 마지막 Q값의 표를 살펴봅시다.

	Q값	액션			
		오른쪽	위쪽	왼쪽	아래쪽
상태	1	31.96	**닫힘**	**닫힘**	32.11
	2	10.41	**닫힘**	18.46	47.30
	3	**닫힘**	**닫힘**	26.90	**닫힘**
	4	47.30	20.52	**닫힘**	47.29
	5	**닫힘**	31.81	21.62	69.00
	6	**닫힘**	**닫힘**	**닫힘**	**닫힘**
	7	69.00	24.85	**닫힘**	**닫힘**
	8	100.00	46.43	47.29	**닫힘**
	9(도착)	0	0	0	0

방(1, 1)로부터 나온 개미(즉, Agent)는 이 Q값의 표에 따라 행동합니다. 즉, '상태'가 주어졌을 때, 이 표의 행에 기록된 최대 Q값에 대응하는 액션을 선택하면서 행동합니다. 이 규칙에 따라 실제로 개미는 행동할 것입니다(다음 그림).

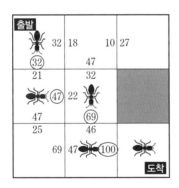

◀ 주 위 Q값의 경우에 소수부를 반올림하기 때문에, 부분적으로 대소가 분명하지 않은 방이 있습니다.

Q학습 덕분에 최단 경로로 목적지에 도착했습니다.

이상의 예는 간단하기 때문에 에피소드 횟수는 50이라는 작은 수로 끝났습니다. 실제로는 이와 같은 수로는 끝낼 수 없다는 점에 유의하기 바랍니다.

MEMO | **explore 액션에 확률을 할당하는 방법**

'exploit' 행동을 선택하면, 액션을 확률적으로 선택하는 것이 됩니다. 이 때, 미로 혹은 경로 문제에서는 선택에 조건이 부여됩니다. 이 절의 예로 말하면, 예를 들어 어느 방에서는 오른쪽으로 갈 수 없고, 또 다른 방에서는 아래쪽으로 갈 수 없습니다. 이 때, 확률을 액션에 간단하게 할당하기 위해서는 아래 그림과 같은 확률표를 준비해두는 것이 좋을 것입니다. 이 표와 MATCH 함수를 조합함으로써 explore 처리 액션을 선택할 수 있습니다.

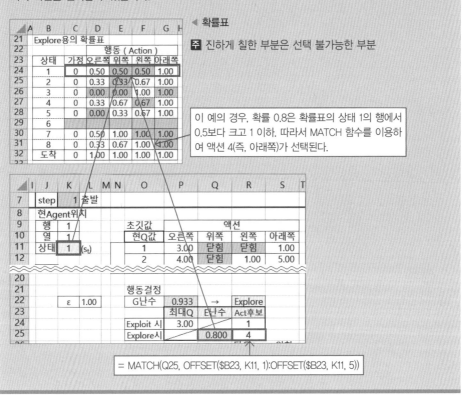

◀ 확률표

주 진하게 칠한 부분은 선택 불가능한 부분

이 예의 경우, 확률 0.8은 확률표의 상태 1의 행에서 0.5보다 크고 1 이하. 따라서 MATCH 함수를 이용하여 액션 4(즉, 아래쪽)가 선택된다.

Explore용의 확률표

상태	가정	행동 (Action)			
		오른쪽	위쪽	왼쪽	아래쪽
1	0	0.50	0.50	0.50	1.00
2	0	0.33	0.33	0.67	1.00
3	0	0.00	0.00	1.00	1.00
4	0	0.33	0.67	0.67	1.00
5	0	0.00	0.33	0.67	1.00
6					
7	0	0.50	1.00	1.00	1.00
8	0	0.33	0.67	1.00	1.00
도착	0	1.00	1.00	1.00	1.00

step	1	출발

현Agent위치

행	1		초깃값	액션			
열	1		현Q값	오른쪽	위쪽	왼쪽	아래쪽
상태	1	(s_t)	1	3.00	닫힘	닫힘	1.00
			2	4.00	닫힘	1.00	5.00

		행동결정			
ε	1.00	G난수	0.933	→	Explore
		최대Q	E난수		Act후보
		Exploit 시	3.00		1
		Explore시		0.800	4

= MATCH(Q25, OFFSET($B23, K11, 1):OFFSET($B23, K11, 5))

8장

DQN

Q학습에서 이용되는 Q값을 신경망으로 표현하려고 하는 기법이
DQN입니다. 신경망에는 복잡한 함수나 표를 정리해주는 특성이
있습니다. 이것을 Q학습의 결과를 표현하는데 응용하는 것입니다.

DQN의 사고방식

AI(인공지능)를 구현하는 한 가지 기법이 '머신러닝'이고 그 중 대표적인 것이 **강화학습**입니다. 앞 장에서 살펴본 **Q학습**은 강화학습 중에서 가장 유명한 학습법입니다. 이 장에서는 이 Q학습의 세계에 신경망(이하 NN이라고 표기)을 응용해보겠습니다.

주 이 책에서는 NN이라는 용어에 딥러닝을 포함하고 있습니다.

▶ DQN의 구조

신경망은 입력 정보로부터 특징을 추출하여 정리하고, 필요한 정보를 출력하는 특성이 있습니다. 이미지에서 '고양이'를 판별할 수 있는 것도 NN이 가진 이 능력 덕분입니다. 이 능력을 Q학습에 활용하는 것이 DQN입니다. **DQN은 Deep Q-Network**의 줄임말입니다.

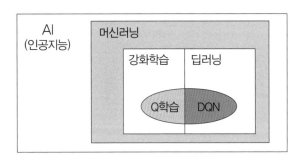

◀ AI에서 DQN 학습의 위치

그렇다면 어째서 Q학습에 NN의 도움이 필요할까요? 그 이유는 Q값이 복잡하기 때문입니다. Q학습에서 이용하는 Q값은 상태 s와 액션 a로 구성됩니다. 실제 문제에서 Q학습의 경우, 상태 s와 액션 a의 수가 방대하여 간단한 표의 이미지로는 모두 담을 수 없게 됩니다.

앞 장(▶ 7장)의 예로 생각해봅시다. 7장에서 다룬 **예제** 에서 '상태'의 수는 8개였습니다. 상태에 대한 액션의 수도 고작 4가지였습니다. 따라서 표로 Q값을 정리할 수 있었습니다.

Q값	액션			
	오른쪽	위쪽	왼쪽	아래쪽
1	31.96	닫힘	닫힘	32.11
2	10.41	닫힘	18.46	47.30
3	닫힘	닫힘	26.90	닫힘
4	47.30	20.52	닫힘	47.29
5	닫힘	31.81	21.62	69.00
6	닫힘	닫힘	닫힘	닫힘
7	69.00	24.85	닫힘	닫힘
8	100.00	46.43	47.29	닫힘
9(도착)	0	0	0	0

(상태: 1~9(도착))

◀ 7장 **예제** 의 결론. Q값은 테이블(즉, 표)로 표현되어 있다.

혹시 환경이 복잡하여 '상태'와 '액션'의 수가 방대해질 때에는 어떻게 하면 좋을까요? Q값을 나타내는 테이블은 매우 복잡해지고, 앞 장에서 살펴본 기법은 실용적이지 않습니다.

이 때 도움이 되는 것이 NN의 정리 능력입니다. 이 능력을 Q학습과 조합하면 복잡한 Q값의 표현을 가능하게 됩니다.

예를 들어, 비디오 게임을 생각해봅시다.

캐릭터가 활약하는 비디오 게임에서는 '상태'는 눈이 어지러울 정도로 빠르게 변하고, 그 속에서 움직이는 캐릭터의 '액션'은 복잡합니다. 여기에서 Q학습을 그대로 적용하려고 하면, Q값을 함수의 식이나 테이블로 표현하는 것은 실질적으로 불가능해집니다. 따라서 NN이 등장합니다.

NN은 비디오 게임의 복잡한 상태·액션으로부터 '특징 추출'을 하여 정보를 정리해줍니다. 복잡한 비디오 게임을 제패한 DQN의 비밀은 여기에 있습니다.

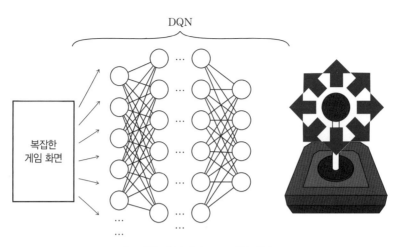

복잡한
게임 화면

DQN

▲ DQN을 구현한 게임 대전 프로그램은 최강.

§2 DQN의 알고리즘

▶ 7장과 동일한 예제 (다음에 다시 수록)를 이용하여 구체적으로 DQN의 알고리즘을 살펴봅시다.

▶ 개미로부터 배우는 DQN

예제 정사각형 벽 안에 칸막이로 구분된 8개의 방이 오른쪽 그림과 같이 있습니다. 방과 방의 칸막이에는 구멍이 있고, 개미는 자유롭게 통과할 수 있다고 합시다. 왼쪽 위의 방에 집이 있고, 오른쪽 아래에 보상이 되는 케이크가 있습니다. 개미가 집으로부터 케이크로 가는 최단경로 탐색의 학습에 DQN을 적용하시오(오른쪽 중앙의 방에는 들어갈 수 없습니다).

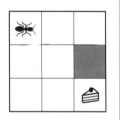

주 ▶ 7장 예제 와 동일한 조건이 성립한다고 가정합니다.

이 예제에서 개미의 동작과 Q값의 계산식은 ▶ 7장과 완전히 동일합니다. 다른 점은 학습 결과의 기록 방법입니다.

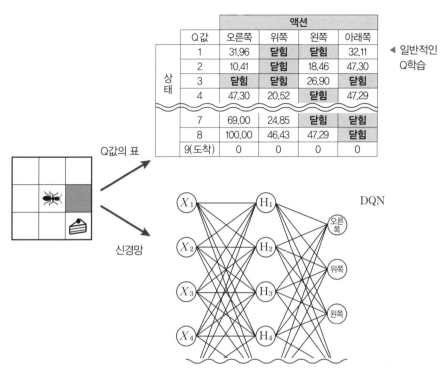

	액션			
Q값	오른쪽	위쪽	왼쪽	아래쪽
1	31.96	**닫힘**	**닫힘**	32.11
2	10.41	**닫힘**	18.46	47.30
3	**닫힘**	**닫힘**	26.90	**닫힘**
4	47.30	20.52	**닫힘**	47.29
7	69.00	24.85	**닫힘**	**닫힘**
8	100.00	46.43	47.29	**닫힘**
9(도착)	0	0	0	0

◀ 일반적인 Q학습

Q값의 표

신경망

DQN

▲ Q학습에서 Q값을 표 이미지로 인식하는 것이 Q학습, NN 이미지로 인식하는 것이 DQN.

앞 장의 Q학습에서는 학습 결과가 Q값의 표에 저장됩니다. DQN은 학습 결과를 NN에 저장합니다.

▶ DQN의 입출력

Q학습의 기본적인 정책은 Q값을 상태 s와 액션 a의 함수 $Q(s, a)$로 표현하는 것입니다. 이미지로 말하자면 상태를 행에, 액션을 열로 하는 Q값 테이블을 작성하는 것입니다. 따라서 DQN을 위한 NN은 '상태'가 입력이 되고, '액션'이 출력이 됩니다.

상태 s ⟶ [Q 학습의 결과] ⟶ 액션 a

다음 그림은 이 예제에 대한 DQN의 한 가지 예입니다. 입력은 7가지 상태, 출력은 상하좌우 이동이라는 4가지 액션이 대응합니다.

주 ▶ 7장의 예제에서는 8가지 상태를 살펴보았지만, 목적지에 도착한 상태 9의 액션은 필요하지 않기 때문에 실제로 알아보는 상태는 7가지가 됩니다.

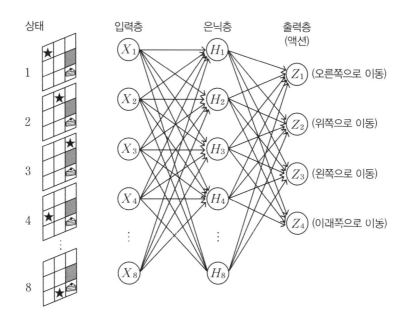

입력층에는 '상태'가 입력됩니다. 상태 s가 i일 때, 입력층 유닛 X_i에는 1, 다른 유닛 $X_j(j \neq i)$에는 0을 입력합니다.

예1 상태 1을 입력층에 입력할 때는 X_1에 1을, 다른 유닛 X_j에 ($j \neq 1$)에는 0을 입력합니다.

주 이와 같은 표현을 **One hot 인코딩**이라고 부른다는 것을 ▶ 6장에서 알아보았습니다.

은닉층에 관해서는 일반적인 제한이 없습니다. 여기가 DQN의 설계자의 솜씨를 보여줄 장면인 것입니다.

출력층에서는 Q값이 출력됩니다. 상태 s의 입력에 대해서 Q값이 되는 $Q(s, a)$가 출력되는 것입니다.

예2 상태 s의 입력에 대한 유닛 Z_1의 출력 $= Q(s, 오른쪽)$

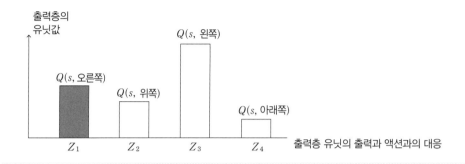

출력층 유닛의 출력과 액션과의 대응

지금까지는 출력층 유닛 Z_k의 출력값은 z_k라고 표기했습니다. 그러나 이 장에서는 Q학습의 표기를 그대로 이용하기로 합니다. 구체적으로 말하면, 상태 s가 입력층에 입력되었을 때의 출력층 유닛 Z_k의 출력값은 $Q(s, k)$라고 표기하기로 합니다. 특히 신경망의 출력인 것을 의식할 때는 $Q_N(s, k)$라고도 표기합니다.

▶ DQN의 목적 함수

▶ 5장에서 살펴본 것처럼, NN을 결정하기 위해서는 NN을 규정하는 파라미터(즉, 가중치와 임곗값)를 결정해야 합니다. 파라마터의 결정 원리는 훈련 데이터에 있는 정답 레이블과 NN이 출력하는 예측값과의 '오차' 전체를 최소화하는 것입니다. 이것은 DQN에서도 동일합니다. 따라서 '오차'의 표현에 관해서 생각해봅시다.

처음에 Q값을 나타내는 함수 $Q(s, a)$의 갱신식을 살펴보겠습니다(▶ 7장 §2 식 $\boxed{6}$).

$$Q(s_t, a_t) \leftarrow Q(s_t, a_t) + \alpha\left(r_{t+1} + \gamma \max_{a_{t+1} \in A(s_{t+1})} Q(s_{t+1}, a_{t+1}) - Q(s_t, a_t)\right) \cdots \boxed{1}$$

이 식으로부터 Q학습의 종료 조건은 다음 식으로 표현됩니다(▶ 7장 §2 식 $\boxed{8}$).

$$r_{t+1} + \gamma \max_{a_{t+1} \in A(s_{t+1})} Q(s_{t+1}, a_{t+1}) - Q(s_t, a_t) \rightarrow 0 \cdots \boxed{2}$$

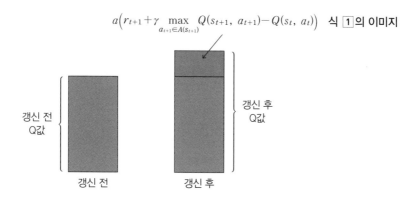

$$a\left(r_{t+1}+\gamma \max_{a_{t+1}\in A(s_{t+1})} Q(s_{t+1},\ a_{t+1})-Q(s_t,\ a_t)\right)$$ **식 1 의 이미지**

갱신 전
Q값

갱신 후
Q값

갱신 전   갱신 후

학습이 종료되면, $Q(s,\ a)$의 갱신은 불필요하게 되어, 식 1 의 ( ) 안의 식 2 는 필연적으로 0이 되기 때문입니다. 이것으로부터 실제의 Q값과 학습 도중의 Q값과의 차이, 즉 학습 후의 Q값과 현 Q값과의 '오차의 기준'은 다음 식으로 표현되는 것을 알 수 있습니다.

$$\text{'오차의 기준'} = r_{t+1}+\gamma \max_{a_{t+1}\in A(s_{t+1})} Q(s_{t+1},\ a_{t+1})-Q(s_t,\ a_t)$$

이것이 0에 가까워지면, DQN의 신경망은 학습을 확실히 수행하고 있다는 것을 나타냅니다.

따라서 이 '오차의 기준'을 DQN에서 이용하는 최적화를 위한 '오차'로서 이용합시다. 즉, DQN의 신경망을 결정할 때, 최적화를 위한 제곱오차 e를 다음과 같이 정의하는 것입니다(▶ 2장 §1).

$$\text{제곱오차 } e = \left(r_{t+1}+\gamma \max_{a_{t+1}\in A(s_{t+1})} Q(s_{t+1},\ a_{t+1})-Q(s_t,\ a_t)\right)^2$$

이 e는 '모든 것을 NN으로 표현할 수 있다'라는 장점도 가지고 있습니다.

목적 함수 E는 Q학습 전체에서 제곱오차의 총합이 됩니다.

$$E = \left(r_{t+1}+\gamma \max_{a_{t+1}\in A(s_{t+1})} Q(s_{t+1},\ a_{t+1})-Q(s_t,\ a_t)\right)^2 \text{의 총합} \cdots \boxed{3}$$

이 목적 함수 E를 최소화함으로써 NN의 파라미터(즉, 가중치와 임곗값)가 결정됩니다. 이것이 DQN '최적화'의 기본적인 구조입니다.

앞 절(▶ §2)에서 살펴본 알고리즘을 아래의 구체적인 예에 적용하여 엑셀로 확인해 봅시다.

> **연습** 앞 절(▶ §2)에서 살펴본 **예제** 를 이용하여, 개미가 집으로부터 케이크로 가는 최단경로 탐색의 Q학습에 DQN을 이용하시오.

주 이 절의 워크시트는 다운로드 사이트(▶ 244페이지)에 수록된 파일 '8.xlsx'에 있습니다.

▶ 예제 확인하기

구체적인 이야기에 들어가기 전에, ▶ 7장에서 살펴본 Q학습의 **예제** 를 복습합니다. 우선 상태에 관해서 생각합니다. Q학습의 Q값은 상태 s, 액션 a를 이용하여 함수 $Q(s,\ a)$라고 나타내지만, 이 상태 s로는 다음의 7개를 생각할 수 있습니다.

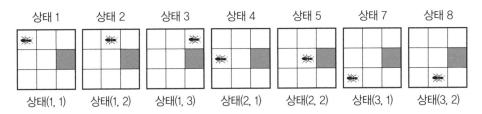

상태 1	상태 2	상태 3	상태 4	상태 5	상태 7	상태 8
상태(1, 1)	상태(1, 2)	상태(1, 3)	상태(2, 1)	상태(2, 2)	상태(3, 1)	상태(3, 2)

주 상태 6은 빠졌지만 프로그래밍을 위한 더미로 확보되어 있습니다.

다음에 아래 표와 같이 액션에 코드를 부여합니다(▶ 7장 §3).

액션 코드

이동	오른쪽	위쪽	왼쪽	아래쪽
액션 코드	1	2	3	4

액션 a는 방을 상하좌우 이동하는 행동에 대응하지만, 한글로 기록하는 것이 번거로울 때에는 이 액션 코드를 이용하기로 합니다.

▶ 신경망과 활성화 함수의 가정

NN으로는 §2에서 예시한 다음 신경망을 가정합니다.

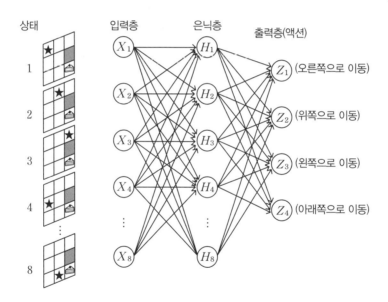

은닉층에는 1층 8개의 유닛을 가정하지만 제한은 없습니다. 입력층의 유닛 X_1 ~X_8은 차례대로 상태 $s_1, s_2, \cdots, s_8$에 대응하는 유닛입니다(X_6은 결번). 또한 출력층 Z_1, Z_2, Z_3, Z_4는 액션 순서대로 오른쪽, 위쪽, 왼쪽, 아래쪽에 대응하는 유닛입니다.

NN에서 이용하는 활성화 함수로서는 다음 함수를 이용하기로 합니다(▶ 5장 §1).

이용하는 층	함수	특징
은닉층	tanh 함수 : $y = \tanh(x)$	파라미터에 음수를 허용할 때에 유효.
출력층	램프 함수 : $y = \max(0,\ x)$	계산이 고속. 출력은 0 이상.

주 활성화 함수로서는 이 두 가지로 제한할 필요는 없습니다. 다만, 출력층의 출력은 1을 초과하는 것도 생각할 수 있기 때문에, 여기에서는 시그모이드 함수는 이용하지 않습니다.

DQN에서 지금부터 해야 할 작업은 앞에서 기술한 신경망의 가중치와 임곗값을 결정하는 것입니다. **예제**를 따라가면서 단계를 밟아 살펴보도록 합시다.

▶ 최적화 도구로 해 찾기를 이용

이 **예제**의 최적화에서 목적함수 E는 다음과 같습니다(▶ §2 식 **3**).

$$E = \left(r_{t+1} + \gamma \max_{a_{t+1} \in A(s_{t+1})} Q(s_{t+1},\ a_{t+1}) - Q(s_t,\ a_t) \right)^2 \text{의 총합} \cdots \boxed{1}$$

이 절에서는 지금부터 앞의 최적화 계산을 엑셀에 준비되어 있는 추가 기능인 '해 찾기'에 맡기도록 합니다. 식 **1**을 보면 알 수 있듯이, 최적화 계산은 다소 번거롭습니다. 해 찾기를 이용하면 그 번잡함이 사라지고 DQN의 본질이 보다 명확해집니다.

주 기본적으로는 위에 기술한 E를 목적함수로 오차역전파법을 이용하여 최적화를 할 수 있습니다.

그런데 약간 '생략'한 것을 양해해주기 바랍니다. 앞 장(▶ 7장)에서 이미 산출되는 다음 값(이 책에서 '기대보상'이라고 부르는 값)을 식 **1**의 해당 항에 빌려 씁니다.

$$\text{기대보상} : r_{t+1} + \gamma \max_{a_{t+1} \in A(s_{t+1})} Q(s_{t+1},\ a_{t+1}) \cdots \boxed{2}$$

이것을 식 **1**에 적용하고, 남은 $Q(s_t,\ a_t)$에 NN을 적용하면 되는 것입니다. 이러한 복합적인 방법으로 워크시트는 크게 간결해집니다.

해 찾기는 하나의 워크시트만 계산할 수 있습니다. 하나의 워크시트에 DQN 처리 전체를 담으려고 하면, 책을 읽기가 매우 어려워집니다. 그것이 이렇게 '생략'한 이유입니다.

주 매크로(즉, VBA)를 사용해도 DQN의 처리는 간단하지만, '초입문'이라는 이 책의 목적에 반하므로 피하였습니다.

또한 Q값을 표현하기 위해 이용하는 NN의 출력을 워크시트 상에서는 $Q_N(s, a)$이라고 표기하도록 합니다. 앞 장의 Q값 함수값 $Q(s, a)$와 구별하기 위한 것입니다.

주 Q_N의 첨자 N은 Neural Network의 머리글자를 의미합니다.

▶ 엑셀을 이용한 DQN

위에 기술한 것처럼, 식 **2**의 값은 앞 장(▶ 7장)의 결과를 빌려왔습니다. 따라서 식 **1**에서 해야 할 일은 NN으로 식 **2**의 값을 표현하는 것입니다. 그러기 위해서는 다음 단계를 따라갑시다.

❶ 7장 Q학습의 처리 결과를 정리합니다.

앞 장(▶ 7장) **예제** 의 Q학습으로 구해진 에피소드의 각 단계에 따른 처리 결과를 정리합시다. Q학습의 워크시트로부터 모든 에피소드의 모든 단계에 관해, 상태 s_t, 액션 a_t, 그리고 식 **2**로 제시한 다음 '기대보상'을 추려냅니다.

$$r_{t+1} + \gamma \max_{a_{t+1} \in A(s_{t+1})} Q(s_{t+1}, a_{t+1})$$

주 이 식의 값은 워크시트에서 '$r + \gamma \max Q$'라고 표현되어 있습니다.

또한 입력층의 각 유닛에는 대응하는 상태일 때에는 1이, 그 외에는 0이 입력됩니다 (다음의 워크시트 참조).

▶ 7장에서 구한 Q학습의 처리 결과를 첫 번째 행에 정리

I15 f_x =IF($F15=I$14,1,0)

번호	episode	step	상태 s_t	Action a_t	r+γmaxQ	1	2	3	4	5	6	7	8	임곗값
					Q학습의 결과				입력층					
1	1	1	1	4	3.20	1	0	0	0	0	0	0	0	-1
2	1	2	4	4	4.60	0	0	0	1	0	0	0	0	-1
3	1	3	7	1	4.60	0	0	0	0	0	0	1	0	-1
4	1	4	8	2	3.90	0	0	0	0	0	0	0	1	-1
5	1	5	5	2	2.50	0	0	0	0	1	0	0	0	-1
6	1	6	2	4	3.90	0	1	0	0	0	0	0	0	-1
7	1	7	5	4	4.60	0	0	0	0	1	0	0	0	-1
8	1	8	8	1	100.00	0	0	0	0	0	0	0	1	-1
9	1	9	9	1	0.00	0	0	0	0	0	0	0	0	-1
10	1	10	9	3	0.00	0	0	0	0	0	0	0	0	-1

DQN의 실제 (예) 최단 경로의 학습

상태에 대응하는 값을 1, 그 외에는 0으로 설정(One hot 인코딩)

단계 ❸ 참조

또한 이 그림과 같이 앞으로는 1에피소드 만을 예시합니다. 별도로 기록하지 않는 한 다른 에피소드에 관해서도 기본은 동일합니다.

❷ 가중치와 임곗값의 초깃값을 설정합니다.

일반적인 NN(▶ 5장)의 경우와 마찬가지로 DQN을 위한 NN에 대해서도 파라미터의 초깃값이 필요합니다. 임의로 초깃값을 설정합니다.

주 초깃값에 따라 최적화 계산은 다릅니다. 산출 결과가 기댓값대로 되지 않는 경우에는 다양하게 변화시켜 봅시다.

	1	2	3	4	5	6	7	8	임곗값
1	1.34	2.28	-2.01	-1.44	1.61	0.00	1.30	1.82	0.69
2	2.04	-1.29	-1.46	-1.04	1.32	0.00	0.22	1.96	-0.55
3	-0.95	0.96	0.94	0.95	0.21	0.00	2.10	2.21	1.53
4	-1.49	-1.45	1.35	2.19	-2.27	0.00	0.33	1.80	1.47
5	1.05	1.00	1.06	-1.96	1.24	0.00	-2.00	1.70	-0.82
6	2.43	1.06	0.45	-0.69	1.23	0.00	1.28	1.63	1.05
7	0.67	0.61	0.68	-0.70	0.06	0.00	0.92	-1.31	-1.09
8	0.81	2.46	0.08	-1.93	-1.92	0.00	0.66	1.17	-1.58

은닉층의 가중치와 임계값 (최적화 전)

▲ 은닉층의 가중치와 임곗값의 초깃값을 가상으로 설정.

AA	AB	AC	AD	AE	AF	AG	AH	AI	AJ	AK
		출력층의 가중치와 임곗값 (최적화 전)								
		1	2	3	4	5	6	7	8	임곗값
	1	0.14	-2.05	1.62	-1.02	-1.50	-0.77	2.02	-0.71	0.87
	2	-0.11	2.27	1.98	-2.43	-0.37	-0.14	1.39	1.51	-1.08
	3	-1.46	-0.51	-0.50	1.22	1.37	1.03	0.53	0.47	-0.07
	4	2.11	-0.31	-1.88	0.80	0.64	1.00	0.87	2.09	-0.71

▲ 출력층의 가중치와 임곗값의 초깃값을 가상으로 설정.

❸ 은닉층에 관해서 각 유닛의 '입력의 선형합'과 출력을 산출합니다.

활성화 함수로서 tanh를 이용했습니다. 또한 '입력의 선형합'의 계산을 간결하게 하기 위해, 임곗값을 위한 더미값 입력 −1을 이용하고 있습니다(▶ 5장 §1).

〈은닉층의 '입력의 선형합' 산출〉

R15　fx　=SUMPRODUCT($R$4:$Z$4,$I15:$Q15)

'입력의 선형합' 계산

은닉층의 가중치와 임계값 (최적화 전)

	1	2	3	4	5	6	7	8	임곗값
1	1.34	2.28	-2.01	-1.44	1.61	0.00	1.30	1.82	0.69
2	2.04	-1.29	-1.46	-1.04	1.32	0.00	0.22	1.96	-0.55
3	-0.95	0.96	0.94	0.95	0.21	0.00	2.10	2.21	1.53
4	1.49	-1.45	1.35	2.19	-2.27	0.00	0.33	1.80	1.47
5	1.05	1.00	1.06	-1.96	1.24	0.00	-2.00	1.70	-0.82
6	2.43	1.06	0.45	-0.69	1.23	0.00	1.28	1.63	1.05
7	0.67	0.61	0.68	-0.70	0.06	0.00	0.92	-1.31	-1.09
8	0.81	2.46	0.08	-1.93	-1.92	0.00	0.66	1.17	-1.58

입력의 선형합을 산출하기 위한 대응 예

	입력층									은닉층 입력의 합								
번호	1	2	3	4	5	6	7	8	임곗값	1	2	3	4	5	6	7	8	1
1	1	0	0	0	0	0	0	0	-1	0.65	2.59	-2.48	-2.96	1.87	1.38	1.75	2.40	0.57
2	0	0	0	1	0	0	0	0	-1	-2.13	-0.50	-0.58	0.73	-1.14	-1.74	0.39	-0.35	-0.97
3	0	0	0	0	0	0	1	0	-1	0.61	0.77	0.58	-1.14	-1.18	0.23	2.00	2.25	0.55
4	0	0	0	0	0	0	0	1	-1	1.14	2.51	0.68	0.34	2.52	0.58	-0.22	2.76	0.81
5	0	0	0	0	1	0	0	0	-1	0.92	1.87	-1.32	-3.73	2.06	0.18	1.15	-0.33	0.73
6	0	1	0	0	0	0	0	0	-1	1.59	-0.74	-0.57	-2.92	1.81	0.01	1.69	4.05	0.92
7	0	0	0	0	1	0	0	0	-1	0.92	1.87	-1.32	-3.73	2.06	0.18	1.15	-0.33	0.73
8	0	0	0	0	0	0	0	1	-1	1.14	2.51	0.68	0.34	2.52	0.58	-0.22	2.76	0.81
9	0	0	0	0	0	0	0	0	-1	-0.69	0.55	-1.53	-1.47	0.82	-1.05	1.09	1.58	-0.60
10	0	0	0	0	0	0	0	0	-1	-0.69	0.55	-1.53	-1.47	0.82	-1.05	1.09	1.58	-0.60

임곗값 칸에 있는 −1의 입력에 관해서는 ▶ 5장 §1을 참조

〈은닉층의 '출력' 산출〉

Z15 f_x {=TANH(R15:Y24)}

> 은닉층의 활성화 함수는 tanh 함수를 이용

번호	1	2	3	4	5	6	7	8	1	2	3	4
	은닉층 입력의 합								은닉			
1	0.65	2.59	-2.48	-2.96	1.87	1.38	1.75	2.40	0.57	0.99	-0.99	-0.99
2	-2.13	-0.50	-0.58	0.73	-1.14	-1.74	0.39	-0.35	-0.97	-0.46	-0.52	0.62
3	0.61	0.77	0.58	-1.14	-1.18	0.23	2.00	2.25	0.55	0.65	0.52	-0.81
4	1.14	2.51	0.68	0.34	2.52	0.58	-0.22	2.76	0.81	0.99	0.59	0.32
5	0.92	1.87	-1.32	-3.73	2.06	0.18	1.15	-0.33	0.73	0.95	-0.87	-1.00
6	1.59	-0.74	-0.57	-2.92	1.81	0.01	1.69	4.05	0.92	-0.63	-0.52	-0.99
7	0.92	1.87	-1.32	-3.73	2.06	0.18	1.15	-0.33	0.73	0.95	-0.87	-1.00
8	1.14	2.51	0.68	0.34	2.52	0.58	-0.22	2.76	0.81	0.99	0.59	0.32
9	-0.69	0.55	-1.53	-1.47	0.82	-1.05	1.09	1.58	-0.60	0.50	-0.91	-0.90
10	-0.69	0.55	-1.53	-1.47	0.82	-1.05	1.09	1.58	-0.60	0.50	-0.91	-0.90

❹ 출력층에 관해서 각 유닛의 '입력의 선형합'과 출력을 산출합니다.

활성화 함수로서 램프 함수를 이용하고 있습니다(▶ 5장 §1). 출력이 0 이상 임의의 값을 취할 필요가 있기 때문입니다.

〈출력층의 '입력의 선형합' 산출〉

AI15 f_x =SUMPRODUCT($AC$4:$AK$4,$Z15:$AH15)

DQN

출력층의 가중치와 임곗값 (최적화 전)

임곗값		1	2	3	4	5	6	7	8	임곗값
0.69	1	0.14	-2.05	1.62	-1.02	-1.50	-0.77	2.02	-0.71	0.87
-0.55	2	-0.11	2.27	1.98	-2.43	-0.37	-0.14	1.39	1.51	-1.08
1.53	3	-1.46	-0.51	-0.50	1.22	1.37	1.03	0.53	0.47	-0.07
1.47	4	2.11	-0.31	-1.88	0.80	0.64	1.00	0.87	2.09	-0.71
-0.82										
1.05										
-1.09										
-1.58										

> 입력의 선형합을 산출하기 위한 대응 예
> 입력의 선형합 계산 예

번호	1	2	3	4	5	6	7	8	임곗값	1	2	3	4
	은닉층의 출력									출력층의 입력의 합			
1	0.57	0.99	-0.99	-0.99	0.95	0.88	0.94	0.98	-1	-4.30	6.04	1.20	7.03
2	-0.97	-0.46	-0.52	0.62	-0.82	-0.94	0.37	-0.33	-1	1.39	-1.96	0.69	-1.54
3	0.55	0.65	0.52	-0.81	-0.83	0.22	0.96	0.98	-1	1.88	8.59	-2.23	2.61
4	0.81	0.99	0.59	0.32	0.99	0.52	-0.22	0.99	-1	-5.17	4.39	0.73	4.30
5	0.73	0.95	-0.87	-1.00	0.97	0.18	0.82	-0.32	-1	-2.82	4.14	-0.47	3.62
6	0.92	-0.63	-0.52	-0.99	0.95	0.01	0.93	1.00	-1	0.48	3.41	0.38	6.54
7	0.73	0.95	-0.87	-1.00	0.97	0.18	0.82	-0.32	-1	-2.82	4.14	-0.47	3.62
8	0.81	0.99	0.59	0.32	0.99	0.52	-0.22	0.99	-1	-5.17	4.39	0.73	4.30
9	-0.60	0.50	-0.91	-0.90	0.67	-0.78	0.80	0.92	-1	-1.99	5.01	1.02	2.55
10	-0.60	0.50	-0.91	-0.90	0.67	-0.78	0.80	0.92	-1	-1.99	5.01	1.02	2.55

> 임곗값 칸의 −1에 관해서는 단계 ❸ 및 ▶ 5장 §1을 참조

〈출력층의 '출력' 산출〉

	A	B	AI	AJ	AK	AL	AM	AN	AO	AP
12										
13				출력층의 입력의 합				출력층의 출력		
14		번호	1	2	3	4	1	2	3	4
15		1	-4.30	6.04	1.20	7.03	0.00	6.04	1.20	7.03
16		2	1.39	-1.96	0.69	-1.54	1.39	0.00	0.69	0.00
17		3	1.88	8.59	-2.23	2.61	1.88	8.59	0.00	2.61
18		4	-5.17	4.39	0.73	4.30	0.00	4.39	0.73	4.30
19		5	-2.82	4.14	-0.47	3.62	0.00	4.14	0.00	3.62
20		6	0.48	3.41	0.38	6.54	0.48	3.41	0.38	6.54
21		7	-2.82	4.14	-0.47	3.62	0.00	4.14	0.00	3.62
22		8	-5.17	4.39	0.73	4.30	0.00	4.39	0.73	4.30
23		9	-1.99	5.01	1.02	2.55	0.00	5.01	1.02	2.55
24		10	-1.99	5.01	1.02	2.55	0.00	5.01	1.02	2.55

셀 AM15 = `=MAX(0,AI15)`

출력층의 활성화 함수는 램프 함수를 이용

❺ 출력층의 출력 안에 실제 액션에 대응하는 값을 추출합니다.

출력층의 유닛 Z_1, Z_2, Z_3, Z_4의 출력 중 해당 단계에서 실행되는 액션은 ❶의 'Action a_t' 칸에 구해집니다. 그 액션에 대응하는 출력이 NN의 계산값 $Q_N(s, a)$의 값이 됩니다.

셀 AQ15 = `=OFFSET(AM15,0,G15-1)`

	A	B	C	D	F	G	AM	AN	AO	AP	AQ
12											
13					Q학습의 결과			출력층의 출력			오차
14		번호	episode	step	상태 s_t	Action a_t	1	2	3	4	$Q_N(s_t,a_t)$
15		1	1	1	1	4	0.00	6.04	1.20	7.03	7.03
16		2	1	2	4	4	1.39	0.00	0.69	0.00	0.00
17		3	1	3	7	1	1.88	8.59	0.00	2.61	1.88
18		4	1	4	8	2	0.00	4.39	0.73	4.30	4.39
19		5	1	5	5	2	0.00	4.14	0.00	3.62	4.14
20		6	1	6	2	4	0.48	3.41	0.38	6.54	6.54
21		7	1	7	5	4	0.00	4.14	0.00	3.62	3.62
22		8	1	8	8	1	0.00	4.39	0.73	4.30	0.00
23		9	1	9	9	1	0.00	5.01	1.02	2.55	0.00
24		10	1	10	9	3	0.00	5.01	1.02	2.55	1.02

실제의 액션에 대응하는 NN의 출력값을 추출

❻ 목적함수를 계산합니다.

❺의 결과를 이용하여, NN의 계산값 $Q_N(s, a)$와 식 **2**와의 오차(▶ 식 **1**)를 먼저 구합니다. 그리고 전체 에피소드·전체 단계에 관해 모두 더하고, 목적함수 E(▶ 식 **1**)를 산출합니다. 마지막으로 해 찾기를 이용하여 E를 최소화합니다.

> **MEMO** **ReLU 뉴런**
>
> 램프 함수를 활성화 함수로 하는 뉴런을 **ReLU 뉴런**이라고 부릅니다. 램프 함수 자체도 ReLU 함수라고 부릅니다. 이것은 Rectified Linear Unit(정규화 선형 함수라고 번역됩니다)의 머리글자를 딴 이름입니다. 다루기 쉽기 때문에, 최근 인기가 높은 활성화 함수입니다.

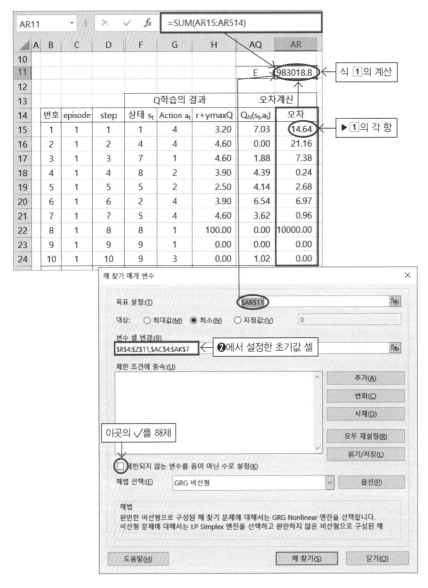

🛈 해 찾기는 엑셀의 표준 추가 기능으로, 설치 작업이 필요한 경우가 있습니다.

이렇게 해서, 다음과 같이 NN의 '가중치'와 '임곗값'이 구해집니다.

〈은닉층〉

	1	2	3	4	5	6	7	8	임곗값
1	10.12	5.54	−1.34	−0.90	25.36	0.00	2.24	−1.38	−6.25
2	−53.48	−4.95	1.88	−9.13	19.74	0.00	0.39	15.89	0.61
3	−1.12	−1.64	0.86	5.78	0.04	0.00	32.46	4.51	−11.62
4	−1.42	−1.41	1.89	−11.57	−2.20	0.00	0.11	2.55	10.73
5	3.06	11.39	1.40	−10.83	14.83	0.00	−12.66	−35.14	−3.21
6	6.99	3.59	0.48	−0.89	14.65	0.00	−6.10	5.16	−8.24
7	0.82	0.71	0.69	3.19	0.07	0.00	1.60	2.22	−18.23
8	0.97	2.50	0.08	−12.70	65.20	0.00	0.59	1.22	−40.51

〈출력층〉

	1	2	3	4	5	6	7	8	임곗값
1	0.15	28.02	7.06	−4.57	−13.35	−1.69	38.27	2.14	−8.15
2	−0.09	7.50	3.88	−8.58	−2.70	−0.12	3.39	4.40	−3.63
3	11.70	2.32	0.87	−5.16	−12.53	6.95	1.87	2.05	−0.11
4	50.32	17.00	−45.38	−8.85	−3.62	5.89	10.77	13.90	−8.38

❼ Q값을 산출하여 개미의 행동을 살펴봅니다.

이상에서 결정된 NN으로부터 Q값을 구해봅시다.

AC15 · ✕ ✓ *fx* =SUMPRODUCT($X$4:$AF$4,$T15:$AB15)

DQN으로 산출한 출력층의 가중치와 임곗값

	1	2	3	4	5	6	7	8	임곗값
1	0.15	28.02	7.06	-4.57	-13.35	-1.69	38.27	2.14	-8.15
2	-0.09	7.50	3.88	-8.58	-2.70	-0.12	3.39	4.40	-3.63
3	11.70	2.32	0.87	-5.16	-12.53	6.95	1.87	2.05	-0.11
4	50.32	17.00	-45.38	-8.85	-3.62	5.89	10.77	13.90	-8.38

산출한 가중치와 임곗값으로부터 각 상태 Q값의 표를 작성

< DQN으로 산출한 Q값 >

상태s_t	은닉층의 출력 1	2	3	4	5	6	7	8	임곗값	오른쪽	위쪽	왼쪽	아래쪽
1	1.00	-1.00	1.00	-1.00	1.00	1.00	1.00	1.00	-1	17.27	닫힘	닫힘	32.10
2	1.00	-1.00	1.00	-1.00	1.00	1.00	1.00	1.00	-1	17.27	닫힘	13.84	32.10
3	1.00	0.85	1.00	-1.00	1.00	1.00	1.00	1.00	-1	닫힘	닫힘	18.14	닫힘
4	1.00	-1.00	1.00	-1.00	-1.00	1.00	1.00	1.00	-1	43.97	18.86	닫힘	39.34
5	1.00	1.00	1.00	-1.00	1.00	1.00	1.00	1.00	-1	닫힘	28.47	18.48	66.10
6	0.00	0.00	0.00	0.00	0.00	0.00	0.00	0.00	0	닫힘	닫힘	닫힘	닫힘
7	1.00	-0.21	1.00	-1.00	-1.00	0.97	1.00	1.00	-1	66.06	24.76	닫힘	닫힘
8	1.00	1.00	1.00	-1.00	1.00	1.00	1.00	1.00	-1	100.02	33.87	43.55	닫힘

산출한 Q값으로 각 방의 출구에 Q값을 고쳐 써 봅시다. 그리고 그 최댓값에 따라 개미를 행동(액션)하게 합니다.

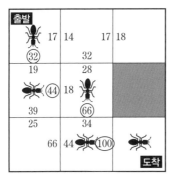

◀ 각 방의 Q값. 최댓값에 ○ 표시를 한다.

㈜ 수치는 소수부를 반올림하고 있습니다.

개미는 ▶ 7장에서 살펴본 Q학습의 결과와 동일한 행동을 취하는 것을 알 수 있습니다. DQN, 즉 NN에 의한 Q값의 근사값이 타당하다는 것을 확인할 수 있을 것입니다.

㈜ 실제적으로 이와 같은 Q값의 표는 작성할 수 없습니다. 이것이 가능하다면, DQN은 불필요합니다. 또한 ▶7장에서 구한 Q값과는 값이 크게 다릅니다. 이것은 학습 횟수(= 50회)가 적기 때문이라고 생각할 수 있습니다.

MEMO 심층강화학습

강화학습과 딥러닝을 조합한 AI 기법을 일반적으로 **심층강화학습**이라고 부르고 있습니다. 이 심층강화학습 중에 가장 기본적인 기법의 하나가 이 장에서 살펴본 DQN(Deep Q-Network)입니다.

2016년 3월, 구글(Google)의 자회사인 딥마인드(DeepMind) 사가 개발한 알파고(AlphaGo)가 바둑계의 최고수인 이세돌 기사에게 4승1패로 승리를 거둔 것이 큰 화제가 되었습니다. 이 알파고(AlphaGo)는 심층강화학습을 응용한 것입니다. 이것은 강화학습과 딥러닝의 강력한 능력을 제시한 대표적 사례의 하나가 되었습니다. 그동안 '프로기사에게 승리하는 AI는 당분간 불가능'이라고 믿고 있었기 때문입니다. 강화학습과 딥러닝의 조합을 탄생시킨 기술의 앞으로 어떻게 발전할지 기대됩니다.

9장

나이브 베이즈 분류

딥러닝의 발전으로 다소 빛이 바랜 느낌이 있지만, 21세기 초에 베이즈 이론은 AI의 세계에서 일세를 풍미한 적이 있습니다. 마이크로소프트 사의 창업자인 빌 게이츠가 "21세기 마이크로소프트의 기본 전략은 베이즈 기술이다."라고 말한 것은 2001년의 일입니다.

나이브 베이즈 분류 알고리즘

'베이즈 분류'에 관해서는 ▶ 2장 §6에서 살펴보았습니다. 베이즈 분류의 가장 간단하고 유명한 응용 중 하나가 **나이브 베이즈 분류**입니다. 간단하지만 의외로 도움이 되는 것으로 알려져 있습니다. AI의 목적 중 하나가 분류와 식별이지만, 이것이 간단하게 구현되는 것은 경이적입니다.

▶ 베이즈 필터의 구조

베이즈 이론을 응용한 분류 알고리즘을 **베이즈 필터**라고 부릅니다. 대표적인 응용 사례로는 '스팸 메일의 분류'가 있습니다. 불필요한 정보를 확률적으로 배제하는 기법입니다.

많은 스팸 메일에는 특징적인 단어가 이용되고 있습니다. 예를 들면, 성인물 계열의 스팸 메일이라면 '무료', '비밀' 등의 단어가 많이 이용됩니다. 이러한 단어가 이용되고 있는 메일은 스팸 메일의 '냄새'가 납니다.

반대로 스팸 메일에는 보통 이용되지 않는 단어가 있습니다. 예를 들면, '과학'이라던가 '통계' 등의 단어는 스팸 메일에는 별로 이용되지 않습니다. 이러한 단어가 이용되고 있는 메일은 정상 메일의 '냄새'가 납니다. 이와 같이 '냄새'로 구분하는 것을 베이즈 이론으로 수행하는 것이 베이즈 필터입니다.

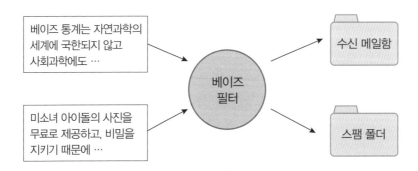

▶ 나이브 베이즈 분류

베이즈 필터 중에서도 가장 단순한 필터가 **나이브 베이즈 분류**라고 부르는 방법입니다. 나이브 베이즈 분류는 메일 내 단어의 상관관계를 완전히 무시합니다. 앞에 기술한 스팸 메일의 예로 말하면, '비밀'과 '무료'라는 두 가지 단어 사이에는 강한 상관관계가 있겠지만, 이것을 없는 것으로 만들어 버리는 것입니다. 이와 같이 단순화해도 효과적이어서, 많은 스팸 메일 필터의 기본으로 이용되고 있습니다.

▶ 구체적인 예

다음의 예제 로 '나이브 베이즈 분류'의 구조를 알아봅시다.

> 예제 스팸 메일인가 정상 메일인가를 알아보기 위해, 네 가지 단어 '비밀', '무료', '통계', '과학'에 주목합니다. 이러한 단어는 다음 확률로 스팸 메일과 정상 메일에 포함되어 있는 것으로 알려져 있습니다.
>
> | 검출 단어 | 스팸 메일 | 정상 메일 |
> |:---:|:---:|:---:|
> | 비밀 | 0.7 | 0.1 |
> | 무료 | 0.7 | 0.3 |
> | 통계 | 0.1 | 0.4 |
> | 과학 | 0.2 | 0.5 |
>
> 어느 메일을 살펴본 결과, 다음 순서로 단어가 검색되었습니다.
>
>   비밀, 무료, 과학
>
> 이 메일은 스팸 메일, 정상 메일 중 어느 쪽으로 분류하는 것이 좋은가 알아봅시다. 다만, 수신 메일 중에 스팸 메일과 정상 메일의 비율은 6 : 4로 합니다.

다음에서 단계를 따라 풀어봅시다.

예제를 정리합시다. 또한 여기에서 이용하는 가정과 데이터, 우도 등의 단어에 관해 서는 ▶ 2장 §6을 참조하기 바랍니다.

우선 가정(H)으로 다음 두 가지를 정의합니다.

가정 H	H_1	H_2
의미	수신 메일은 스팸 메일	수신 메일은 정상 메일

또한 데이터(D)로 다음 네 가지를 정의합니다.

데이터	의미
D_1	수신 메일에 '비밀'이라는 단어가 검출된다.
D_2	수신 메일에 '무료'라는 단어가 검출된다.
D_3	수신 메일에 '통계'라는 단어가 검출된다.
D_4	수신 메일에 '과학'이라는 단어가 검출된다.

우도는 문제에 제시된 것을 그대로 이용합니다.

D	H_1(스팸 메일)	H_2(정상 메일)
D_1(비밀)	0.7	0.1
D_2(무료)	0.7	0.3
D_3(통계)	0.1	0.4
D_4(과학)	0.2	0.5

◀ 우도의 표

▶ **공식 준비**

베이즈의 기본 공식(▶ 2장 §6)을 이 문제에 맞게 작성해봅시다.

$$P(H_i \mid D_j) = \frac{P(D_j \mid H_i)P(H_i)}{P(D_j)} \quad (i = 1,\ 2\ ;\ j = 1,\ 2,\ 3,\ 4)$$

여기에서 우변의 분모 $P(D_j)$는 단어 D_j의 수신 확률이고, 메일이 '스팸'이든지 '보통'이든지에 관계없이 공통적인 값을 가집니다. 따라서 다음 관계가 성립합니다.

$$\frac{P(H_1 \mid D_j)}{P(H_2 \mid D_j)} = \frac{P(D_j \mid H_1)P(H_1)}{P(D_j \mid H_2)P(H_2)} \cdots \boxed{1}$$

이것이 이론을 간단하게 만들어주는 비밀입니다.

▶ 사전 확률의 설정

지금까지 수신한 스팸 메일과 정상 메일의 수신 숫자의 비를 사전확률로 이용합시다. 여기에서는 문제로부터 다음과 같이 설정합니다.

$$P_0(H_1) = 0.6 \;,\; P_0(H_2) = 0.4 \cdots \boxed{2}$$

이 설정을 포함하는 것이 나이브 베이즈에 의한 필터의 정확도를 높게 하는 이유의 하나입니다.

지금까지 한 것을 표로 표시하면, 앞으로 보기가 쉬워집니다.

가정 H	H_1	H_2
사전확률	0.6	0.4

◀ 사전확률의 표

▶ 베이즈 갱신을 충분히 활용

예제 에서 처음에 '비밀' D_1을 얻었기 때문에, 이것을 얻은 후의 사후확률을 생각해 봅시다. 이 데이터 D_1을 얻은 후의 사후확률 $P_1(H_1 \mid D_1)$, $P_1(H_2 \mid D_1)$의 비는 $\boxed{1}$로 부터 다음과 같이 나타낼 수 있습니다.

$$\frac{P_1(H_1 \mid D_1)}{P_1(H_2 \mid D_1)} = \frac{P(D_1 \mid H_1)P_0(H_1)}{P(D_1 \mid H_2)P_0(H_2)} \cdots \boxed{3}$$

두 번째 얻은 데이터 '무료' D_2를 처리합시다. 이 때, 베이즈 갱신을 이용하여 사전확률은 $\boxed{2}$로 대신하고 첫 번째 사후확률 $P_1(H_1 \mid D_1)$, $P_1(H_2 \mid D_1)$을 이용합니다. 또한 각 데이터가 독립이라는 것을 가정하므로 우도는 앞의 표에 있는 값을 그대로 이용할 수 있습니다. 그러면 이 데이터 D_2를 얻은 후의 사후확률 $P_2(H_1 \mid D_2)$, $P_2(H_2 \mid D_2)$의 비는 $\boxed{1}$로부터 다음과 같이 나타낼 수 있습니다.

$$\frac{P_2\left(H_1 \mid D_2\right)}{P_2\left(H_2 \mid D_2\right)} = \frac{P(D_2 \mid H_1)P_1\left(H_1 \mid D_1\right)}{P(D_2 \mid H_2)P_1\left(H_2 \mid D_1\right)} \cdots \boxed{4}$$

마찬가지로 세 번째 얻은 데이터 '과학' D_4를 처리합시다. 사전확률은 베이즈 갱신으로부터 $P_2\left(H_1 \mid D_2\right)$, $P_2\left(H_2 \mid D_2\right)$를 이용하고, 우도는 앞의 표에 있는 값을 그대로 이용합니다. 그러면 데이터 D_4를 얻은 후의 사후확률 $P_3\left(H_1 \mid D_4\right)$, $P_3\left(H_2 \mid D_4\right)$의 비는 $\boxed{1}$로부터 다음과 같이 나타낼 수 있습니다.

$$\frac{P_3\left(H_1 \mid D_4\right)}{P_3\left(H_2 \mid D_4\right)} = \frac{P(D_4 \mid H_1)P_2\left(H_1 \mid D_2\right)}{P(D_4 \mid H_2)P_2\left(H_2 \mid D_2\right)} \cdots \boxed{5}$$

데이터를 얻은 후의 사후확률 $\boxed{3}$~$\boxed{5}$를 모두 곱해 봅시다.

$$\frac{P_1\left(H_1 \mid D_1\right)}{P_1\left(H_2 \mid D_1\right)} \frac{P_2\left(H_1 \mid D_2\right)}{P_2\left(H_2 \mid D_2\right)} \frac{P_3\left(H_1 \mid D_4\right)}{P_3\left(H_2 \mid D_4\right)}$$
$$= \frac{P(D_1 \mid H_1)P_0\left(H_1\right)}{P(D_1 \mid H_2)P_0\left(H_2\right)} \frac{P(D_2 \mid H_1)P_1\left(H_1 \mid D_1\right)}{P(D_2 \mid H_2)P_1\left(H_2 \mid D_1\right)} \frac{P(D_4 \mid H_1)P_2\left(H_1 \mid D_2\right)}{P(D_4 \mid H_2)P_2\left(H_2 \mid D_2\right)}$$

양변에서 공통인 항을 제거해보겠습니다.

$$\frac{P_3\left(H_1 \mid D_4\right)}{P_3\left(H_2 \mid D_4\right)} = \frac{P_0\left(H_1\right)}{P_0\left(H_2\right)} \frac{P(D_1 \mid H_1)}{P(D_1 \mid H_2)} \frac{P(D_2 \mid H_1)}{P(D_2 \mid H_2)} \frac{P(D_4 \mid H_1)}{P(D_4 \mid H_2)}$$

비의 형식을 취하면, 더 이해하기 쉬워질 것입니다.

$$P_3\left(H_1 \mid D_4\right) : P_3\left(H_2 \mid D_4\right)$$
$$= P_0\left(H_1\right)P(D_1 \mid H_1)P(D_2 \mid H_1)P(D_4 \mid H_1) : P_0\left(H_2\right)P(D_1 \mid H_2)P(D_2 \mid H_2)P(D_4 \mid H_2)$$

이것이 '나이브 베이즈 분류'의 결론에 해당하는 식입니다. 즉 다음의 일반적인 결론이 얻어지는 것입니다.

전체 데이터를 얻은 후 사후확률의 비는 각 메일의 사전확률에 데이터별 우도를 순서대로 곱해서 얻어지는 값의 비와 일치한다.

그런데 1통의 메일이 스팸 메일인가 정상 메일인가를 판정한다는 것은, 마지막 사후확률 $P_3\left(H_1 \mid D_4\right)$, $P_3\left(H_2 \mid D_4\right)$의 대소만의 문제가 됩니다. 이렇게 해서 처음의 사전확률에 우도를 단순히 서로 곱하여 결과의 대소를 판정하는 것만으로 스팸 메일인가 정상 메일인가를 판정할 수 있게 되는 것입니다.

이상의 내용을 **예제** 에 맞추어 표로 나타내봅시다.

	H_1(스팸 메일)	H_2(정상 메일)
사전확률	0.6	0.4
비밀(D_1)	0.7	0.1
무료(D_2)	0.7	0.3
과학(D_4)	0.2	0.5
마지막 사후확률비	0.6×0.7×0.7×0.2	0.4×0.1×0.3×0.5

이 표의 마지막 행의 결과로부터 다음의 결론이 얻어집니다.

$$P_3\left(H_1 \mid D_4\right) : P_3\left(H_2 \mid D_4\right) = 0.6 \times 0.7 \times 0.7 \times 0.2 : 0.4 \times 0.1 \times 0.3 \times 0.5$$
$$= 0.0588 : 0.0060$$

즉,

$$P_3\left(H_1 \mid D_4\right) > P_3\left(H_2 \mid D_4\right)$$

원인이 '스팸 메일(H_1)'이 되는 확률이 크기 때문에 수신 메일은 '스팸 메일'이라고 판정되는 것입니다.

이렇게 해서 **예제** 의 해답이 얻어졌습니다. 그리고 이것이 나이브 베이즈 분류의 아이디어입니다. 나이브라는 이름을 붙이는 만큼 대부분의 계산이 간단합니다. 이 결과를 일반화하기 쉬울 것입니다.

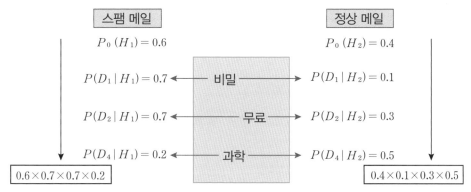

▲ 구하고 싶은 사후확률의 비는 사전확률에 데이터별로 우도(출현확률)를 서로 곱한 값의 비가 된다. 즉, 데이터가 나타날 때마다 해당 우도(출현확률)를 사전확률에 곱하고 마지막에 값을 비교하면 스팸 메일인가 정상 메일인가를 판정할 수 있다. 또한 실제의 계산은 곱을 합으로 변환하는 로그를 이용하여 수행하는 것이 보통이다.

베이즈 분류를 엑셀로 체험

베이즈 이론은 신경망의 경우와 마찬가지로 엑셀의 워크시트로 표현하기에 적절합니다. 이론의 구조가 워크시트와 잘 어울리기 때문에 이해하기 쉽습니다.

▶ 엑셀을 이용한 나이브 베이즈 분류

나이브 베이즈 분류의 구체적인 예를 살펴봅시다.

연습 ▶ §1에서 살펴본 **예제** 를 엑셀로 확인해보시오.

주 이 절의 워크시트는 다운로드 사이트(▶ 244페이지)에 수록된 파일 '9.xlsx'에 있습니다.

다음의 단계를 따라가며 설명하겠습니다.

❶ 사전확률과 우도를 설정합니다.

문제에 있는 우도와 사전확률을 워크시트에 설정합니다.

	A	B	C	D	E
1		**나이브 베이즈 분류**			
2		①우도와 사전확률의 설정			
3			D(검출어)	H₁(스팸)	H₂(정상)
4			비밀	0.7	0.1
5			무료	0.7	0.3
6			통계	0.1	0.4
7			과학	0.2	0.5
8					
9				H₁(스팸)	H₂(정상)
10			사전확률	0.6	0.4

우도. ▶ §2 **예제** 의 표를 그대로 입력

사전확률. ▶ §1 **예제** 의 자료. 즉, 지금까지 수신한 스팸 메일과 정상 메일 수의 비를 입력

❷ 데이터를 입력합니다.

수신 메일에서 검출된 단어를 입력하고, 이것에 대한 우도를 단계 **❶**의 표로부터 인용합니다.

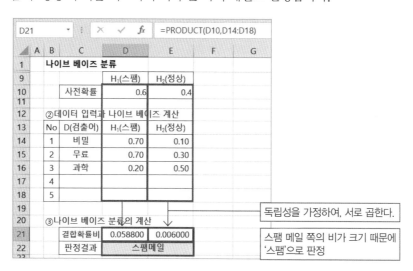

❸ 나이브 베이즈 계산을 실행합니다.

독립성을 가정하여 사전확률과 우도를 세로로 서로 곱하여 결합확률의 비를 구합니다. '스팸'과 '정상'의 비를 비교하여 비가 큰 쪽의 메일로 판정합니다.

MEMO ｜ **나이브 베이즈 분류는 항아리 문제와 동일**

　스팸 메일을 구분하는 것을 생각할 때 가장 간단한 방법은 **나이브 베이즈 분류**였을 것입니다. 이 분류 방법은 단어의 관계를 무시합니다. 한 단어가 나타날 때마다 이것이 스팸 메일인가의 여부에 대한 확률비를 베이즈 공식에 기초하여 구합니다. 메일의 단어를 모두 스캔한 후에 스팸 메일의 누적 확률이 정상 메일의 누적확률보다 클 때 '스팸 메일'이라고 판단합니다.

　그런데 이 모델은 ▶ 2장에서 상세히 설명한 항아리와 구슬 문제와 같습니다. 예를 들면, '아이돌'이라는 단어를 구슬에 비유해봅시다. 이것이 '스팸 메일'의 항아리로부터 꺼낸 구슬인가 '정상 메일'의 항아리로부터 꺼낸 구슬인가의 비를 확률적으로 산출해봅니다.

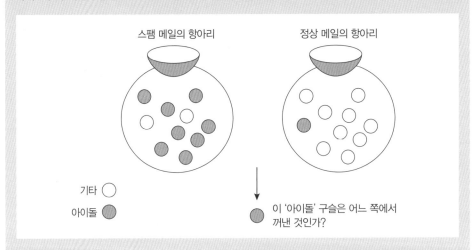

　'아이돌'이라는 단어가 나타나는 우도는 각 항아리에 들어 있는 구슬의 비율로 산출됩니다. 또한 사전확률에는 항아리의 선택 확률과 정상 메일과의 경험적인 메일 수의 비가 해당됩니다.

　이렇게 해서 나이브 베이즈 분류에 의한 '아이돌'에 관한 산출 결과와 이 항아리 모델에 의한 산출 결과는 동일한 값이 됩니다.

　이상과 같이 '항아리와 구슬' 모델은 베이즈 이론을 응용할 때 강력한 무기가 됩니다. 복잡한 문제라도 일단 '항아리와 구슬' 모델로 치환하여 생각하면 이해할 수 있는 경우가 있습니다.

부록

신경망의 훈련 데이터

▶ 5장의 예제 에서 이용한 신경망을 위한 학습 데이터를 제시합니다. 숫자 '0'과 '1'을 4×3 화소로 그렸습니다. 화소는 0과 1의 두 값입니다.

주1 본문에서는 진하게 칠해진 화소를 1, 하얀 부분을 0으로 하고 있습니다.

주2 수치화된 데이터는 다운로드 사이트(▶ 244페이지)의 샘플 파일에 있는 '부록A.xlsx'에 수록되어 있습니다.

번호	1	2	3	4	5	6	7	8	9	10	11	12	13	14	15
정답「0」	1	0	0	0	1	1	0	0	1	0	1	0	0	1	1
정답「1」	0	1	1	1	0	0	1	1	0	1	0	1	1	0	0

번호	16	17	18	19	20	21	22	23	24	25	26	27	28	29	30
정답「0」	0	1	1	0	0	1	1	0	0	1	1	1	1	1	1
정답「1」	1	0	0	1	1	0	0	1	1	0	0	0	0	0	0

번호	31	32	33	34	35	36	37	38	39	40	41	42	43	44	45
정답「0」	0	1	1	1	1	1	0	0	1	0	1	1	0	1	1
정답「1」	1	0	0	0	0	0	1	1	0	1	0	0	1	0	0

번호	46	47	48	49	50	51	52	53	54	55
정답「0」	0	0	1	1	0	1	0	1	1	0
정답「1」	1	1	0	0	1	0	1	0	0	1

§B 해 찾기의 설치 방법

이 책에서 계산을 위한 강력한 도구는 엑셀에 구비되어 있는 추가 기능 중의 하나인 '해 찾기'입니다. 이 추가 기능에 의해 어려운 수학을 이용하지 않고도 신경망의 구조를 수치적으로 이해할 수 있습니다.

그러나 새로운 컴퓨터의 경우, 해 찾기가 설치되지 않은 경우가 있습니다. 이것은 '데이터' 탭에 '해 찾기' 메뉴가 있는가의 여부로 확인할 수 있습니다.

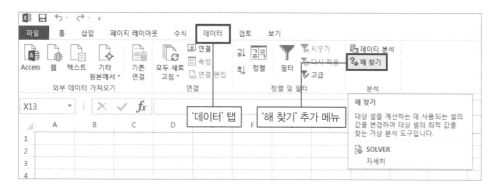

'해 찾기' 메뉴가 없는 경우에는, 설치 작업을 할 필요가 있습니다. 단계를 따라가며 알아봅시다.

주 엑셀 2013, 2016의 경우에 관해서 알아보겠습니다.

❶ '파일' 탭의 '옵션' 메뉴를 클릭합니다(오른쪽 그림). 그러면 다음 페이지의 '옵션' 메뉴가 표시됩니다.

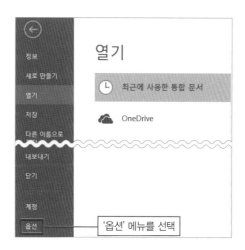

❷ '엑셀 옵션' 상자가 열리면 왼쪽 창 중에서 '추가 기능'을 선택합니다. 추가로 얻어진 박스 중에 아래에 있는 '엑셀 추가 기능'을 선택하고, [이동] 버튼을 클릭합니다.

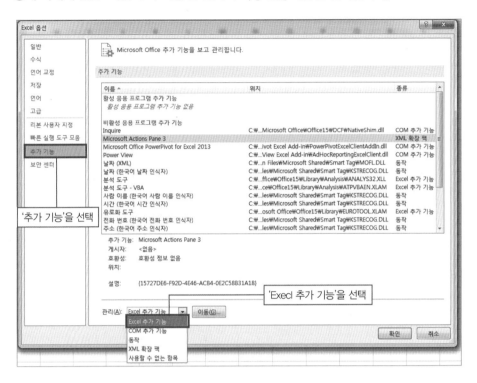

❸ '추가 기능' 상자가 열리므로 '해 찾기 추가 기능'에 체크 기호를 입력하고, [확인] 버튼을 클릭합니다.

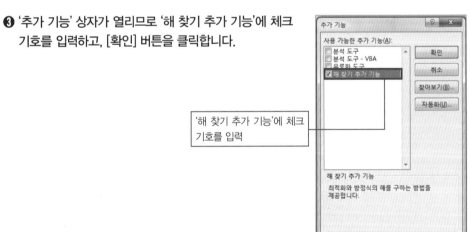

'해 찾기 추가 기능'에 체크 기호를 입력

❹ 설치 작업이 진행됩니다. 바르게 설치가 되면, ❷의 박스가 다음과 같이 된 것으로 확인 됩니다.

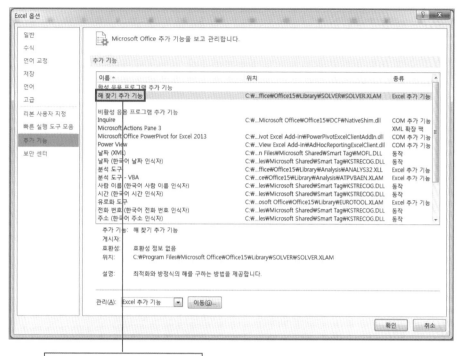

'해 찾기 추가 기능'이 있는 것을 확인

이상의 작업으로 해 찾기를 이용할 수 있게 됩니다.

§ 머신러닝을 위한 벡터의 기초 지식

이 책에서 이용하는 벡터에 관해서 확인해 봅시다.

▶ 벡터의 성분 표시

벡터는 크기와 방향을 가진 양으로 정의됩니다. 화살의 이미지로 표현됩니다. 이 벡터의 화살을 좌표평면 상에 둠으로써 벡터는 좌표처럼 표현할 수 있습니다. 이것을 벡터의 **성분 표시**라고 합니다. 예를 들면, 평면의 경우, 벡터 a는 다음과 같이 표현됩니다.

$$a = (a_1, a_2)$$

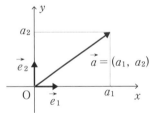

◀ 벡터의 성분 표시. '시점을 원점으로 할 때 종점의 좌표가 성분 표시'라고 이해하면 응용 상의 문제는 생기지 않는다.

이와 같이 벡터를 성분으로 표현하면, 확장이 가능합니다. 추상화하여 n차원 공간 벡터는 다음과 같이 표현할 수 있습니다.

$$a = (a_1, a_2, \cdots, a_n) \cdots \boxed{1}$$

두 개의 벡터 a, b의 벡터 **내적** $a \cdot b$는 다음과 같이 정의됩니다.

$$a \cdot b = |a| |b| \cos \theta \quad (\theta \text{는 } a, b \text{의 사잇각}) \cdots \boxed{2}$$

여기에서 $|a|$, $|b|$는 벡터 a, b의 크기, 즉 화살의 길이를 나타냅니다.

이 내적의 정의는 평면이나 3차원 공간에서는 이해할 수 있지만, 그 이상이 되면 상상하기 어렵습니다. 따라서 식 $\boxed{1}$의 성분으로 내적 $\boxed{2}$를 나타내봅시다.

$a = (a_1, a_2, \cdots, a_n)$, $b = (b_1, b_2, \cdots, b_n)$일 때,

$$a \cdot b = a_1 b_1 + a_2 b_2 + \cdots + a_n b_n \cdots \boxed{3}$$

경사하강법에서는 함수 $z = f(x_1, x_2, \cdots, x_n)$의 증분 Δz의 근사공식이 다음과 같이 표현되는 것을 이용했습니다(▶ 2장 §2, 부록 F).

$$\Delta z \fallingdotseq \frac{\partial z}{\partial x_1} \Delta x_1 + \frac{\partial z}{\partial x_2} \Delta x_2 + \cdots + \frac{\partial z}{\partial x_n} \Delta x_n \cdots \boxed{4}$$

식 $\boxed{3}$과 비교하면, 다음 벡터의 내적 $p \cdot q$라는 것을 알 수 있습니다.

$$p = \left(\frac{\partial z}{\partial x_1}, \frac{\partial z}{\partial x_2}, \cdots, \frac{\partial z}{\partial x_n} \right), q = (\Delta x_1, \Delta x_2, \cdots, \Delta x_n) \cdots \boxed{5}$$

여기에서 첫 번째 벡터 p는 함수의 **기울기**라고 부르는 벡터로 경사하강법에서 활약을 합니다.

▶ 코시 슈바르츠 부등식

내적의 정의로부터 다음 공식을 도출할 수 있습니다.

(코시 슈바르츠 부등식) $\qquad -|a\,\|\,b| \leqq a \cdot b \leqq |a\,\|\,b| \cdots$ 6

이것은 다음 성질을 이용하면 정의 2로부터 이해할 수 있습니다.

$$-1 \leqq \cos\theta \leqq 1$$

공식 6으로부터 크기가 고정된 두 벡터의 내적이 최소가 되는 것은 $\cos\theta = -1$의 경우, 즉 두 벡터가 반대 방향인 경우($\theta = 180°$)입니다. 이 성질로부터 식 4가 최소가 되는 것은 식 5이 두 벡터가 반대 방향일 때입니다.

$$q = -\mu p \ (\mu\text{는 양수로 정의})$$

이것이 경사하강법의 원리가 됩니다.

§D 머신러닝을 위한 행렬의 기초 지식

머신러닝 문헌에서는 행렬(Matrix)이 이용됩니다. 행렬을 이용하면, 수식 표현이 간결해지기 때문입니다. 여기에서는 이 책에서 필요한 행렬의 지식을 확인합니다.

▶ 행렬이란

행렬이란 수를 늘어놓은 것으로 다음과 같이 표현됩니다.

$$A = \begin{pmatrix} 3 & 1 & 4 \\ 1 & 5 & 9 \\ 2 & 6 & 5 \end{pmatrix}$$

가로로 늘어놓은 것을 **행**, 세로로 늘어놓은 것을 **열**이라고 부릅니다. 위의 열에서는 3행과 3열로 구성되는 행렬이므로, **3행 3열**의 행렬이라고도 부릅니다.

특히 이 예와 같이 행과 열의 수가 같은 행렬을 **정방행렬**이라고 부릅니다. 또한 다음과 같은 행렬 X, Y를 차례대로 **열 벡터**, **행 벡터**라고 부릅니다. 단순히 벡터라고 부르는 경우도 있습니다.

$$X = \begin{pmatrix} 3 \\ 1 \\ 4 \end{pmatrix}, \ Y = \begin{pmatrix} 2 & 7 & 1 \end{pmatrix}$$

그런데 행렬 A를 더 일반적인 형태로 표현해봅시다.

$$A = \begin{pmatrix} a_{11} & a_{12} & \cdots & a_{1n} \\ a_{21} & a_{22} & \cdots & a_{2n} \\ \vdots & \vdots & \ddots & \vdots \\ a_{m1} & a_{m2} & \cdots & a_{mn} \end{pmatrix}$$

이것은 m행 n열의 행렬이지만, 이 i행 j열에 위치하는 값(**성분**이라고 합니다)을 '기호 a_{ij}'등으로 표현합니다.

▶ 행렬의 합과 차, 상수배

두 개의 행렬 A, B의 합 $A+B$, 차 $A-B$는 동일한 위치의 성분끼리의 합, 차로 정의됩니다. 또한 행렬의 상수배는 각 성분을 상수배한 것이라고 정의합니다. 다음 예에서 이 의미를 확인하기 바랍니다.

예2 $A = \begin{pmatrix} 2 & 7 \\ 1 & 8 \end{pmatrix}$, $B = \begin{pmatrix} 2 & 8 \\ 1 & 3 \end{pmatrix}$일 때

$$A+B = \begin{pmatrix} 2+2 & 7+8 \\ 1+1 & 8+3 \end{pmatrix} = \begin{pmatrix} 4 & 15 \\ 2 & 11 \end{pmatrix}, \quad A-B = \begin{pmatrix} 2-2 & 7-8 \\ 1-1 & 8-3 \end{pmatrix} = \begin{pmatrix} 0 & -1 \\ 0 & 5 \end{pmatrix}$$

$$3A = 3\begin{pmatrix} 2 & 7 \\ 1 & 8 \end{pmatrix} = \begin{pmatrix} 3\times2 & 3\times7 \\ 3\times1 & 3\times8 \end{pmatrix} = \begin{pmatrix} 6 & 21 \\ 3 & 24 \end{pmatrix}$$

▶ 행렬의 곱

신경망의 응용에서 특히 중요한 것이 행렬의 곱입니다. 두 개의 행렬 A, B의 곱 AB는 'A의 i행을 행 벡터로 간주하고, B의 j열을 열 벡터로 간주했을 때, 이들의 내적을 i행 j열의 성분으로 한 행렬'로 정의됩니다.

◀ 두 행렬의 곱

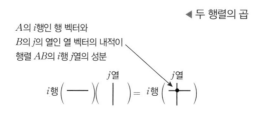

A의 i행인 행 벡터와
B의 j의 열인 열 벡터의 내적이
행렬 AB의 i행 j열의 성분

이 의미를 다음 예로 확인하기 바랍니다.

예3 $A = \begin{pmatrix} 2 & 7 \\ 1 & 8 \end{pmatrix}$, $B = \begin{pmatrix} 2 & 8 \\ 1 & 3 \end{pmatrix}$일 때

$$AB = \begin{pmatrix} 2 & 7 \\ 1 & 8 \end{pmatrix}\begin{pmatrix} 2 & 8 \\ 1 & 3 \end{pmatrix} = \begin{pmatrix} 2\cdot2+7\cdot1 & 2\cdot8+7\cdot3 \\ 1\cdot2+8\cdot1 & 1\cdot8+8\cdot3 \end{pmatrix} = \begin{pmatrix} 11 & 37 \\ 10 & 32 \end{pmatrix}$$

$$BA = \begin{pmatrix} 2 & 8 \\ 1 & 3 \end{pmatrix}\begin{pmatrix} 2 & 7 \\ 1 & 8 \end{pmatrix} = \begin{pmatrix} 2\cdot2+8\cdot1 & 2\cdot7+8\cdot8 \\ 1\cdot2+3\cdot1 & 1\cdot7+3\cdot8 \end{pmatrix} = \begin{pmatrix} 12 & 78 \\ 5 & 31 \end{pmatrix}$$

이 예에서 알 수 있듯이, 행렬의 곱에서는 교환법칙이 성립하지 않습니다. 즉, 예외를 제외하고는 다음 관계가 성립합니다.

$$AB \neq BA$$

이것이 행렬의 가장 중요한 특성의 하나입니다.

▶ 아다마르 곱

신경망의 문헌에서 가끔 보이는 것이 '아다마르 곱'입니다. 동일한 형태의 행렬 A, B에서 동일한 위치의 성분을 서로 곱해서 만들어진 행렬을 행렬 A의 **아다마르 곱**이라고 하고, 기호 $A \odot B$로 표현합니다.

예4 $A = \begin{pmatrix} 2 & 7 \\ 1 & 8 \end{pmatrix}$, $B = \begin{pmatrix} 2 & 8 \\ 1 & 3 \end{pmatrix}$일 때, $A \odot B = \begin{pmatrix} 2\cdot2 & 7\cdot8 \\ 1\cdot1 & 8\cdot3 \end{pmatrix} = \begin{pmatrix} 4 & 56 \\ 1 & 24 \end{pmatrix}$

▶ 전치행렬

행렬 A의 i행 j열에 있는 값을 j행 i열로 치환하여 얻어진 행렬을 이전의 행렬 A의 **전치행렬**(transposed matrix)라고 합니다. ^{t}A, A^{t} 등으로 표기하지만, 아래에서는 ^{t}A으로 표현합니다.

예5 $A = \begin{pmatrix} 2 & 7 \\ 1 & 8 \end{pmatrix}$ 일 때, $^{t}A = \begin{pmatrix} 2 & 1 \\ 7 & 8 \end{pmatrix}$

예6 $B = \begin{pmatrix} 1 \\ 2 \end{pmatrix}$ 일 때, $^{t}B = (1 \quad 2)$

주 전치행렬의 표기법은 다양하므로 신경망의 문헌을 읽을 때에는 주의가 필요합니다.

▶ 식을 간결하게 만드는 행렬

행렬은 식을 간결하게 표현하여 일반화할 수 있게 해줍니다. 예로서 ▶ 5장 '신경망'에서 살펴본 다음 관계식을 가정합시다.

$$\delta_i^{\mathrm{H}} = (\delta_1^{\mathrm{O}} w_{1i}^{\mathrm{O}} + \delta_2^{\mathrm{O}} w_{2i}^{\mathrm{O}}) a'(s_i^{\mathrm{H}}) \quad (i = 1, 2, 3)$$

이 식은 은닉층과 출력층 유닛의 오차 점화식이지만, 행렬로 표현하면 다음과 같습니다(▶ 5장 §3 **MEMO**).

$$\begin{pmatrix} \delta_1^{\mathrm{H}} \\ \delta_2^{\mathrm{H}} \\ \delta_3^{\mathrm{H}} \end{pmatrix} = \left[\begin{pmatrix} w_{11}^{\mathrm{O}} & w_{21}^{\mathrm{O}} \\ w_{12}^{\mathrm{O}} & w_{22}^{\mathrm{O}} \\ w_{13}^{\mathrm{O}} & w_{23}^{\mathrm{O}} \end{pmatrix} \begin{pmatrix} \delta_1^{\mathrm{O}} \\ \delta_2^{\mathrm{O}} \end{pmatrix} \right] \odot \begin{pmatrix} a'(s_1^{\mathrm{H}}) \\ a'(s_2^{\mathrm{H}}) \\ a'(s_3^{\mathrm{H}}) \end{pmatrix}$$

위의 점화식에 의해 전체적으로 보아 복잡한 경우에도 일반화하기 쉽다는 것을 알 수 있습니다. 덧붙이자면, [ ] 안의 가중치 행렬은 다음과 같이 표현해두면 프로그래밍에서 편리한 경우가 많을 것입니다.

$$\begin{pmatrix} w_{11}^{\mathrm{O}} & w_{21}^{\mathrm{O}} \\ w_{12}^{\mathrm{O}} & w_{22}^{\mathrm{O}} \\ w_{13}^{\mathrm{O}} & w_{23}^{\mathrm{O}} \end{pmatrix} = {}^{t}\begin{pmatrix} w_{11}^{\mathrm{O}} & w_{12}^{\mathrm{O}} & w_{13}^{\mathrm{O}} \\ w_{21}^{\mathrm{O}} & w_{22}^{\mathrm{O}} & w_{23}^{\mathrm{O}} \end{pmatrix}$$

■ 확인 문제

> **문제** $A = \begin{pmatrix} 1 & 4 & 1 \\ 4 & 2 & 1 \end{pmatrix}$, $B = \begin{pmatrix} 2 & 7 & 1 \\ 8 & 2 & 8 \end{pmatrix}$ 일 때, 다음 계산을 하시오.
>
> (1) $A+B$ (2) ${}^t\!AB$ (3) $A \odot B$

풀이 (1) $A+B = \begin{pmatrix} 1+2 & 4+7 & 1+1 \\ 4+8 & 2+2 & 1+8 \end{pmatrix} = \begin{pmatrix} 3 & 11 & 2 \\ 12 & 4 & 9 \end{pmatrix}$ 답

(2) ${}^t\!AB = \begin{pmatrix} 1 & 4 \\ 4 & 2 \\ 1 & 1 \end{pmatrix}\begin{pmatrix} 2 & 7 & 1 \\ 8 & 2 & 8 \end{pmatrix} = \begin{pmatrix} 1 \cdot 2 + 4 \cdot 8 & 1 \cdot 7 + 4 \cdot 2 & 1 \cdot 1 + 4 \cdot 8 \\ 4 \cdot 2 + 2 \cdot 8 & 4 \cdot 7 + 2 \cdot 2 & 4 \cdot 1 + 2 \cdot 8 \\ 1 \cdot 2 + 1 \cdot 8 & 1 \cdot 7 + 1 \cdot 2 & 1 \cdot 1 + 1 \cdot 8 \end{pmatrix}$

$= \begin{pmatrix} 34 & 15 & 33 \\ 24 & 32 & 20 \\ 10 & 9 & 9 \end{pmatrix}$ 답

(3) $A \odot B = \begin{pmatrix} 1 \cdot 2 & 4 \cdot 7 & 1 \cdot 1 \\ 4 \cdot 8 & 2 \cdot 2 & 1 \cdot 8 \end{pmatrix} = \begin{pmatrix} 2 & 28 & 1 \\ 32 & 4 & 8 \end{pmatrix}$ 답

머신러닝을 위한 미분의 기초 지식

머신러닝이 '스스로 학습한다'라는 것의 수학적 의미는 훈련 데이터와 일치할 것 같은 모델의 파라미터를 결정하는 것입니다. 이를 위해서는 미분의 계산이 필수적입니다. 아래에서 미분의 상세한 내용에 대한 복습은 생략하고, 이 책에서 이용하는 공식과 정리만을 확인합니다.

주 이 책에서 고려하는 함수는 충분히 매끄러운 함수로 합니다.

▶ 미분의 정의와 의미

함수 $y = f(x)$에 대한 **도함수** $f'(x)$는 다음과 같이 정의됩니다.

$$f'(x) = \lim_{\Delta x \to 0} \frac{f(x + \Delta x) - f(x)}{\Delta x} \quad \cdots \boxed{1}$$

주 Δ는 '델타'라고 발음하는 그리스 문자로 로마자 D에 해당합니다. 또한 함수나 변수에 $'$ (프라임 기호)를 붙이면 도함수를 나타냅니다.

'$\lim\limits_{\Delta x \to 0} (\Delta x$의 식)'이란 '숫자 Δx가 끝없이 0에 가까워질 때, $(\Delta x$의 식)이 가까워지는 값'을 의미합니다.

주어진 함수 $f(x)$의 도함수 $f'(x)$를 구하는 것을 '함수 $f(x)$를 **미분한다**'라고 합니다.

$f'(x)$의 값은 그래프 위의 점$(x, f(x))$에서의 접선의 기울기가 됩니다.

식 $\boxed{1}$에서는 함수 $y = f(x)$의 도함수 $f'(x)$로 표현했지만, 다른 표기법이 있습니다. 다음과 같이 미분으로 표현하는 것입니다.

$$f'(x) = \frac{dy}{dx}$$

▶ 머신러닝에서 자주 나타나는 함수의 미분 공식

도함수를 구하기 위해 정의식 [1]을 이용하는 것은 드뭅니다. 보통은 공식을 이용합니다. 신경망의 계산에서 이용되는 함수에 관한 미분 공식을 나타내봅시다(변수를 x라고 하고, c를 상수로 합니다).

$$(c)' = 0,\ (x)' = 1,\ (x^2)' = 2x,\ (e^x)' = e^x \cdots \boxed{2}$$

특히 신경망의 세계에서 중요한 것이 시그모이드 함수의 미분 공식입니다. 시그모이드 함수 $\sigma(x)$는 다음과 같이 정의됩니다(▶ 5장 §1).

$$\sigma(x) = \frac{1}{1 + e^{-x}}$$

이 함수의 미분은 다음 공식을 만족합니다.

$$\sigma'(x) = \sigma(x)\{1 - \sigma(x)\} \cdots \boxed{3}$$

이 공식을 이용하면 실제로 미분이 아니어도 시그모이드 함수의 도함수의 값이 함수값 $\sigma(x)$로부터 얻어집니다.

주 증명은 생략합니다. e는 네피어 수(▶ §1)입니다.

▶ 미분의 성질

다음 공식을 이용하면, 미분 가능한 함수의 세계가 비약적으로 넓어집니다.

$$\{f(x) + g(x)\}' = f'(x) + g'(x),\ \{cf(x)\}' = cf'(x) \cdots \boxed{4}$$

주 조합하면 $\{f(x) - g(x)\}' = f'(x) - g'(x)$도 간단히 나타낼 수 있습니다.

이 공식 $\boxed{4}$ 를 미분의 **선형성**이라고 부릅니다.

'미분의 선형성'은 ▶ 5장에서 살펴본 오차역전파법을 뒤에서 도와주는 역할을 합니다.

예1 $e = (2-y)^2$ $(y$가 변수$)$일 때

$$e' = (4 - 4y + y^2)' = (4)' - 4(y)' + (y^2)' = 0 - 4 + 2y = -4 + 2y$$

▶ 1변수 함수 최솟값의 필요조건

도함수 $f'(x)$가 접선의 기울기를 나타내기 때문에 '최적화'(▶ 2장 §2)에서 이용되는 다음 정의가 얻어집니다.

> 함수 $f(x)$가 $x = a$에서 최솟값이 될 때, $f'(a) = 0$ ⋯ $\boxed{5}$

증명 $f'(a)$가 접선의 기울기를 나타내기 때문에, 다음 그림을 보면 명백합니다. (끝)

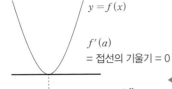

$y = f(x)$

$f'(a)$
= 접선의 기울기 = 0

a x

◀ 그래프에서, $x = a$에서 $f(x)$가 최솟값일 때, 이 점에서 접선의 기울기(즉, 도함수의 값)은 0이 된다.

이 조건을 응용할 때 다음의 내용도 기억하기 바랍니다.

> $f'(a) = 0$은 함수 $f(x)$가 $x = a$에서 최솟값이 되기 위한 필요조건이다.

주 p, q를 명제라고 할 때, 'p이면 q'가 참일 때, q는 p의 **필요조건**이라고 합니다.

이것은 다음 함수 $y = f(x)$의 그래프를 보면 명백할 것입니다. 주의해야 할 것은 극 댓값이나 최솟값의 점도 $f'(a) = 0$이 된다는 것입니다.

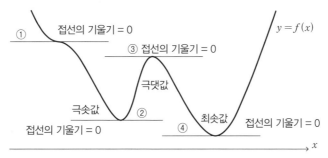

▲ $f'(a) = 0$(접선의 기울기가 0, 즉 접선이 x축에 평행)이라도 그림의 ①②③의 경우에는 함수의 최솟값은 되지 않는다.

▶ 다변수 함수와 편미분

머신러닝의 계산에는 수만 개에 이르는 변수가 나옵니다. 따라서 이러한 함수에 필요한 다변수의 미분에 관해서 살펴봅시다.

함수 $y = f(x)$에서 x를 **독립변수**, y를 **종속변수**라고 합니다. 식 **1**의 미분법 설명에서는 함수로서 독립변수가 하나인 경우를 고려했습니다. 아래에서는 독립변수가 두 개 이상인 함수를 고려합니다. 이와 같이 독립변수가 둘 이상인 함수를 **다변수 함수**라고 합니다.

예2 $z = x^2 + y^2$

다변수 함수를 시각화하는 것은 곤란합니다. 그러나 1변수의 경우를 이해하면 그 연장선으로 이해할 수 있습니다.

그런데 1변수 함수를 나타내는 기호로서 $f(x)$ 등을 이용했습니다. 다변수의 함수도 1변수의 경우와 유사하게 다음과 같이 표현합니다.

예3 $f(x, y)$ ⋯ 2변수 x, y를 독립변수로 하는 함수

예4 $f(x_1, x_2, \cdots, x_n)$ ⋯ n개의 변수 x_1, x_2, $\cdots$, x_n을 독립변수로 하는 함수

다변수 함수의 경우에도 미분법이 적용 가능합니다. 다만, 변수가 복잡하므로 어떤 변수에 관해서 미분하는가를 명시해야만 합니다. 이 의미에서 어느 특정 변수에 관해서 미분하는 것을 **편미분**이라고 합니다.

예를 들면, 2변수 x, y로 구성되는 함수 $z = f(x, y)$를 가정합시다. 변수 x만에 주목하여 y를 상수라고 생각하는 미분을 'x에 관한 편미분'이라고 부르고, 다음 기호로 나타냅니다. 즉,

$$\frac{\partial z}{\partial x} = \frac{\partial f(x, y)}{\partial x} = \lim_{\Delta x \to 0} \frac{f(x + \Delta x, y) - f(x, y)}{\Delta x}$$

y에 관한 편미분도 동일합니다.

$$\frac{\partial z}{\partial y} = \frac{\partial f(x, y)}{\partial y} = \lim_{\Delta y \to 0} \frac{f(x, y + \Delta y) - f(x, y)}{\Delta y}$$

신경망에서 이용되는 편미분의 대표적인 예를 아래에 예시해 봅시다.

예5 $z = wx + b$일 때, $\dfrac{\partial z}{\partial x} = w$, $\dfrac{\partial z}{\partial w} = x$, $\dfrac{\partial z}{\partial b} = 1$

▶ 다변수 함수 최솟값의 필요조건

매끄러운 1변수 함수 $y = f(x)$가 어떤 x에서 최솟값을 취하는 필요조건은, 이 때의 도함수가 0이 되는 것이었습니다(식 **5**). 이것은 다변수 함수에서도 마찬가지입니다. 예를 들면, 2변수 함수에서는 다음과 같이 표현할 수 있습니다.

> 함수 $z = f(x, y)$가 최솟값이 되는 필요조건은 $\dfrac{\partial f}{\partial x} = 0$, $\dfrac{\partial f}{\partial y} = 0$ … **6**

이 식 **6**을 일반적으로 n변수의 경우로 확장하는 것은 쉬울 것입니다.

또한 식 **6**이 성립하는 것은 다음 그림을 보면 명백합니다. 함수 $z = f(x, y)$가 최소가 되는 점에서는 x 방향 및 y 방향으로 보아 그래프가 와인 잔의 밑바닥처럼 되기 때문입니다.

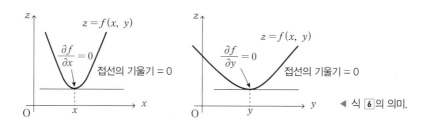

◀ 식 **6**의 의미.

앞에서 1변수의 경우에 확인했듯이 이 조건의 식 **6**은 필요조건입니다. 식 **6**을 만족하더라도 함수 $f(x, y)$가 여기에서 최솟값이 된다는 보장은 없습니다.

예6 함수 $z = x^2 + y^2$가 최소가 될 때의 x, y 값을 구하시오.

우선 x, y에 관해서 편미분을 해보겠습니다.

$$\frac{\partial z}{\partial x} = 2x, \ \frac{\partial z}{\partial y} = 2y$$

그러면, 식 **6**으로부터 함수가 최소가 되는 필요조건은 $x = 0, \ y = 0$입니다. 그런데, 이 때 함수값 z는 0이지만, $z = x^2 + y^2 \geqq 0$이므로 이 함수값 0이 최솟값인 것을 알 수 있습니다(▶ 2장 §2에서 이것을 확인했습니다).

▶ **연쇄법칙**

복잡한 함수를 미분할 때에 도움이 되는 **연쇄법칙**을 알아보겠습니다.

함수 $y = f(u)$가 있고, 이 u가 $u = g(x)$로 표현될 때, y는 x의 함수로 $y = f(g(x))$와 같은 중첩된 구조로 나타낼 수 있습니다(u와 x는 다변수를 대표하고 있다고 간주합니다). 이 때, 중첩된 구조의 함수 $f(g(x))$를 함수 $f(u)$와 $g(x)$의 **합성 함수**라고 합니다.

함수 $z = (2-y)^2$는 함수 $u = 2-y$와 함수 $z = u^2$의 합성 함수로 생각할 수 있습니다.

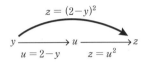

◀ 함수 $z = (2-y)^2$는 함수 $u = 2-y$와 함수 $z = u^2$의 합성 함수. 또한 이 함수의 예는 뒤에 목적 함수에서 이용된다.

예8 복수의 입력 x_1, x_2, $\cdots$, x_n에 대해서 $a(x)$를 활성화 함수로 하는 유닛 출력 y는 다음과 같이 구해집니다(▶ 5장 §1).

$$y = a(w_1 x_1 + w_2 x_2 + \cdots + w_n x_n - \theta)$$

w_1, w_2, $\cdots$, w_n은 각 입력에 대한 가중치, b는 해당 유닛의 임곗값입니다. 이 출력 함수는 다음과 같이 1차 함수 f, 활성화 함수 a의 합성 함수로 생각할 수 있습니다.

$$\begin{cases} z = f(x_1,\ x_2,\ \cdots,\ x_n) = w_1 x_1 + w_2 x_2 + \cdots + w_n x_n - \theta \\ y = a(z) \end{cases}$$

입력	가중치를 곱한 입력	출력

$$x_1\ x_2\ \cdots\ x_n \longrightarrow \begin{array}{l} z = f(x_1,\ x_2,\ \cdots,\ x_n) \\ = w_1 x_1 + w_2 x_2 + \cdots + w_n x_n - \theta \end{array} \longrightarrow y = a(z)$$

먼저 1변수에 관한 **연쇄법칙**에 대해서 알아봅시다.

함수 $y = f(u)$가 있고, 이 u가 $u = g(x)$로 표현되는 합성 함수 $f(g(x))$의 도함수는 다음과 같이 간단히 구할 수 있습니다.

$$\frac{dy}{dx} = \frac{dy}{du}\frac{du}{dx} \ \cdots \ \boxed{7}$$

이것을 1변수 함수의 **합성 함수 미분 공식**이라고 부릅니다. 또한 **연쇄법칙, 체인규칙**
등으로도 부릅니다. 이 책에서는 연쇄법칙이라는 이름으로 부르기로 합니다.

◀ 1변수 함수의 연쇄 법칙
미분은 분수와 마찬가지로 계산할 수 있다.

공식 **7**을 우변부터 살펴보고 dx, dy, du를 하나의 문자로 간주하면, 좌변은 우변을
단순히 약분하고 있는 것입니다. 이런 관점은 항상 성립합니다. 미분을 dx나 dy 등으로
표기함으로써 '합성함수의 미분은 분수와 동일하게 약분할 수 있다'라고 기억할 수 있
습니다.

주 이 약분 규칙은 dx, dy를 제곱할 때에는 사용할 수 없습니다.

예9 **예1**에서 살펴본 함수 $z = (2 - y)^2$를 y로 미분하시오.

$z = u^2$, $u = 2 - y$로 하면,

$$\frac{dz}{dy} = \frac{dz}{du}\frac{du}{dy} = 2u \cdot (-1) = -2(2 - y) = -4 + 2y$$

다변수 함수일 때에도 연쇄법칙의 사고방식을 그대로 적용할 수 있습니다. 분수를
취급하듯이 미분식을 변형하면 되는 것입니다. 다만, 관계하는 모든 변수에 대해서 연
쇄법칙을 적용할 필요가 있으므로 단순한 것은 아닙니다. 예를 들면, 2변수의 경우 다
음과 같이 공식화합니다.

> 변수 z가 u, v의 함수이고 u, v가 각각 x, y의 함수라면 z는 x, y의 함수입니다. 이 때 다음 공
> 식(**다변수의 연쇄 법칙**)이 성립합니다.
>
> $$\frac{\partial z}{\partial x} = \frac{\partial z}{\partial u}\frac{\partial u}{\partial x} + \frac{\partial z}{\partial v}\frac{\partial v}{\partial x}$$

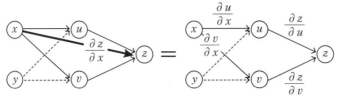

◀ 변수 z가 u, v의 함수이고 u, v가 각각 x, y의 함수라면 z를 x로 미분할 때에는 관련된 변수 모두를 차례대로 미분을 하고, 마지막에는 모두 더한다.

이상의 내용은 3변수 이상에서도 마찬가지로 성립합니다.

예 10 C는 u, v, w의 함수로서 다음과 같이 주어집니다.

$$C = u^2 + v^2 + w^2$$

또한 u, v, w는 x, y, z의 함수로서 다음과 같이 주어집니다.

$u = a_1 x + b_1 y + c_1 z$, $v = a_2 x + b_2 y + c_2 z$, $w = a_3 x + b_3 y + c_3 z$

$(a_i, b_i, c_i \ (i = 1, \ 2, \ 3)$ 는 상수$)$

이 때, 연쇄법칙에 의해 다음 식이 성립합니다.

$$\frac{\partial C}{\partial x} = \frac{\partial C}{\partial u} \frac{\partial u}{\partial x} + \frac{\partial C}{\partial v} \frac{\partial v}{\partial x} + \frac{\partial C}{\partial w} \frac{\partial w}{\partial x}$$

$$= 2u \cdot a_1 + 2v \cdot a_2 + 2w \cdot a_3$$

$$= 2a_1 (a_1 x + b_1 y + c_1 z) + 2a_2 (a_2 x + b_2 y + c_2 z) + 2a_3 (a_3 x + b_3 y + c_3 z)$$

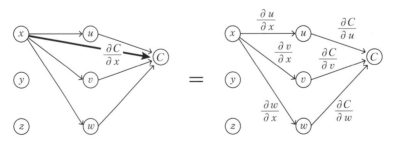

▲ 예 10 의 변수 관계

F 다변수 함수의 근사 공식

머신러닝의 모델에 포함되는 파라미터를 결정하는 대표적인 방법이 **경사하강법**입니다. 경사하강법의 이해를 위해 알아두면 편리한 공식이 '다변수 함수의 근사 공식' 입니다.

▶ 1변수 함수의 근사 공식

먼저 1변수 함수 $y = f(x)$를 가정합시다.

함수 $y = f(x)$에서 x를 조금만 변화시킬 때, y가 어느 정도 변화하는가를 알아봅니다. 도함수 $f'(x)$의 정의식을 살펴봅시다(▶ 부록 E의 식 1).

$$f'(x) = \lim_{\Delta x \to 0} \frac{f(x+\Delta x) - f(x)}{\Delta x} \quad \text{(▶ 부록 E의 식 1)}$$

이 정의식 안의 Δx는 '한없이 작은 값'입니다. 그러나 함수가 매끄럽다면, 이 값을 '작은 값'으로 치환해도 큰 차이가 없을 것입니다.

$$f'(x) \fallingdotseq \frac{f(x+\Delta x) - f(x)}{\Delta x}$$

이것을 변형하면, 다음과 같은 **1변수 함수의 근사 공식**이 구해집니다.

$$f(x+\Delta x) \fallingdotseq f(x) + f'(x)\,\Delta x \quad (\Delta x \text{는 작은 수}) \cdots \boxed{1}$$

예1 $f(x) = e^x$일 때, $x = 0$에 근사하는 근사식을 구하시오.

지수 함수의 미분공식 $f'(x) = e^x$(▶ §6)를 $\boxed{1}$에 적용하면

$$e^{x+\Delta x} \fallingdotseq e^x + e^x \Delta x \quad (\Delta x\text{는 매우 작은 수})$$

$x = 0$으로 하고, 새롭게 Δx를 x로 치환하면, $e^x \fallingdotseq 1 + x(x\text{는 매우 작은 수})$

▶ 2변수 함수의 근사 공식

1변수 함수의 근사식 $\boxed{1}$을 2변수함수로 확장해봅시다. x, y를 조금만 변화시키면, 함수 $z = f(x, y)$의 값은 어느 정도 변화할까요? 답은 다음의 근사 공식입니다. Δx, Δy는 작은 값이라고 합시다.

$$f(x+\Delta x,\ y+\Delta y) \fallingdotseq f(x,\ y) + \frac{\partial f(x,\ y)}{\partial x}\Delta x + \frac{\partial f(x,\ y)}{\partial y}\Delta y \cdots \boxed{2}$$

예2 $z = e^{x+y}$일 때, $x = y = 0$에 근사하는 근사식을 구하시오.

지수함수의 미분공식 $\dfrac{\partial z}{\partial x} = \dfrac{\partial z}{\partial y} = e^{x+y}$(▶ 부록 E)를 공식 $\boxed{2}$에 적용하면,

$$e^{x+\Delta x + y + \Delta y} \fallingdotseq e^{x+y} + e^{x+y}\Delta x + e^{x+y}\Delta y \quad (\Delta x,\ \Delta y\text{는 매우 작은 수})$$

$x = y = 0$으로 하고, 새롭게 Δx를 x, Δy를 y로 치환하면,

$$e^{x+y} \fallingdotseq 1 + x + y \quad (x,\ y\text{는 매우 작은 수})$$

▶ 다변수 함수의 근사 공식

그런데, 근사식 $\boxed{2}$를 간결하게 표현해봅시다. 우선 다음 Δz를 정의합니다.

$$\Delta z = f(x+\Delta x,\ y+\Delta y) - f(x,\ y)$$

x, y를 차례대로 Δx, Δy만 변화시킬 때의 함수 $z = f(x, y)$의 변화를 나타냅니다. 그러면 근사공식 $\boxed{2}$는 다음과 같이 표현됩니다.

$$\Delta z \fallingdotseq \frac{\partial z}{\partial x} \Delta x + \frac{\partial z}{\partial y} \Delta y \ \cdots \boxed{2}$$

이와 같이 표현하면, 근사 공식 $\boxed{2}$의 확장은 간단할 것입니다. 예를 들면, 변수 z가 n개의 변수 x_1, x_2, $\cdots$, x_n의 함수 $z = f(x_1, x_2, \cdots, x_n)$일 때,

$$\Delta z = f(x_1 + \Delta x_1, x_2 + \Delta x_2, \cdots, x_n + \Delta x_n) - f(x_1, x_2, \cdots, x_n)$$

을 나타내는 근사 공식은 다음과 같습니다.

$$\Delta z \fallingdotseq \frac{\partial z}{\partial x_1} \Delta x_1 + \frac{\partial z}{\partial x_2} \Delta x_2 + \cdots + \frac{\partial z}{\partial x_n} \Delta x_n \ \cdots \boxed{4}$$

§
G NN에서 유닛의 오차와 기울기의 관계

▶ 5장 §3에서는 다음과 같은 **유닛의 오차**(errors)라고 부르는 변수 δ를 도입했습니다. 이 때, 다음 관계를 이용했습니다.

주 함수와 기호의 의미에 관해서는 본문(▶ 5장)을 참조하기 바랍니다.

$$\delta_j^{\mathrm{H}} = \frac{\partial e}{\partial s_j^{\mathrm{H}}} \quad (j = 1, 2, 3) \cdots \boxed{\text{G1}}$$

를 이용하면,

$$\frac{\partial e}{\partial w_{ji}^{\mathrm{H}}} = \delta_j^{\mathrm{H}} x_i, \quad \frac{\partial e}{\partial \theta_j^{\mathrm{H}}} = -\delta_j^{\mathrm{H}} \quad (i = 1, 2, \cdots, 12, j = 1, 2, 3) \cdots \boxed{\text{G2}}$$

여기에서는 $i = 1$, $j = 1$의 경우를 증명합시다. 다른 경우에도 마찬가지입니다. 편미분의 연쇄법칙(▶ 부록 E)으로부터 다음 식이 얻어집니다.

$$\frac{\partial e}{\partial w_{11}^{\mathrm{H}}} = \frac{\partial e}{\partial s_1^{\mathrm{H}}} \frac{\partial s_1^{\mathrm{H}}}{\partial w_{11}^{\mathrm{H}}} \cdots \boxed{\text{G3}}$$

식 $\boxed{\text{G1}}$ 및 '입력의 선형합' s_1^{H}의 정의(▶ 5장 §2)로부터

$$\frac{\partial e}{\partial s_1^{\mathrm{H}}} = \delta_1^{\mathrm{H}}, \, s_1^{\mathrm{H}} = w_{11}^{\mathrm{H}} x_1 + w_{12}^{\mathrm{H}} x_2 + \cdots + w_{112}^{\mathrm{H}} x_{12} - \theta_1^{\mathrm{H}} \cdots \boxed{\text{G4}}$$

이것들을 식 $\boxed{\text{G3}}$에 대입하면, $\dfrac{\partial e}{\partial w_{11}^{\mathrm{H}}} = \delta_1^{\mathrm{H}} x_1$

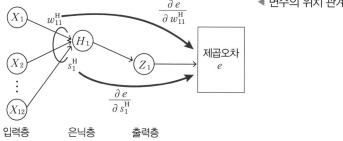

▶ 변수의 위치 관계

마찬가지로 편미분의 연쇄법칙(▶ 부록 E)으로부터 다음 식이 구해집니다.

$$\frac{\partial e}{\partial \theta_1^{\mathrm{H}}} = \frac{\partial e}{\partial s_1^{\mathrm{H}}} \frac{\partial s_1^{\mathrm{H}}}{\partial \theta_1^{\mathrm{H}}}$$

식 G1, G4 로부터

$$\frac{\partial e}{\partial \theta_1^{\mathrm{H}}} = \delta_1^{\mathrm{H}}(-1) = -\delta_1^{\mathrm{H}} \text{ (증명 끝)}$$

이상에서 식 G2 가 제시되었습니다. 추가로 다음 관계를 증명해 봅시다.

$$\delta_j^{\mathrm{O}} = \frac{\partial e}{\partial s_j^{\mathrm{O}}} \quad (j = 1,\ 2) \cdots \text{G5}$$

를 이용하면,

$$\frac{\partial e}{\partial w_{ji}^{\mathrm{O}}} = \delta_j^{\mathrm{O}} h_i \ , \ \frac{\partial e}{\partial \theta_j^{\mathrm{O}}} = -\delta_j^{\mathrm{O}} \quad (i = 1,\ 2,\ 3,\ j = 1,\ 2) \cdots \text{G6}$$

여기에서 $i = 1$, $j = 1$의 경우에 식 G6 의 전반부를 증명해봅시다. 뒷부분도 마찬가지입니다.

편미분의 연쇄법칙(▶ 부록 E)으로부터 다음 식이 구해집니다.

$$\frac{\partial e}{\partial w_{11}^{\mathrm{O}}} = \frac{\partial e}{\partial s_1^{\mathrm{O}}} \frac{\partial s_1^{\mathrm{O}}}{\partial w_{11}^{\mathrm{O}}} \cdots \text{G7}$$

여기에서 δ_1^o 의 정의(식 **G5**) 및 s_1^o 의 정의(▶ 5장 §2)로부터

$$\frac{\partial e}{\partial s_1^o} = \delta_1^o, \ s_1^o = w_{11}^o h_1 + w_{12}^o h_2 + w_{13}^o h_3 - \theta_1^o$$

이것들을 식 **G7**에 대입하면 $\dfrac{\partial e}{\partial w_{11}^o} = \delta_1^o h_1$ **(증명 끝)**

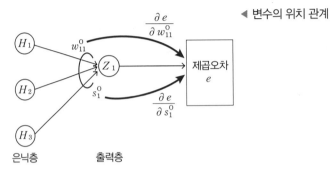

◀ 변수의 위치 관계

NN에서 유닛 오차의 '역'점화식

▶ 5장 §3에서는 다음의 **유닛 오차**(errors)라고 부르는 변수 δ를 도입하여 층 사이의 '역'점화식으로 값을 구하는 방법을 알아보았습니다. 점화식은 다음과 같습니다.

주 함수와 기호의 의미에 관해서는 본문(▶ 5장)을 참조하기 바랍니다.

$$\delta_i^{\mathrm{H}} = \frac{\partial e}{\partial s_i^{\mathrm{H}}} \quad (i=1,\,2,\,3),\ \delta_j^{\mathrm{O}} = \frac{\partial e}{\partial s_j^{\mathrm{O}}} \quad (j=1,\,2) \cdots \boxed{\text{H1}}$$

이 때, 은닉층의 활성화 함수를 $h = a(s)$라고 하면,

$$\delta_i^{\mathrm{H}} = (\delta_1^{\mathrm{O}} w_{1i}^{\mathrm{O}} + \delta_2^{\mathrm{O}} w_{2i}^{\mathrm{O}})a'(s_i^{\mathrm{H}}) \quad (i=1,\,2,\,3) \cdots \boxed{\text{H2}}$$

여기에서 $i=1$인 경우를 증명합시다. 다른 경우도 마찬가지입니다.

편미분의 연쇄 법칙(▶ 부록 E)으로부터 다음 식이 구해집니다.

$$\delta_1^{\mathrm{H}} = \frac{\partial e}{\partial s_1^{\mathrm{H}}} = \frac{\partial e}{\partial s_1^{\mathrm{O}}} \frac{\partial s_1^{\mathrm{O}}}{\partial h_1} \frac{\partial h_1}{\partial s_1^{\mathrm{H}}} + \frac{\partial e}{\partial s_2^{\mathrm{O}}} \frac{\partial s_2^{\mathrm{O}}}{\partial h_1} \frac{\partial h_1}{\partial s_1^{\mathrm{H}}} \cdots \boxed{\text{H3}}$$

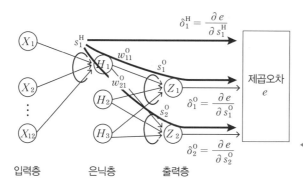

◀ **H3**에서 관련된 변수의 위치 부여. 연쇄 법칙을 이용할 때, 제곱오차 e에는 두 경로로 도달한다.

여기에서 정의식 H1 로부터,

$$\frac{\partial e}{\partial s_1^O} = \delta_1^O, \quad \frac{\partial e}{\partial s_2^O} = \delta_2^O \ \cdots \ \boxed{H4}$$

또한 s_j^O와 $h_j(j = 1, 2, 3)$의 관계는 다음 식으로 주어집니다(▶ 5장 §2).

$$\left.\begin{array}{l} s_1^O = w_{11}^O h_1 + w_{12}^O h_2 + w_{13}^O h_3 - \theta_1^O \\ s_2^O = w_{21}^O h_1 + w_{22}^O h_2 + w_{23}^O h_3 - \theta_2^O \end{array}\right\} \ \cdots \ \boxed{H5}$$

이 식 H5 로부터,

$$\frac{\partial s_1^O}{\partial h_1} = w_{11}^O, \quad \frac{\partial s_2^O}{\partial h_1} = w_{21}^O \ \cdots \ \boxed{H6}$$

그리고 은닉층의 활성화 함수는 $a(s)$이므로

$$\frac{\partial h_1}{\partial s_1^H} = a'(s_1^H) \ \cdots \ \boxed{H7}$$

식 H3 에 식 H4, H6, H7 을 대입하면,

$$\delta_1^H = (\delta_1^O w_{11}^O + \delta_2^O w_{21}^O) a'(s_1^H) \ \cdots \ \boxed{H8}$$

이렇게 해서 목표로 하는 식 H2 에서 $i = 1$로 한 경우가 구해졌습니다.

δ_2^H, δ_3^H도 마찬가지로 구해집니다. 이러한 식을 정리한 것이 식 H2 입니다.

(증명 끝)

또한 본문에서도 제시한 것처럼, 식 H2 는 신경망의 계산 방향과는 반대로, δ_1^O, δ_2^O로부터 δ_1^H, δ_2^H, δ_3^H을 구하는 형태를 하고 있습니다. 신경망과는 반대 방향의 점화식을 제공하고 있는 것입니다.

§ 1 RNN에서 유닛의 오차와 기울기의 관계

순환신경망(RNN)의 오차역전파법(BPTT)에서 이용하는 다음 관계식(▶ 6장 §1)을 증명합니다.

주 함수나 기호의 의미에 관해서는 본문(▶ 6장)을 참조하기 바랍니다.

(은닉층) $\delta_j^{\mathrm{H}(1)} = \dfrac{\partial e}{\partial s_j^{\mathrm{H}(1)}}$, $\delta_j^{\mathrm{H}(2)} = \dfrac{\partial e}{\partial s_j^{\mathrm{H}(2)}}$ $(j = 1,\ 2)$ $\cdots$ $\boxed{\text{I1}}$

(출력층) $\delta_i^{\mathrm{O}} = \dfrac{\partial e}{\partial s_i^{Z}}$ $(i = 1,\ 2,\ 3)$ $\cdots$ $\boxed{\text{I2}}$

일 때,

$$
\begin{pmatrix}
\dfrac{\partial e}{\partial w_{11}^{\mathrm{H}}} & \dfrac{\partial e}{\partial w_{12}^{\mathrm{H}}} & \dfrac{\partial e}{\partial w_{13}^{\mathrm{H}}} & \dfrac{\partial e}{\partial \theta_1^{\mathrm{H}}} \\[2mm]
\dfrac{\partial e}{\partial w_{21}^{\mathrm{H}}} & \dfrac{\partial e}{\partial w_{22}^{\mathrm{H}}} & \dfrac{\partial e}{\partial w_{23}^{\mathrm{H}}} & \dfrac{\partial e}{\partial \theta_2^{\mathrm{H}}}
\end{pmatrix}
\quad \cdots \ \boxed{\text{I3}}
$$

$$
= \begin{pmatrix}
\delta_1^{\mathrm{H}(1)} & \delta_1^{\mathrm{H}(2)} \\
\delta_2^{\mathrm{H}(1)} & \delta_2^{\mathrm{H}(2)}
\end{pmatrix}
\begin{pmatrix}
x_1^{(1)} & x_2^{(1)} & x_3^{(1)} & -1 \\
x_1^{(2)} & x_2^{(2)} & x_3^{(2)} & -1
\end{pmatrix}
$$

$$
\begin{pmatrix}
\dfrac{\partial e}{\partial w_{11}^{\mathrm{O}}} & \dfrac{\partial e}{\partial w_{12}^{\mathrm{O}}} & \dfrac{\partial e}{\partial \theta_1^{\mathrm{O}}} \\[2mm]
\dfrac{\partial e}{\partial w_{21}^{\mathrm{O}}} & \dfrac{\partial e}{\partial w_{22}^{\mathrm{O}}} & \dfrac{\partial e}{\partial \theta_2^{\mathrm{O}}} \\[2mm]
\dfrac{\partial e}{\partial w_{31}^{\mathrm{O}}} & \dfrac{\partial e}{\partial w_{32}^{\mathrm{O}}} & \dfrac{\partial e}{\partial \theta_3^{\mathrm{O}}}
\end{pmatrix}
=
\begin{pmatrix}
\delta_1^{\mathrm{O}} & \delta_1^{\mathrm{O}} & \delta_1^{\mathrm{O}} \\
\delta_2^{\mathrm{O}} & \delta_2^{\mathrm{O}} & \delta_2^{\mathrm{O}} \\
\delta_3^{\mathrm{O}} & \delta_3^{\mathrm{O}} & \delta_3^{\mathrm{O}}
\end{pmatrix}
\odot
\begin{pmatrix}
h_1^{(2)} & h_2^{(2)} & -1 \\
h_1^{(2)} & h_2^{(2)} & -1 \\
h_1^{(2)} & h_2^{(2)} & -1
\end{pmatrix}
\ \cdots \ \boxed{\text{I4}}
$$

이러한 식의 증명은 기본적으로 신경망(NN)의 경우와 동일합니다. 다만 NN과는 다르게 RNN의 경우, 은닉층의 가중치와 임계값은 시계열을 따를 때마다 몇 번이라도 나타나므로 계산이 복잡하게 보입니다.

따라서 첫 번째 문자의 처리에 관한 가중치와 임계값에 관해서 위첨자 (1)을 붙이는 것으로 합니다. 또한 두 번째 문자의 처리에 관한 가중치와 임계값에 관해서는 위첨자 (2)를 붙이는 것으로 합니다(다음 그림).

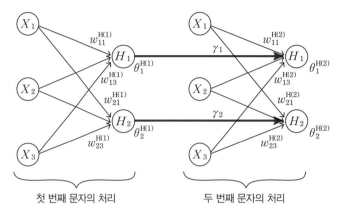

첫 번째 문자의 처리   두 번째 문자의 처리

◀ 첫 번째 문자에 관한 가중치와 임계값에는 (1)을, 두 번째 문자에 관한 가중치와 임계값에 관해서는 (2)를 붙여서 구별.

이와 같이 구별된 가중치 $w_{ji}^{\mathrm{H}(1)}$, $w_{ji}^{\mathrm{H}(2)}$는 공통의 파라미터 w_{ji}의 함수로 생각할 수 있습니다.

임곗값에 관해서도 마찬가지로 $\theta_j^{\mathrm{H}(1)}$, $\theta_j^{\mathrm{H}(2)}$는 공통의 파라미터 θ_j^{H}의 함수로 생각할 수 있습니다($i = 1,\ 2,\ 3,\ j = 1,\ 2$).

주 당연하지만, $w_{ji}^{\mathrm{H}(1)} = w_{ji}^{\mathrm{H}(2)} = w_{ji}^{\mathrm{H}}$, $\theta_j^{\mathrm{H}(1)} = \theta_j^{\mathrm{H}(2)} = \theta_j^{\mathrm{H}}$입니다.

편미분의 연쇄법칙(▶ 부록 E)으로부터, 예를 들면 다음 식이 얻어집니다.

$$\frac{\partial e}{\partial w_{11}^{\mathrm{H}}} = \frac{\partial e}{\partial w_{11}^{\mathrm{H}(1)}} \frac{\partial w_{11}^{\mathrm{H}(1)}}{\partial w_{11}^{\mathrm{H}}} + \frac{\partial e}{\partial w_{11}^{\mathrm{H}(2)}} \frac{\partial w_{11}^{\mathrm{H}(2)}}{\partial w_{11}^{\mathrm{H}}}$$

$$= \frac{\partial e}{\partial s_1^{\mathrm{H}(1)}} \frac{\partial s_1^{\mathrm{H}(1)}}{\partial w_{11}^{\mathrm{H}(1)}} \frac{\partial w_{11}^{\mathrm{H}(1)}}{\partial w_{11}^{\mathrm{H}}} + \frac{\partial e}{\partial s_1^{\mathrm{H}(2)}} \frac{\partial s_1^{\mathrm{H}(2)}}{\partial w_{11}^{\mathrm{H}(2)}} \frac{\partial w_{11}^{\mathrm{H}(2)}}{\partial w_{11}^{\mathrm{H}}}$$

$$= \delta_1^{\mathrm{H}(1)} x_1^{(1)} \frac{\partial w_{11}^{\mathrm{H}(1)}}{\partial w_{11}^{\mathrm{H}}} + \delta_1^{\mathrm{H}(2)} x_1^{(2)} \frac{\partial w_{11}^{\mathrm{H}(2)}}{\partial w_{11}^{\mathrm{H}}}$$

여기에서, $w_{11}^{\mathrm{H}(1)} = w_{11}^{\mathrm{H}(2)} = w_{11}^{\mathrm{H}}$이므로

$$\frac{\partial e}{\partial w_{11}^{\mathrm{H}}} = \delta_1^{\mathrm{H}(1)} x_1^{(1)} + \delta_1^{\mathrm{H}(2)} x_1^{(2)}$$

이렇게 해서 식 $\boxed{13}$의 첫 번째 요소가 증명됩니다. 다른 가중치와 임곗값에 관해서도 동일하게 산출할 수 있습니다.

출력층에 관한 기울기의 식 $\boxed{14}$의 유도 방법은 신경망의 경우(▶ 부록 G)와 동일합니다.

BP와 BPTT에서 도움이 되는 점화식의 복습

오차역전파법(▶ 4, 5장)은 수열과 점화식에 익숙하면 매우 이해하기 쉬운 내용입니다. 따라서 간단한 예를 통해 복습을 합시다.

점화식에 익숙하면 컴퓨터로 실제 계산을 할 때 크게 도움이 됩니다. 컴퓨터는 미분은 어려워하지만, 점화식에는 자신이 있기 때문입니다.

▶ 수열의 의미와 기호

수열이란 '수의 열'입니다. 다음 예는 '짝수열'이라고 부르는 수열입니다.

예1   2, 4, 6, 8, 10, …

수열의 n번째에 있는 수를 보통 a_n등으로 표현합니다. a는 그 수열에 붙이는 이름입니다. (수열 이름 a는 적당히 붙이지만, 로마자 또는 그리스 문자 한 문자를 이용하는 것이 보통입니다.)

예2   예1 에서 제시한 짝수열의 일반항은 $a_n = 2n$

▶ 수열과 점화식

일반적으로 수열의 첫 번째 수 a_1과 인접한 두 개의 항 a_n, a_{n+1}의 관계식이 주어지면, 수열 $\{a_n\}$이 확정됩니다. 이 관계식을 **점화식**이라고 부릅니다.

예3 초항 $a_1 = 1$과 관계식 $a_{n+1} = a_n + 2$가 주어졌다고 합시다. 이 때 다음과 같이 수열이 확정됩니다. 이 관계식이 점화식입니다.

$$a_1 = 1,\ a_2 = a_{1+1} = a_1 + 2 = 1 + 2 = 3,\ a_3 = a_{2+1} = a_2 + 2 = 3 + 2 = 5,$$
$$a_4 = a_{3+1} = a_3 + 2 = 5 + 2 = 7,\ \cdots$$

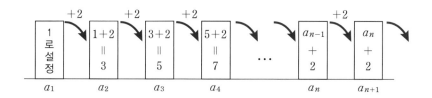

RNN에서 유닛 오차의 '역'점화식

순환 신경망(RNN)의 오차역전파법(BPTT)에서 이용하는 다음 관계식(▶ 6장 §2)을 증명합니다.

주 함수와 기호의 의미에 관해서는 본문(▶ 6장)을 참조하기 바랍니다.

(은닉층) $\delta_j^{H(1)} = \dfrac{\partial e}{\partial s_j^{H(1)}}, \ \delta_j^{H(2)} = \dfrac{\partial e}{\partial s_j^{H(2)}} \quad (j = 1, \ 2) \ \cdots \ \boxed{\text{K1}}$

(출력층) $\delta_i^{O} = \dfrac{\partial e}{\partial s_i^{O}} \quad (i = 1, \ 2, \ 3) \ \cdots \ \boxed{\text{K2}}$

일 때,

$$
\begin{pmatrix} \delta_1^{O} \\ \delta_2^{O} \\ \delta_3^{O} \end{pmatrix} = -\begin{pmatrix} t_1 - z_1 \\ t_2 - z_2 \\ t_3 - z_3 \end{pmatrix} \odot \begin{pmatrix} a'(s_1^{O}) \\ a'(s_2^{O}) \\ a'(s_3^{O}) \end{pmatrix} \ \cdots \ \boxed{\text{K3}}
$$

$$
\begin{pmatrix} \delta_1^{H(2)} \\ \delta_2^{H(2)} \end{pmatrix} = \left[\begin{pmatrix} w_{11}^{O} & w_{21}^{O} & w_{31}^{O} \\ w_{12}^{O} & w_{22}^{O} & w_{32}^{O} \end{pmatrix} \begin{pmatrix} \delta_1^{O} \\ \delta_2^{O} \\ \delta_3^{O} \end{pmatrix} \right] \odot \begin{pmatrix} a'(s_1^{H(2)}) \\ a'(s_2^{H(2)}) \end{pmatrix} \ \cdots \ \boxed{\text{K4}}
$$

$$
\begin{pmatrix} \delta_1^{H(1)} \\ \delta_2^{H(1)} \end{pmatrix} = \begin{pmatrix} \delta_1^{H(2)} \\ \delta_2^{H(2)} \end{pmatrix} \odot \begin{pmatrix} \gamma_1 \\ \gamma_2 \end{pmatrix} \odot \begin{pmatrix} a'(s_1^{H(1)}) \\ a'(s_2^{H(1)}) \end{pmatrix} \ \cdots \ \boxed{\text{K5}}
$$

▶ 식 K3 의 증명

편미분의 연쇄법칙(▶ 부록 E)으로부터 정의 K2 및 ▶ 6장 §1 식 1 에 의해

$$\delta_1^{\mathrm{O}} = \frac{\partial e}{\partial s_1^{\mathrm{O}}} = \frac{\partial e}{\partial z_1} \frac{\partial z}{\partial s_1^{\mathrm{O}}} = -(t_1 - z_1)a'\!\left(s_1^{\mathrm{O}}\right)$$

δ_2^{O}, δ_3^{O}도 마찬가지로 구해집니다. 이러한 식을 정리한 것이 식 K3 입니다.

▶ 식 K5 의 증명

$\delta_1^{\mathrm{H}(1)}$에 관해서 살펴봅시다. 편미분의 연쇄법칙(▶ 부록 E)으로부터 정의 K1 에 의해

$$\delta_1^{\mathrm{H}(1)} = \frac{\partial e}{\partial s_1^{\mathrm{H}(1)}} = \frac{\partial e}{\partial s_1^{\mathrm{H}(2)}} \frac{\partial s_1^{\mathrm{H}(2)}}{\partial h_1^{(1)}} \frac{\partial h_1^{(1)}}{\partial s_1^{\mathrm{H}(1)}}$$

▶ 6장 §1 [표 3]의 식으로부터

$$s_1^{\mathrm{H}(2)} = \left(w_{11}^{\mathrm{H}} x_1^{(2)} + w_{12}^{\mathrm{H}} x_2^{(2)} + w_{13}^{\mathrm{H}} x_3^{(2)} \right) + \gamma_1 h_1^{(1)} - \theta_1^{\mathrm{H}}$$
$$h_1^{(1)} = a\!\left(s_1^{\mathrm{H}(1)} \right)$$

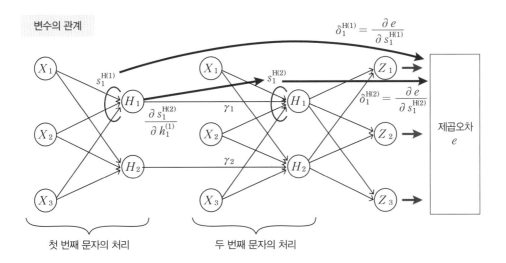

변수의 관계

첫 번째 문자의 처리　　두 번째 문자의 처리

따라서 미분을 계산하면, 다음 식이 구해집니다.

$$\delta_1^{\mathrm{H(1)}} = \frac{\partial e}{\partial s_1^{\mathrm{H(2)}}} \frac{\partial s_1^{\mathrm{H(2)}}}{\partial h_1^{(1)}} \frac{\partial h_1^{(1)}}{\partial s_1^{\mathrm{H(1)}}} = \delta_1^{\mathrm{H(2)}} \gamma_1 a'\left(s_1^{\mathrm{H(1)}}\right)$$

$\delta_2^{\mathrm{H(1)}}$에 관해서도 마찬가지입니다. 이러한 식을 정리한 것이 식 $\boxed{\text{K5}}$입니다.

▶ 식 $\boxed{\text{K4}}$의 증명

$\delta_1^{\mathrm{H(2)}}$에 관해서 알아봅시다. 편미분의 연쇄법칙(▶ 부록 E)으로부터 정의 $\boxed{\text{K1}}$에 의해

$$\delta_1^{\mathrm{H(2)}} = \frac{\delta e}{\delta s_1^{\mathrm{H(2)}}}$$

$$= \frac{\partial e}{\partial s_1^{\mathrm{O}}} \frac{\partial s_1^{\mathrm{O}}}{\partial h_1^{(2)}} \frac{\partial h_1^{(2)}}{\partial s_1^{\mathrm{H(2)}}} + \frac{\partial e}{\partial s_2^{\mathrm{O}}} \frac{\partial s_2^{\mathrm{O}}}{\partial h_1^{(2)}} \frac{\partial h_1^{(2)}}{\partial s_1^{\mathrm{H(2)}}} + \frac{\partial e}{\partial s_3^{\mathrm{O}}} \frac{\partial s_3^{\mathrm{O}}}{\partial h_1^{(2)}} \frac{\partial h_1^{(2)}}{\partial s_1^{\mathrm{H(2)}}}$$

▶ 6장 §1 [표 3]의 식으로부터

$$s_k^{\mathrm{O}} = \left(w_{k1}^{\mathrm{O}} h_1^{(2)} + w_{k2}^{\mathrm{O}} h_2^{(2)}\right) - \theta_k^{\mathrm{O}} \quad (k = 1, 2, 3)$$
$$h_1^{(2)} = a\left(s_1^{\mathrm{H(2)}}\right)$$

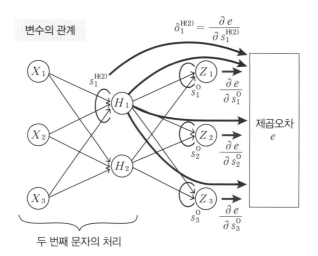

두 번째 문자의 처리

따라서 미분을 계산하면, 다음 식이 얻어집니다.

$$\delta_1^{\text{H}(2)} = \delta_1^{\text{O}} w_{11}^{\text{O}} a'\left(s_1^{\text{H}(2)}\right) + \delta_2^{\text{O}} w_{21}^{\text{O}} a'\left(s_1^{\text{H}(2)}\right) + \delta_3^{\text{O}} w_{31}^{\text{O}} a'\left(s_1^{\text{H}(2)}\right)$$
$$= a'\left(s_1^{\text{H}(2)}\right)\left(\delta_1^{\text{O}} w_{11}^{\text{O}} + \delta_2^{\text{O}} w_{21}^{\text{O}} + \delta_3^{\text{O}} w_{31}^{\text{O}}\right)$$

$\delta_2^{\text{H}(2)}$도 마찬가지로 구해집니다. 이러한 식을 정리한 것이 식 $\boxed{\text{K4}}$입니다.

또한 본문에서 제시한 것처럼, 식 $\boxed{\text{K4}}$, $\boxed{\text{K5}}$는 신경망의 계산 방향과는 반대 방향의 관계를 제공하고 있습니다. 신경망과는 반대 방향의 점화식을 제공하고 있는 것입니다.

중회귀방정식을 구하는 방법

▶ 3장 §1에서는 3변수의 경우에 관해서 중회귀분석의 회귀방정식을 도출하는 원리를 살펴보았습니다. 그곳에서는 구체적인 식의 변형은 생략했지만, 여기에서 식의 변형을 확인해봅시다.

n개의 요소로 구성되는 오른쪽 자료가 있고, y를 목적변수로 하고, w, x를 설명변수로 하는 회귀방정식을 다음과 같이 둡니다(a, b, c는 상수).

번호	w	x	y
1	w_1	x_1	y_1
2	w_2	x_2	y_2
3	w_3	x_3	y_3
...	...	...	...
n	w_n	x_n	y_n

$$y = aw + bx + c$$

그러면 예측값과 실측값과의 오차 총합 E는 다음과 같이 나타낼 수 있습니다.

$$E = \{y_1 - (aw_1 + bx_1 + c)\}^2 + \{y_2 - (aw_2 + bx_2 + c)\}^2 \quad \cdots \boxed{\text{L1}}$$
$$+ \cdots + \{y_n - (aw_n + bx_n + c)\}^2$$

이것을 최소로 하는 a, b, c는 다음 관계를 만족합니다.

$$\frac{\partial E}{\partial a} = 0, \quad \frac{\partial E}{\partial b} = 0, \quad \frac{\partial E}{\partial c} = 0 \quad \cdots \boxed{\text{L2}}$$

이 마지막 미분식을 실제로 계산해봅시다.

$$\frac{\partial E}{\partial c} = -2[\{y_1 - (aw_1 + bx_1 + c)\} + \{y_2 - (aw_2 + bx_2 + c)\}$$
$$+ \cdots + \{y_n - (aw_n + bx_n + c)\}] = 0$$

식을 전개하고 정리해봅시다.

$$y_1 + y_2 + \cdots + y_n = a(w_1 + w_2 + \cdots + w_n) + b(x_1 + x_2 + \cdots + x_n) + nc$$

양변을 n으로 나누면, 평균값의 정의로부터 다음 식이 얻어집니다.

$$\bar{y} = a\bar{w} + b\bar{x} + c \cdots \boxed{\text{L3}} \qquad (\bar{w},\, \bar{x},\, \bar{y}\text{은 } w,\, x,\, y\text{의 평균값})$$

이 식 $\boxed{\text{L3}}$로부터 c를 구해, 식 $\boxed{\text{L1}}$에 대입해봅시다.

주 다음에서 계산식이 길어지므로, 식 $\boxed{\text{L1}}$의 처음과 마지막 항만 표기합니다.

$$E = \{y_1 - \bar{y} - a(w_1 - \bar{w}) - b(x_1 - \bar{x})\}^2$$
$$\cdots + \{y_n - \bar{y} - a(w_n - \bar{w}) - b(x_n - \bar{x})\}^2$$

이 식을 이용하여, 미분식 $\boxed{\text{L12}}$의 나머지 계산을 수행해보겠습니다.

$$\frac{\partial E}{\partial a} = -2\,[\{y_1 - \bar{y} - a(w_1 - \bar{w}) - b(x_1 - \bar{x})\}(w_1 - \bar{w})$$
$$+ \cdots + \{y_n - \bar{y} - a(w_n - \bar{w}) - b(x_n - \bar{x})\}(w_n - \bar{w})] = 0$$

$$\frac{\partial E}{\partial b} = -2\,[\{y_1 - \bar{y} - a(w_1 - \bar{w}) - b(x_1 - \bar{x})\}(x_1 - \bar{x})$$
$$+ \cdots + \{y_n - \bar{y} - a(w_n - \bar{w}) - b(x_n - \bar{x})\}(x_n - \bar{x})] = 0$$

이 식을 전개하고, 변수별로 정리하여 양변을 n으로 나누어봅시다. w, x의 분산을 s_w^2, s_x^2라고 하고, y와의 공분산을 s_{wy}, s_{xy}라고 하면, 다음 식이 얻어집니다.

$$\left.\begin{array}{l} s_w^2 a + s_{wx} b = s_{wy} \\ s_{wx} a + s x^2 b = s_{xy} \end{array}\right\} \cdots \boxed{\text{L4}}$$

주 분산, 공분산에 관해서는 통계학 책을 참조하기 바랍니다.

이 식 $\boxed{\text{L4}}$와 $\boxed{\text{L3}}$이 a, b, c를 구하는 연립방정식을 생성합니다. 데이터로부터 평균값과 분산, 공분산을 구하여, 실제로 이 연립방정식을 풀면 파라미터 a, b, c의 값이 얻어집니다.

MEMO **분산공분산행렬**

식 $\boxed{\text{L4}}$는 행렬의 형태로 다음과 같이 표현됩니다.

$$\begin{pmatrix} s_w^2 & s_{wx} \\ s_{wx} & s_x^2 \end{pmatrix} \begin{pmatrix} a \\ b \end{pmatrix} = \begin{pmatrix} s_{wy} \\ s_{xy} \end{pmatrix}$$

이와 같이 나타내면, 4변수 이상의 중회귀분석으로 일반화하는 것이 쉬워집니다. 즉, $\begin{pmatrix} s_w^2 & s_{wx} \\ s_{wx} & s_x^2 \end{pmatrix}$를 **분산공분산행렬**이라고 합니다.

엑셀 샘플 파일 다운로드 방법 안내

분문 중에 사용하는 엑셀 샘플 파일을 다운로드 가능합니다. 다운로드 하는 방법과 순서는 다음과 같습니다.

❶ ㈜성안당 홈페이지(www.cyber.co.kr)에서 회원 가입을 합니다.

❷ 로그인한 상태에서 ㈜성안당 홈페이지(www.cyber.co.kr)의 [자료실]-[자료실 바로가기] 를 선택합니다.

❸ 검색 창에 '엑셀로 배우는 머신러닝 초입문'을 입력하면 목록에서 선택 가능합니다.

❹ 해당 도서를 선택 후 [자료 다운로드 바로가기] 버튼을 클릭하여 다운로드 합니다.

■ 샘플 파일의 내용

항목명	페이지	파일명	개요
2장의 내용을 엑셀로 체험	P. 15 ~	2_i.xlsx	기계학습의 기본을 해설. (i는 절 번호)
3장의 내용을 엑셀로 체험	P. 55 ~	3.xlsx	선형 예측의 구조를 해설.
4장의 내용을 엑셀로 체험	P. 67 ~	4.xlsx	SVM의 사고를 해설.
5장의 내용을 엑셀로 체험	P. 81 ~	5_1.xlsx 5_4.xlsx	유닛의 구조를 해설. NN의 구조를 해설.
6장의 내용을 엑셀로 체험	P. 111 ~	6.xlsx	RNN의 구조를 해설.
7장의 내용을 엑셀로 체험	P. 133 ~	7.xlsx	Q학습의 구조를 해설.
8장의 내용을 엑셀로 체험	P. 161 ~	8_x.xlsx	DQN의 구조를 해설.
9장의 내용을 엑셀로 체험	P. 179 ~	9.xlsx	나이브 베이즈를 해설.
부록 A의 내용을 엑셀로 체험	P. 214 ~	부록A.xlsx	5장의 훈련 데이터를 수록.

또한, 워크시트의 탭 이름은 처리 내용을 담고 있습니다.

> **주의**
> • 이 책은 엑셀 2013, 엑셀 2016으로 집필되었습니다. 다른 버전에서 실행하여 검증하지는 않았습니다.
> • 다운로드 파일의 내용은 예고 없이 변경되는 경우도 있습니다.
> • 파일 내용의 변경이나 개선은 자유이지만, 이에 대한 지원은 하지 않습니다.

찾아보기(Index)

AI의 얼개를 기본부터 설명한

엑셀로 배우는 머신러닝 초(超)입문

AI 모델과 알고리즘을 알 수 있다!

2021. 2. 15. 1판 1쇄 인쇄
2021. 2. 22. 1판 1쇄 발행

지은이 | 와쿠이 요시유키, 와쿠이 사다미
옮긴이 | 권기태
펴낸이 | 이종춘
펴낸곳 | [BM] (주)도서출판 성안당

주소 | 04032 서울시 마포구 양화로 127 첨단빌딩 3층(출판기획 R&D 센터)
     | 10881 경기도 파주시 문발로 112 파주 출판 문화도시(제작 및 물류)

전화 | 02) 3142-0036
     | 031) 950-6300

팩스 | 031) 955-0510
등록 | 1973. 2. 1. 제406-2005-000046호
출판사 홈페이지 | **www.cyber.co.kr**
ISBN | 978-89-315-5687-2 (93000)
정가 | 23,000원

이 책을 만든 사람들

책임 | 최옥현
기획·진행 | 조혜란
본문·표지 디자인 | 인투
홍보 | 김계향, 유미나
국제부 | 이선민, 조혜란, 김혜숙
마케팅 | 구본철, 차정욱, 나진호, 이동후, 강호묵
마케팅 지원 | 장상범, 박지연
제작 | 김유석

이 책의 어느 부분도 저작권자나 [BM] (주)도서출판 성안당 발행인의 승인 문서 없이 일부 또는 전부를 사진 복사나 디스크 복사 및 기타 정보 재생 시스템을 비롯하여 현재 알려지거나 향후 발명될 어떤 전기적, 기계적 또는 다른 수단을 통해 복사하거나 재생하거나 이용할 수 없음.

※ 잘못된 책은 바꾸어 드립니다.

EXCEL DE WAKARU KIKAI GAKUSHU CHO-NYUMON
by Yoshiyuki Wakui, Sadami Wakui
Copyright ⓒ 2019 Yoshiyuki Wakui, Sadami Wakui
All rights reserved.
Original Japanese edition published by Gijutsu-Hyoron Co., Ltd., Tokyo

This Korean language edition published by arrangement with Gijutsu-Hyoron Co., Ltd.,
Tokyo in care of Tuttle-Mori Agency, Inc., Tokyo through Imprima Korea Agency, Seoul.

Korean language edition published Sung An Dang, Inc., Copyright ⓒ 2021

이 책의 한국어판 저작권은 Tuttle-Mori Agency, Inc., Tokyo와 Imprima Korea Agency를 통해
Gijutsu-Hyoron Co., Ltd.와의 독점계약으로 [BM] (주)도서출판 성안당에 있습니다. 저작권법에 의해
한국 내에서 보호를 받는 저작물이므로 무단전재와 무단복제를 금합니다.